Dieter Bingen

Die Republik Polen

Dieter Bingen

Die Republik Polen

Eine kleine politische Landeskunde

AKTUELL

Die Deutsche Bibliothek - CIP-Einheitsaufnahme

Bingen, Dieter:
Die Republik Polen : eine kleine politische Landeskunde / Dieter Bingen. - 2., aktualisierte Aufl. - München : Aktuell im Olzog Verl., 1999
ISBN 3-87959-556-9

Bildnachweis:
dpa: S. 68, 84; Ullstein: S. 45, 51, 61, 65, 66, 69, 74, 78, 80, 101, 166, 179, 191, 203

2., aktualisierte Auflage 1999

ISBN 3-87959-556-9

Umschlagentwurf: Gruber & König, Augsburg
Satz: Fotosatz H. Buck, Kumhausen
Druck- und Bindearbeiten: Presse-Druck, Augsburg
Printed in Germany

INHALT

Grunddaten	
Staatsname:	Rzeczpospolita Polska (Republik Polen)
Staatsform:	Parlamentarische Demokratie
Hauptstadt:	Warschau
Amtssprache:	Polnisch
Nationalfeiertage:	3. Mai (Verfassung von 1791), 11. November (Wiedererlangung der Unabhängigkeit 1918)
Nationalhymne:	„Noch ist Polen nicht verloren, solange wir leben …" (geschrieben 1797)
Flagge:	weiß-rot
Wappen:	weißer Adler mit goldener Krone im roten Schild
Währung:	1 Złoty (Zł) = 100 Groszy (Gr)
Zeitzone:	MEZ
Mitgliedschaft in internat. Organisationen:	UNO, Europarat, OSZE, OECD, CEFTA, WEU-Assoziationspartner, EU-Assoziationsstatus, NATO (1999) u.a.

I. Der Raum und seine Gliederung

1. Staatsgebiet, Landschaften, Klima

Staatsgebiet: Polen liegt im Osten Mitteleuropas. Der Fläche nach ist der östliche Nachbar Deutschlands größer als etwa Großbritannien und Italien. Im Westen bilden die Lausitzer Neiße und der Unterlauf der Oder die Grenze mit Deutschland, bei Stettin (Szczecin) liegen auch Gebiete auf dem linken Oderufer sowie ein Teil der Insel Usedom (Uznam) mit Stettins Vorhafen Swinemünde (Świnoujście) innerhalb der Grenze. Im Norden grenzt Polen an die Ostsee, im Nordosten geht die Grenze gegenüber dem russischen Gebiet Kaliningrad (Königsberg) von der Mitte der Frischen Nehrung quer durch das ehemalige Ostpreußen fast genau in östlicher Richtung ab. Bei Suwałki biegt sie nach Süden und erreicht, das polnische Podlachien von Litauen und Weißrußland (Belarus) trennend, unterhalb von Brest den Bug, der oberhalb Brest die Grenze zur Ukraine bildet und dem sie flußaufwärts folgt. Dabei durchquert sie die polesischen Sümpfe, kreuzt die Bruchstufe Roztocze und steigt an Przemyśl vorbei zum Kamm der Bieszczady (Ostbeskiden) an. Weiter folgt sie als Grenze zur Slowakei den Beskiden westwärts und erreicht nach einigen Abweichungen von der Kammlinie südlich des Oberschlesischen Industriereviers den Olsa-Lauf. Von hier an folgt sie der ehemaligen (vor 1938) deutsch-tschechoslowakischen Grenze über die Sudeten bis zur Lausitzer Neiße. Zwischen den Mittleren Beskiden und der Neiße grenzt Polen an die Tschechische Republik. Mit 312683 qkm Fläche ist Polen um ca. 44000 qkm kleiner als Deutschland (3.10.1990: 357042 qkm). Polen hat (1995) 38,62 Mio. Einwohner und nimmt in dieser Hinsicht den siebten Platz in Europa nach Deutschland, Italien, Großbritannien, Frankreich, Spanien und der Ukraine ein.

Größte Städte (Ew. 1996)

Warszawa/Warschau	1628500	Gdańsk/Danzig	462300
Łódź/Lodz	818000	Szczecin/Stettin	418800
Kraków/Krakau	740700	Bydgoszcz/Bromberg	386600
Wrocław/Breslau	640600	Lublin	355400
Poznań/Posen	580800	Katowice/Kattowitz	351000

Landschaften: In Polen dominiert das Tiefland. 71 % der Oberfläche liegen unter 200 m ü. M., 26 % 200–500 m ü. M. und nur 3 % über 500 m ü. M. Polen wird in westöstlich verlaufende Landschaftsräume untergliedert. Den Norden des Tieflands bilden die Küstenniederungen an der 524 km langen Ostseeküste, eine Ausgleichsküste mit der Halbinsel Hela (Hel) und dem Frischen Haff, mit ausgedehnten Schwemmlandebenen im Weichseldelta und im Mündungsgebiet der Oder, die in das Stettiner Haff mündet, dem die Inseln Usedom (Ostteil zu P, Westteil zu D) und Wollin vorgelagert sind. An die Küstenlandschaft schließt südlich die Jungmoränenlandschaft des Baltischen Landrückens mit dem Pommerschen Höhenrücken westlich und dem Masurischen Höhenrücken östlich der Weichsel mit den größten polnischen Seen (Spirding/Śniardwy, 114 qkm, und Mauersee/Mamry, 105 qkm) an. Darauf folgen das schwachwellige Altmoränenland im Einzugsbereich der

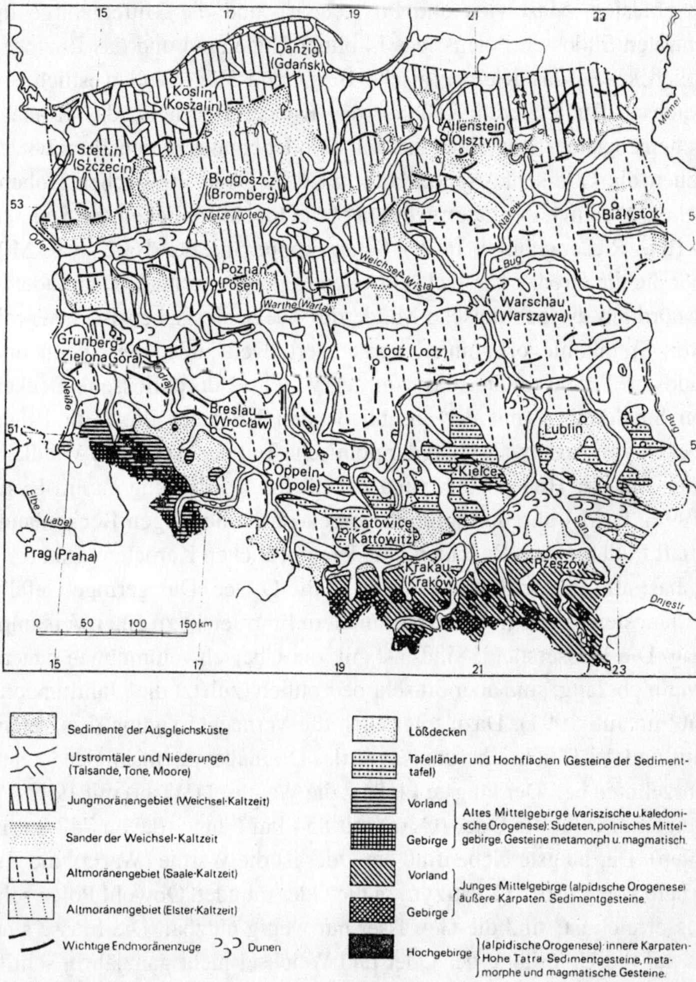

Quelle: Wöhlke (Hrsg.), Länderbericht Polen

vorletzten Inlandvereisung (Saale-Eiszeit), eine von Urstromtälern durchzogene Niederung, die nahezu 50 % der Fläche des Landes einnimmt (hier liegen die Gebiete Neumark, Großpolen, Kujawien, Niederschlesien, Masowien und Podlachien), und die Mittelgebirge im zentralen Südosten Polens: das Lubliner Hügelland und das Roztocze östlich sowie das Kleinpolnische Berg- und Hügelland westlich der Weichsel. Zu letzterem gehören das Kielcer Bergland, das Krakau-Tschenstochauer Hügelland und mit dem Übergang zu den Tarnowitzer Höhen die Oberschlesische Platte mit dem Oberschlesischen Höhenrücken. Westlich der Oderniederung um Oppeln schließen die Sudeten an (u.a. Riesengebirge, in der Schneekoppe/Śnieżka 1602 m ü. M.), über die die Grenze zur Tschechischen Republik verläuft. Den Sudeten ist nördlich die geologische Mulde des oberschlesischen Beckens mit ihren Steinkohlevorkommen vorgelagert. Den äußersten Süden und Südosten Polens bilden das von der Weichsel durchflossene Becken von Sandomierz (mit der anschließenden Krakauer Pforte und dem Becken von Auschwitz) und der polnische Teil der West- und Waldkarpaten mit der Hohen Tatra (und der höchsten Erhebung P.s im Rysy, 2499 m ü. M.) und der nördlich vorgelagerten hügeligen Beckenlandschaft Podhale, den Beskiden und dem nördlichen Karpatenvorland.

Fast alle Flüsse Polens münden in die Ostsee. Das geringe Gefälle der längsten Flüsse in den Urstromtälern führt leicht zu einer Versumpfung. Die Wasserstände sind instabil, die Überschwemmungen dauern zwar nicht lang, sind aber oft sehr bedrohlich (zuletzt die „Jahrhundertflut" im Juli 1997). Dazu trägt auch die Vernachlässigung des Deichbaus und der Deichsicherung sowie des Drainagesystems in den letzten Jahrzehnten bei. Der längste Fluß ist die Weichsel (Wisła) mit 1047 km Länge, ihr folgt die Oder (Odra) mit 854 km Länge (davon 742 km in Polen). Der längste Nebenfluß der Oder ist die Warthe (Warta), die unterhalb von Küstrin (Kostrzyń) in die Oder mündet. Obwohl Polen sehr wasserreich ist, sind die Gewässer nur wenig nutzbar. Die Flüsse sind bis auf die Unterläufe der Oder und Weichsel nicht ganzjährig schiffbar.

Klima: Polen liegt im Bereich des Übergangs vom osteuropäischen Kontinentalklima (relativ trocken, warme Sommer, kalte Winter) zum atlantisch bestimmten Klima des westlichen Mitteleuropa). Die höchsten Temperaturen treten im Juli, die niedrigsten im Januar auf. Die zentralen Regionen Polens sind von relativ warmtrockenem Klima bestimmt, während auf dem Baltischen Landrücken im Norden und im Hochland des Südens feuchtkühles Klima vorherrscht. Die Niederschläge nehmen nach Osten hin ab. Das Niederschlagsmaximum liegt in den Sommermonaten. Die kühlsten Temperaturen werden in den Gebirgen und im Nordosten gemessen, die wärmsten im Schlesischen Tiefland im Südwesten.

Tabelle: Jahreszeiten

	Dauer in Tagen		
	Winter	Sommer	Übergangszeit
Słubice/Oder	65	100	200
Posen	90	90	185
Warschau	100	100	165
Białystok	115	90	160

Quelle: Wöhlke (Hrsg.) Länderbericht Polen

Das Klima begünstigt und begrenzt zugleich die Landwirtschaft. Für die Landwirtschaft Polens ist entscheidend, daß der Winter in Hinterpommern, Masuren und in den höher gelegenen Gebieten die Vegetationsperiode einengt. In beiden Randgebieten Polens ist die Vegetationsperiode mit 190 Tagen um 20 Tage kürzer als im Landesdurchschnitt und mehr als 40 Tage kürzer als im Durchschnitt der begünstigten Gebiete. Vom Klima begünstigt werden Niederschlesien, der Westteil des Beckens von Sandomierz bis nach Oberschlesien sowie das Gebiet um Posen. Hier dauert die Vegetationsperiode zum Teil länger als 230 Tage.

2. Pflanzenwelt

Die Pflanzenwelt gehört zur mitteleuropäischen Provenienz der Laub- und Mischwälder und umfaßt über 2300 Arten von Gefäßpflanzen. Die früher dominierenden Wälder sind heute auf 28 % der Landesfläche zurückgedrängt. Vorherrschend sind Nadelwälder (Kiefern, Fichten, Lärchen, Tannen) und Mischwälder (Kiefern, Birken, Eichen, Hainbuchen u.a.). In günstigen Lagen treten Eichen-Hainbuchen-Wälder sowie reine Buchenwälder auf. In Sumpfgebieten dominieren Erlenwälder sowie von Weiden und Pappeln durchsetztes natürliches Grasland. In den Karpaten (v.a. in der Hohen Tatra), z.T. auch im Riesengebirge, tritt Hochgebirgsflora auf. Im Nordosten Polens sind Moore verbreitet.

3. Bodenschätze

Besonders in Süd- und Mittelpolen sind vielfältige Bodenschätze vorhanden. Die Steinkohlenlager in Oberschlesien (wichtigstes Revier bei Rybnik), um Waldenburg (Wałbrzych, Niederschlesien) und Neurode (Nowa Ruda) (Kokskohle) sowie zwischen Hrubieszów und Radzyń Podlaski in der Wojewodschaft Lublin haben traditionell die größte Bedeutung. Durch Erschöpfung der günstigen Flöze geht der Abbau in immer größere Tiefen. Durch die Nutzung zunehmend dünnerer Flöze steigen die Kosten überproportional, vor allem auch durch den wachsenden Aufwand für Klimatisierung und Wasserhaltung. Polen besitzt auch zahlreiche Braunkohlenvorkommen, besonders im Zittauer Becken bei Reichenau/Bogatynia (Türchau/Turoszów) an der Grenze zu Deutschland sowie in Großpolen bei Konin und Turek sowie bei Bełchatów. Im Karpatenvorland und im Becken von Sandomierz wird Erdöl, in Zentral-, West- und Nordwestpolen Erdgas gefördert. Die Schwefellagerstätten bei Tarnobrzeg und bei Grzybów südöstlich von Kielce gehören zu den größten Europas.

Polen besitzt große, aber arme Vorkommen von Eisenerz und Pyrit, große Lagerstätten von Kupfer- und Blei-Zinkerzen, große Vorkommen von Arsen und unbedeutende von Bauxit, Nickelerz und Zinnerz. Eisenerz wird besonders in den Revieren Tschenstochau (Częstochowa)-Wieluń, Kielce-Stąporków und Łęczyca nordwestlich von Lodz abgebaut; weitere Lagerstätten wurden in jüngster Zeit bei Suwałki erforscht. Am Nordostrand des oberschlesischen Kohlenreviers lagern Zink- und Bleierze mit Beimengungen von Silber, Cadmium und Thallium. Kupfererze mit Beimengungen von Silber u.a. Metallen sind bei Bunzlau (Bolesławiec) und im Gebiet Liegnitz (Legnica) – Glogau (Głogów) in Niederschlesien, Nickelerze im Gebiet von Frankenstein (Ząbkowice Śląskie) in Schlesien vorhanden. Reiche Steinsalzlager befinden sich im Karpatenvorland (Wieliczka, Bochnia) sowie bei Wapno nahe Posen, bei Hohensalza (Inowrocław) und Kłodawa (hier auch Kalisalze).

Die polnischen Grenzen in der Geschichte

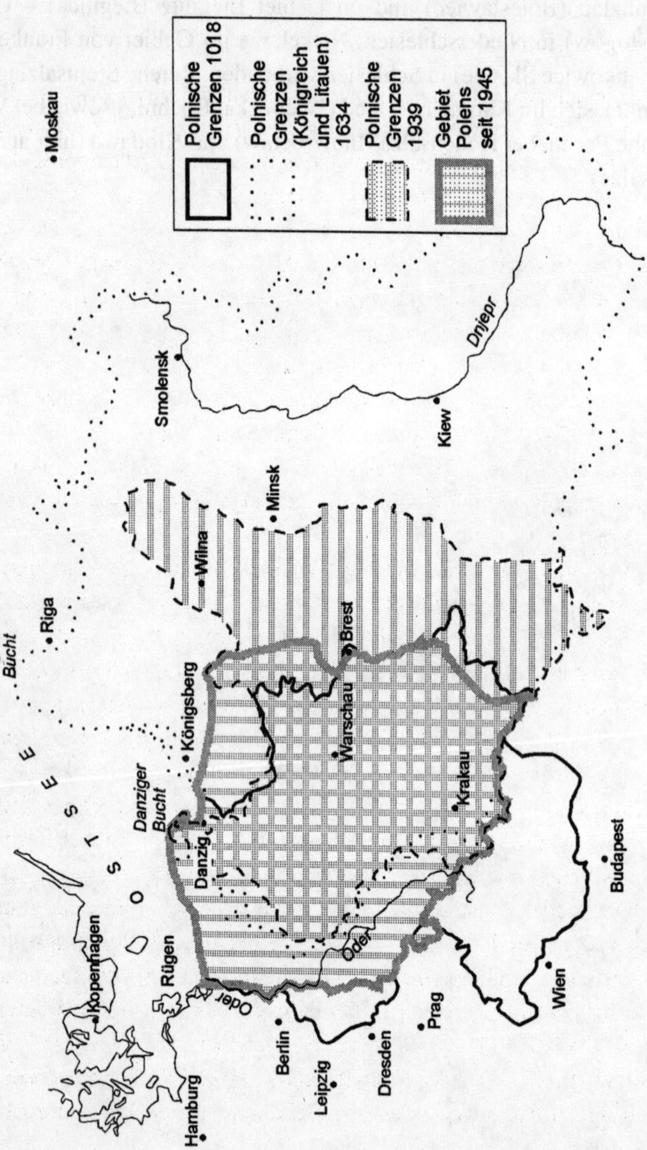

II. Geschichtlicher Überblick (960–1980)

Die Piastenmonarchie von Mieszko I. bis Bolesław III. (960–1138)

Ausgehend vom Stammesgebiet der Polanen (pole = Feld) an der mittleren Warthe konnte Herzog Mieszko I. (um 960–992) aus dem Herrschergeschlecht der Piasten auch das Land der Goplanen und der Goplose sowie die östlich davon siedelnden Lendizi und Masowier unterwerfen. 963 unterband Markgraf Gero einen ersten Versuch, westlich der Oder Fuß zu fassen. Nach Annahme des lateinischen Christentums 966/967 wurde Großpolen (Polonia Maior) der nordöstlichste Vorposten der abendländischen Staatengemeinschaft und erhielt 968 in Posen ein selbständiges Missionsbistum. In enger, aber nicht immer konfliktfreier Bindung an das Kaisertum konnte Bolesław I. Chrobry (der Tapfere) (992–1025) Kleinpolen (Polonia Minor, um Krakau), Pommern, Schlesien, Mähren, die Westslowakei und die Lausitz seinem Reich einverleiben und kurzzeitig auch Prag (1003/04) und Kiew (1018) besetzen.

Das gute Einvernehmen mit Kaiser Otto III., der im Jahre 1000 Gnesen (Gniezno) besucht und dort der Einrichtung einer Erzdiözese zugestimmt hatte, wurde unter Kaiser Heinrich II. durch die erst 1018 im Frieden von Bautzen beigelegten Kämpfe um die Mark Meißen und die Lausitz abgelöst. Trotz einer seit 986 bestehenden lockeren Vasallität zum Reich erwarb Bolesław I. 1025 mit päpstlicher Billigung die Königswürde, auf die sein Sohn Mieszko II. Lambert (1025–1034) allerdings 1033 wieder verzichten mußte. Kazimierz I. Odnowiciel (der Erneuerer) (1034/39–58) konnte nach schwierigen Anfängen, in denen die östlichen und westlichen Grenzprovinzen verlorengingen, die Herrschaft wieder konsolidieren. Sein Sohn Bolesław II. Śmiały (der Kühne) (1058–79) hatte es wegen des Zerfalls der Reichsgewalt unter Heinrich IV. leichter, einen Selbständigkeitskurs zu verfolgen und 1076 das Königtum zu erneuern. Familienstreitigkeiten unter Władysław I. Herman (1079–1102) und seinen Söhnen Zbigniew (1102–07) und Bolesław III. Krzywousty (Schiefmund) (1102–38) suchte Kaiser Heinrich V. erfolglos zur Wiederherstellung der Lehnspflicht zu nutzen.

Trotz der zeitweiligen Rückeroberung Pommerns (1102–22) und des erneuten Versuchs, die teilfürstliche Zersplitterung der Kiewer Rus zu Gebietsgewinnen im Osten zu nutzen, gehörten nur Groß- und Kleinpolen, Masowien und Schlesien im frühen und hohen Mittelalter dauerhaft zum polnischen Staatsgebiet.

Die Zeit der Teilfürstentümer und Konsolidierung (1138–1333)

Bereits in der ersten Generation scheiterte das Anliegen von Bolesław III., durch die Aufteilung des Landes unter seine Söhne und die Einführung einer geregelten Erbfolge, die dem ältesten Mitglied des Piastenhauses als Großfürst eine gewisse Oberherrschaft (Seniorat) einräumte, die Nachfolgekämpfe zu unterbinden. Der endgültige Verlust Pommerns 1181 wurde durch die weitgehend getrennt verlaufende Entwicklung der vier Teilgebiete – Großpolen, Kleinpolen, Masowien, Schlesien – bedingt. Die schlesischen Piasten, die sich im 13. Jh. in mehrere Linien verzweigten, suchten enge Anlehnung an das Reich bzw. Böhmen. Die ständigen Kämpfe um das Seniorat und weitere Teilungen schwächten das gesamtstaatliche Verantwortungsgefühl, was auch die Mongolenabwehr (Niederlage auf der Wahlstatt bei Liegnitz 1241) erschwerte.

Der Versuch Przemysłs II. von Großpolen (1279–96), durch die Erneuerung der Königswürde 1295 die Wiedervereinigung des Landes zu erreichen, endete mit seiner Ermordung auf Anregung des Markgrafen von Brandenburg. Auch das Ausgreifen König Wenzels II. von Böhmen nach Klein- und Großpolen blieb Episode, da sein Sohn Wenzel III. 1306 ebenfalls ermordet wurde. Unter den böhmischen Königen Johann und seinem Sohn, dem deutschen Kaiser Karl IV., schied Schlesien 1339/53 aus dem polnischen Staatsverband aus und wurde als Teil Böhmens mittelbar ein Teil des Heiligen Römischen Reichs Deutscher Nation. Władysław I. Łokietek (Ellenlang) (1306/20–33) gelang nach harten Kämpfen, unterstützt vom Klerus und einigen Kleinfürsten, der Zusammenschluß von Großpolen, Kleinpolen und Kujawien sowie 1320 die dauerhafte Erhebung Polens zum Königreich.

Der von Konrad I. Mazowiecki (von Masowien) zur Pruzzenabwehr in das Culmer Land gerufene Deutsche Orden nahm 1230 von Thorn (Toruń) aus seine Missions- und Kolonisationstätigkeit wahr. Die vertragswidrige Besetzung Pommerellens mit Danzig durch den Orden (1308) war bis 1525 ständiger Anlaß für Kämpfe der polnischen Krone gegen die Ordensritter. Das Eroberte sicherte der Orden sogleich durch Burgen und gründete dann, zumeist mit deutschen Siedlern, Dörfer und Städte.

Die Ständemonarchie unter den letzten Piasten/Anjou und Jagiellonen (1333/86–1572)

Die von Władysław I. eingeleitete Konsolidierungspolitik wurde durch seinen Sohn Kazimierz III. Wielki (der Große) (1333–70) erfolgreich fortgesetzt, wobei dem Landesausbau und der Errichtung einer funktionierenden Verwaltung die Hauptsorge galt. Seine großzügige Politik den Juden gegenüber förderte deren Einwanderung. Der geistig-kulturelle Aufschwung erreichte mit der Gründung der Universität Krakau (1364) einen Höhepunkt. Im schwelenden Konflikt mit Böhmen um Schlesien und mit dem Ordensstaat um Pommerellen lenkte Kazimierz ein, um die masowischen Teilfürstentümer in Lehnsabhängigkeit zu bringen, mit ungarischer Unterstützung 1349/52 die Provinz Rotreußen zu erobern und eine Ausdehnung seines auf 240 000 qkm angewachsenen Reiches nach Südosten einzuleiten. Da er in vier Ehen ohne männlichen Erben geblieben war, traf er mit dem in Ungarn regierenden Haus Anjou eine Erbverbrüderung, die seinem Neffen Ludwik die Nachfolge sichern sollte. Da auch Ludwik I. Wielki (der Große) (1370–82) keine Söhne hatte, mußte die Zustimmung des polnischen Adels (Schlachta) zur Nachfolge der Töchter mit weitreichenden Konzessionen erkauft werden, die eine weitgehende Steuerfreiheit, den politischen Alleinvertretungsanspruch und die Mitwirkung an der Königswahl beinhalteten. Allein aus dem Adel durften die Kron- und Landesbeamten sowie die meisten Bischöfe ernannt werden.

Durch die Ehe (1386) von Ludwiks Tochter Jadwiga mit dem Großfürsten von Litauen, Jagiełło, wurde eine – mehrfach unterbrochene – polnisch-litauische Personalunion begründet, die erst 1569 in Lublin in eine Realunion umgewandelt wurde. Jagiełło, als König von Polen Władysław II. (1386–1434), der mit der heidnischen Mehrheit seines Volkes zum lateinischen Christentum übergetreten war, leitete eine nach Osten und Südosten ausgerichtete Politik ein, die bereits 1387 zur Lehnsabhängigkeit des Fürstentums Moldau führte.

Im Konflikt mit dem Deutschen Orden wurde der Sieg von Grunwald (Tannenberg) 1410 im Thorner Frieden (1411) nicht genutzt, so daß es 1419–22, 1431–35 und vor allem 1454–66 zu weiteren Kriegen kam. Im 2. Thorner Frieden (1466) mußte der militärisch und finanziell erschöpfte Orden auf Pommerellen mit Danzig, das Culmer und Michelauer Land, auf Elbing (Elbląg) und die Marienburg (Malbork) verzichten („das königliche Preußen"). Das östliche Preußen mit Königsberg verblieb dem Deutschen Orden als polnisches Lehen. Nach erneuten Kämpfen zu Beginn des 16. Jhs. nahm Hochmeister Albrecht von Brandenburg-Ansbach 1525 das säkularisierte, von der Reformation erfaßte „Preußen herzoglichen Anteils" als Lehen. Durch die 1568 erfolgte Mitbelehnung der kurfürstlich-brandenburgischen Linie fiel das Herzogtum Preußen 1618 an Brandenburg und mußte von Polen 1657 im Vertrag von Wehlau ganz aufgegeben werden.

Die bereits 1420 eingeleiteten Initiativen, dem jagiellonischen Haus die böhmische Krone zu sichern, konnten erst unter Kazimierz IV. Andrzej, dem Jagiellonen (1447–92), konkretisiert werden, dessen ältester Sohn Władysław 1469/71 von den böhmischen Ständen berufen wurde. Dieser erlangte 1490 auch die Herrschaft über Ungarn, die sein Onkel Władysław III. (1434–44) bereits seit 1440 innehatte. Zwischen 1490 und 1526 kontrollierten die Jagiellonen somit den von Ostsee und Böhmerwald bis zum Schwarzen Meer reichenden ostmitteleuropäischen Staatengürtel, fanden sich aber der zunehmend ernster werdenden Bedrohung durch das aufstrebende Großfürstentum Moskau und die Osmanen ausgesetzt. Das Erbe Ludwiks II. von Böhmen und Ungarn traten 1526 die Habsburger an.

Die mit wenigen Unterbrechungen von 1478 bis 1533 dauernden Kämpfe gegen die von den Türken unterstützten Krimtataren führten zum Verlust der Schwarzmeerküste und zur Entlassung des Fürstentums Moldau aus polnischer Vasallität. Das von dem Moskauer Großfürsten Ivan III. betriebene „Sammeln russischer Lande“ setzte auch sein Nachfolger Wassilij III. konsequent fort. Polen-Litauen verlor die reußischen Fürstentümer, darunter auch Smolensk.

Der zu einer Einheit zusammenwachsende polnisch-litauische Adel nutzte die häufigen außenpolitischen Verwicklungen dazu, dem jeweiligen Herrscher weitergehende Rechte abzuringen. Nach einer Habeas-Corpus-Akte (1430/33) wurde dem regionalen Kleinadel 1454 eine Mitwirkung an der Landesregierung zugestanden, die 1493 zur Einrichtung eines Zweikammersystems (Senat und Landbotenstube) führte. Nach 1505 mußte der König den von gewählten Landboten gebildeten Reichstag im Zweijahresturnus zu sechswöchigen Kadenzen einberufen und dessen Beschlüsse ausführen. Das 1538 verschärfte Monopol des adligen Grundbesitzes und die privilegierte soziale und politische Stellung der Schlachta ebneten den Weg zum Niedergang der Städte und zur Entrechtung und Ausbeutung der Bauern.

Unter den beiden letzten Jagiellonen Zygmunt I. (1506–48) und Zygmunt II. (1548–72) erlebte Polen auf staatsrechtlich-politischem, insbesondere aber auf literarisch-künstlerischem Gebiet sein „Goldenes Zeitalter“. Die städtische Bevölkerung wurde früh von der lutherisch, Teile des Adels nach 1540 von der kalvinistisch geprägten Reformation erfaßt. Nach der Union von Brest 1595/96 unterstellten sich viele Orthodoxe der geistlichen Autorität des Papstes („Unierte“). Trotz der Erfolge der katholischen Gegenreformation herrschte seit der Warschauer Konföderation von 1573 für zwei Generationen eine beispielhafte religiöse Toleranz. Trotz weiterer Verluste in Kämpfen gegen Moskau konnte 1561 der Anschluß Kurlands und Livlands sichergestellt werden. Durch die Union von Lublin 1569 mit der Angliederung Wolhyniens und weiter Teile der Ukraine umfaßte Polen nun 815 000 qkm mit etwa 7,5 Mio. Einwohnern.

Wahlkönigtum, Adelsdemokratie, Magnatenoligarchie, Reformen und Untergang (1572–1795)

Die Entscheidung, nach dem Aussterben der Jagiellonen im Mannesstamm (1572) eine Wahlmonarchie einzurichten und den gesamten Adel zur Wahl zuzulassen, bedingte eine weitere Schwächung der königlichen Macht, festigte den Einfluß der Magnaten und beschleunigte die Ausprägung einer extrem adelsrepublikanischen Staatsform. Das seit 1652 respektierte Recht jedes Landboten, mit seinem Einspruch (Liberum veto) den Reichstag beschlußunfähig zu machen, erleichterte den an einer Schwächung Polens interessierten Nachbarmächten die Intervention. Weder Stefan IV. Batory (1575–86) noch die drei Könige aus dem schwedischen Haus Wasa (1587–1668) und der „Türkensieger" Jan III. Sobieski (1674–96) konnten dieser verhängnisvollen Entwicklung Einhalt gebieten, die unter den Wettinern (August II. der Starke, 1697–1706, 1709–33; August III. 1733–63) zur weiteren Lähmung der Staatsführung beitrug.

Die Teilungen Polens 1772–1795

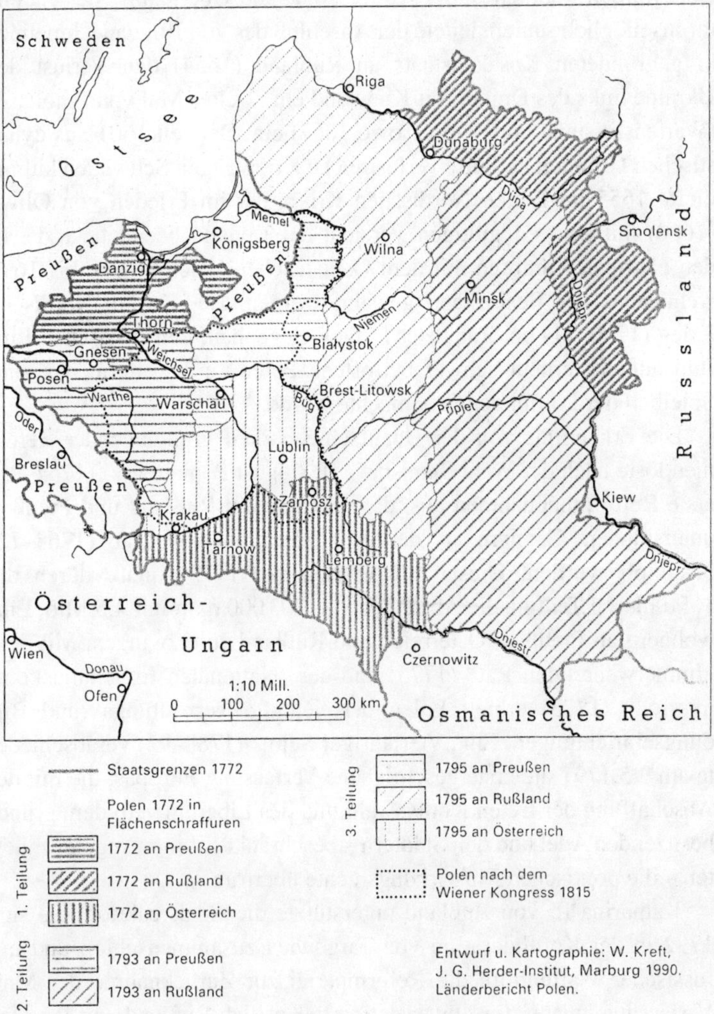

Quelle: Wöhlke (Hrsg.), Länderbericht Polen

Während Moskau gegenüber bis 1619 einige Gebietsgewinne erzielt werden konnten und 1610–12 sogar die Übernahme des Zarenthrons möglich schien, leitete der Anschluß des von Bogdan Chmelnizki gegründeten Kosakenstaats an Rußland (1654) den Verlust der Ukraine links des Dnjepr mit Kiew und ein zweites Mal von Smolensk (Waffenstillstand von Andrussowo 1667) ein. Der seit 1601 aus dynastischen Gründen geführte verlustreiche Krieg gegen Schweden kulminierte 1655 im Ersten Nordischen Krieg, der im Frieden von Oliwa (1660) mit dem endgültigen Verzicht auf Livland beendet wurde. In den häufigen Kämpfen mit dem Osmanischen Reich konnte bis 1699 wenigstens der Besitzstand gewahrt werden. Der Zweite Nordische Krieg (1700–21) bot Zar Peter I. die Gelegenheit, den russischen Einfluß auf das erneut schwer betroffene Polen zu erweitern, das zum Spielball der Politik der Großmächte wurde.

Die Erkenntnis von der Unaufschiebbarkeit grundlegender Reformen löste nach der Wahl Stanisławs II. August Poniatowski (1764–95) erste Reformmaßnahmen aus, die von den von Rußland und Preußen unterstützten Gegnern in der Konföderation von Bar (1768–72) bekämpft wurden. Dieser Bürgerkrieg bot 1772 Anlaß, durch die 1. Polnische Teilung die Abtretung von 203 000 qkm mit 4,5 Mio. Einwohnern an Preußen, Österreich und Rußland zu erzwingen. Mit dem „Immerwährenden Rat“ (1775) und der „Nationalen Erziehungskommission“ (1773) erhielt Polen beispielhafte Verwaltungs- und Bildungseinrichtungen. Ein „Vierjähriger Sejm“ (1788–92) verabschiedete am 3.5.1791 die erste geschriebene Verfassung Europas, die mit der Abschaffung der freien Königswahl und des Liberum veto dem grundbesitzenden Adel und den Städtern – beschränkt auf ihre Angelegenheiten – die politischen Mitwirkungsrechte übertrug.

Katharina II. von Rußland unterstützte die Adelsreaktion, die sich 1792 in der Konföderation von Targowica zusammenschloß und mit russischer Waffenhilfe die Reformpartei zur Zurücknahme der Mai-Verfassung zwang. Ihre Intervention ließen sich Rußland und Preußen in der 2. Teilung Polens 1793 mit litauischen, weißrussischen und ukrainischen Wojewodschaften bzw. Großpolen, Danzig und Thorn honorieren (insgesamt 286 000 qkm mit 3,5 Mio. Ew.). Ein von Tadeusz

Kościuszko geführter allgemeiner Volksaufstand brach nach der Niederlage von Maciejowice im Oktober 1794 zusammen. Das restliche Polen mit 240 000 qkm und 3,5 Mio. Einwohnern wurde in der 3. Polnischen Teilung 1795 unter Rußland, Preußen und Österreich aufgeteilt und verschwand von der politischen Landkarte Europas. Die Reformbewegung und die sie begleitenden sozialen und politischen Umwälzungen begünstigten jedoch das Entstehen eines neuen Nationalgefühls, das den Untergang des Staats überdauerte und der „polnischen Frage" im 19. Jh. eine ungebrochene Aktualität verlieh.

Nation ohne Staat (1795–1918)

Die Teilungsmächte, absolutistisch und zentralistisch regiert, bemühten sich, ihre polnischen Erwerbungen ihrem innenpolitischen System anzugleichen. Die Hoffnung, Napoleon I. durch den Einsatz einer von Jan Dąbrowski in Italien aufgestellten Legion zur Wiederherstellung der Eigenstaatlichkeit bewegen zu können, erfüllte sich nicht. Nach der preußischen Niederlage im Herbst 1806 wurde im Sommer 1807 aus preußischen Teilungsgewinnen und dem an Rußland gefallenen Bezirk Białystok ein Herzogtum Warschau unter Friedrich August von Sachsen gebildet. Es erhielt eine von Napoleon entworfene Verfassung und eine Verwaltung nach französischem Vorbild, kam aber nicht über den Status eines kurzlebigen Vasallenstaats hinaus.

Auf dem Wiener Kongreß 1814/15 wurden die ursprünglichen Teilungsgrenzen wesentlich verändert. Während Österreich den Großteil seiner Erwerbungen in Galizien verteidigen konnte, mußte Preußen auf den Gewinn aus der 3. Teilung verzichten und dem bis zur Prosna reichenden Großherzogtum Posen einen Sonderstatus einräumen. Krakau wurde „Freie Stadt" (bis 1846). Ein aus den polnischen Zentralgebieten gebildetes „Königreich Polen" (Kongreßpolen), dem neben einer eigenen Verfassung und Verwaltung auch eine kleine Armee zugestanden wurde, wurde in Personalunion Rußland unterstellt.

Die repressive Politik von Zar Nikolaus I. löste in Kongreßpolen den Novemberaufstand von 1830/31 aus, der militärisch ebenso rücksichtslos niedergeschlagen wurde wie kleinere Erhebungen in Galizien

1846 und Posen 1848 sowie der Januaraufstand 1863/64. Entnationalisierungsmaßnahmen und Wirtschaftssanktionen begleiteten den Abbau der Sonderrechte Kongreßpolens im Zarenreich, das zum „Weichselgouvernement" herabgestuft wurde.

Zur Wahrung des Nationalbewußtseins spielte die Kultur eine herausragende Rolle. Die Romantik huldigte dem Vorbild des heldenhaften Freiheitskämpfers. Der polnische Nationaldichter der Romantik, Adam Mickiewicz, schrieb mit dem „Pan Tadeusz" ein Nationalepos. Der Dichter Juliusz Słowacki schilderte Helden, die „wie Steine von Gott auf die Schanze geworfen" wurden. Frederyk Chopin trug durch die Verarbeitung polnischer Volkslieder und Melodien im Geist der Romantik zur nationalen Selbsterhaltung bei. Eine andere Strömung in der Kunst war der Positivismus, von dem die Haltung des Bürgertums in der zweiten Hälfte des 19. Jhs. beeinflußt wurde. Die Abwehr der Russifizierungsversuche und der wirtschaftliche Aufschwung standen im Mittelpunkt der von ihm immer stärker getragenen „organischen Arbeit".

Nach der deutschen Reichsgründung bewirkten der Kulturkampf und die Zurückdrängung des polnischen Anteils in der „Provinz Posen" die Entwicklung eines Gemeinschaftsbewußtseins, das alle Bevölkerungskreise umfaßte. Im wirtschaftlich zurückgebliebenen Galizien, dem 1868 die Selbstverwaltung gewährt wurde, fanden sich die im östlichen Landesteil lebenden Ruthenen mit einem noch stark vom Adel geprägten polnischen Nationalismus konfrontiert, der auch auf das russische und preußische Teilungsgebiet einwirkte. Seit der Jahrhundertwende setzte besonders in dem von der Industrialisierung erfaßten russischen Teil (mit den Zentren Warschau, Lodz, Białystok und Dąbrowa-Becken) die Diskussion um den künftigen politischen Kurs ein. Während die überwiegend bürgerlichen Nationaldemokraten (Endecja) unter Roman Dmowski (1864–1939) für eine Zusammenarbeit unter panslawistischen Vorzeichen mit dem zaristischen Rußland plädierten und Hoffnungen in die Revolution von 1905 setzten und die von Rosa Luxemburg (1871–1919) und Julian Marchlewski (1866–1925) geführten revolutionären Sozialdemokraten (SDKPiL) der sozialen Revolution Vorrang einräumten, trat die von Józef Piłsudski (1867–1935) gegründete gemäßigte Sozialistische Partei zuerst für die Wiedererrichtung der Eigenstaatlichkeit und danach für eine grundlegende soziale Umgestaltung ein. Der Kriegsausbruch 1914 mit der Konfrontation der Teilungsmächte kam den Erwartungen der polnischen Unabhängigkeitsbewegung entgegen.

Die Nationaldemokraten begrüßten das im August 1914 abgegebene russische Versprechen, nach einem Sieg die Wiedervereinigung eines „in Glauben, Sprache und Selbstverwaltung" freien Polen zu ermöglichen. Deutschland und Österreich-Ungarn, die von Piłsudskis polnischen Legionen unterstützt wurden, proklamierten ihrerseits am 5.11.1916 die Wiederherstellung Polens als konstitutionelle Erbmonarchie. Die vagen Angebote Berlins und Wiens, deren Vorstellungen von der Ostverschiebung der westlichen Grenzen Polens gegenüber dem Gebietsstand von 1772, die geringen Rechte für die polnischen Selbstverwaltungsorgane, die Wende des Kriegsglücks zuungunsten der Mittelmächte Deutschland und Österreich-Ungarn, die Anerkennung des Rechts auf Eigenstaatlichkeit durch die russische Provisorische Regierung von Aleksandr Kerenskij im März 1917 sowie die Bereitschaft der von einem in Paris tätigen Nationalkomitee (Dmowski, Ignacy J. Paderewski, 1860–1941) beeinflußten Alliierten und besonders des US-Präsidenten Woodrow Wilson, die Wiedererrichtung eines unabhängigen Polen zu fördern, führten einen Stimmungsumschwung gegen die Konzeption der Mittelmächte herbei. Nach deren Kapitulation übernahm am 11.11.1918 der aus der Magdeburger Festungshaft zurückgekehrte Piłsudski als „Vorläufiger Staatschef" die vollziehende Gewalt in Warschau. Polen war nun selbständig, aber weder Staatsform noch Grenzen waren festgelegt.

Polen zwischen den Weltkriegen (1918–1939)

Präsidenten der Republik Polen (1918–1939/90)

Józef Piłsudski („Staatschef")	1918–1922
Gabriel Narutowicz	1922
Stanisław Wojciechowski	1922–1926
Ignacy Mośćicki	1926–1939

(Präsidenten im Exil)

Władysław Raczkiewicz	1939–1947
August Zaleski	1947–1972
Stanisław Ostrowski	1972–1979
Edward Raczyński	1979–1986
Kazimierz Sabbat	1986–1989
Ryszard Kaczorowski	1989–1990

Nach Kongreßpolen und Westgalizien konnten im Januar 1919 der Großteil der Provinz Posen sowie im Frühjahr auch Ostgalizien und die nordöstlichen Distrikte bis Wilna militärisch besetzt werden. Im Versailler Vertrag erhielt Polen fast ganz Posen und weite Teile Westpreußens (Pommerellen) links der Weichsel zugesprochen. In strittigen Gebieten um Allenstein, Marienwerder und in Oberschlesien sollten Plebiszite abgehalten werden. Im südlichen Ostpreußen und in westpreußischen Plebiszitgebieten votierten nur wenige Stimmen für Polen (2,2 % bzw. 7,6 %), dagegen am 20.3.1921 in den oberschlesischen Abstimmungsgebieten 40,4 %. Auch der letzte der drei polnischen Aufstände (August 1919, August 1920, Mai 1921) konnte die Aufteilung durch den Völkerbundrat nicht verhindern, die von Deutschen und Polen gleichermaßen als ungerecht verurteilt wurde. Polen erhielt den kohle- und industriereichen kleineren Ostteil mit Kattowitz und Königshütte (Huta Królowa). Auch die Erhebung Danzigs zur Freien Stadt unter dem Protektorat des Völkerbunds belastete das deutsch-polnische Verhältnis. Im Streit mit der Tschechoslowakei wurde das Teschener Gebiet entlang der Olsa geteilt. Piłsudski lehnte die Curzon-Linie, die ungefähre Ostgrenze geschlossener polnischer Siedlung, als polnische Ostgrenze ab und löste mit einer Offensive (April 1920) den Polnisch-Sowjetischen Krieg aus. Im Frieden von Riga (18.3.1921) wurde die polnisch-sowjetrussische Grenze rund 150 km östlich der Curzon-Linie festgelegt. Das Wilnaer Gebiet brachte General Lucjan Żeligowski mit einer Militäraktion (1920) gegen das ebenfalls unabhängig gewordene Litauen unter polnische Hoheit. Polen umfaßte nunmehr ein Gebiet von rund 338 000 qkm mit über 27 Mio. Einwohnern, darunter jedoch nur 19 Mio. polnischer Volkszugehörigkeit.

Die häufig wechselnden Regierungen Polens standen vor der Aufgabe, drei unterschiedliche Verwaltungs-, Rechts-, Verkehrs- und Bildungssysteme zusammenzuführen, die wirtschaftlichen und sozialen Unausgewogenheiten zu beseitigen und die ethnischen Minderheiten zu integrieren. Die am 17.3.1921 verabschiedete Verfassung sah in Anlehnung an das französische Vorbild ein Zweikammerparlament, den Sejm (444 Mitglieder) und den Senat (111 Mitglieder), vor. Piłsudski kandidierte nicht für das Präsidentenamt, da dem Staatspräsidenten nach der Verfassung wenige Rechte verblieben und die Wahlen im November 1922 keine eindeutigen Mehrheiten erbrachten. Nach der Ermordung des ersten Präsidenten Gabriel Narutowicz (1865–1922) nahm der Sozialist Stanisław Wojciechowski (1869–1953) das Amt ein. Piłsudski trat 1923 auch als Generalstabschef und Vorsitzender des Verteidigungsrats zurück.

Die Einführung des neuen Złoty brachte 1924 eine Währungsstabilisierung. 1925 lief unter dem Ministerpräsidenten Wincenty Witos (1874–1945) eine Agrarreform auf Kosten des Großgrundbesitzes an. Über den künftigen ökonomischen und nationalitätenpolitischen Kurs kam es zu wachsenden Meinungsverschiedenheiten zwischen den Parteien. Vor dem Hintergrund von Mißernten, hoher Arbeitslosigkeit, Korruption, Streit um Ämter, vor allem aber angesichts der Verschlechterung der außenpolitischen Lage führte Piłsudski am 12.5.1926 einen Staatsstreich durch. Gestützt auf seine außerordentlich große Autorität bei der Bevölkerung und auf die Loyalität der Streitkräfte, begann er unter formaler Beibehaltung der Verfassung eine „moralische Diktatur", die zu einer „Gesundung" (sanacja) führen sollte.

Als sich Piłsudski der Herrenschicht aus den national gemischten Ostgebieten annäherte und ein von seinem Vertrauten, dem Oberst Walery Sławek, gegründeter „Parteiloser Block der Zusammenarbeit mit der Regierung" (BBWR) das bisherige Parteienspektrum aufzubrechen begann, schlug die anfängliche Bereitschaft der Linken zur Zusammenarbeit in Gegnerschaft um. Im Herbst 1930 wurde die in der Zentrumslinken (Centrolew) zusammengeschlossene Opposition unter Rechtsbrüchen und nach Verhaftungen zerschlagen; ihre Führer wurden in die Emigration gezwungen. Die sozialen Spannungen verschärften sich in der Weltwirtschaftskrise. Am 23.4.1935 wurde mit Hilfe des Ermächtigungsgesetzes vom 23.3.1933 eine auf Piłsudski zugeschnittene autoritäre Verfassung verabschiedet. Doch mit seinem Tod am 12.5.1935 verfiel wegen der Mittelmäßigkeit der sich bald in Diadochenkämpfen erschöpfenden Nachfolger – Staatspräsident Ignacy Mościcki (1867–1947), Oberbefehlshaber Edward Rydz-Śmigły (1886–1941), Außenminister Józef Beck (1894–1944) – das bisher von Piłsudskis unangefochtenem persönlichem Prestige geprägte System.

Polen war infolge der umstrittenen Grenzziehung mit fast allen Nachbarn verfeindet. Rumänien und Lettland waren die Ausnahme. Durch das Bündnis mit Frankreich vom 19.2.1921 war Polen wichtigster Eckpfeiler im Cordon sanitaire zwischen der Sowjetunion und Deutschland. Die Kräfte Polens waren jedoch mit der Aufgabe, die beiden Nachbarn zu neutralisieren, überfordert. Die Weimarer Republik verweigerte eine von Piłsudski gewünschte Normalisierung, da sie eine größere Grenzrevision und militärische Gleichberechtigung forderte. Die UdSSR und das nationalsozialistische Deutschland nutzten die Nichtangriffsverträge mit Polen (25.7.1932 bzw. 26.1.1934) nur als Atempause auf dem Weg zur Revision der Versailler Friedensordnung. Warschaus ultimative Nötigung Litauens, die bestehende litauisch-polnische Grenze und damit den Verlust Wilnas anzuerkennen, und die polnische Beteiligung an der Amputation der Tschechoslowakei nach dem Münchner Abkommen durch die Annexion des Olsa-Gebiets am 1.10.1938 verschlechterten die politische und strategische Ausgangslage.

Hitler drängte nunmehr auf eine Regelung der Danzig- und Korridorfrage. Die Zurückweisung einer „Globallösung“ (Danzig deutsch, exterritoriale Eisen- und Autobahn durch den Korridor, Polens Beitritt zum Antikominternpakt) und die britische Garantieerklärung für die „nationale Integrität“ Polens am 31.3.1939 nahm Hitler zum Anlaß, am 3.4. den Befehl zur Vorbereitung eines Angriffskriegs zu geben und am 28.4. den Nichtangriffspakt aufzukündigen. Ein am 23.8. unterzeichneter deutsch-sowjetischer Nichtangriffsvertrag („Hitler-Stalin-Pakt“) sah in einem geheimen Zusatzprotokoll die Aufteilung Polens zwischen dem Dritten Reich und der Sowjetunion vor. Mit dem Überfall auf Polen am 1.9.1939 löste Hitler den Zweiten Weltkrieg aus.

Polen im Zweiten Weltkrieg (1939–1945)

Deutsche und sowjetische Besatzungspolitik: Nach dem schnellen Vorstoß der deutschen Truppen und dem Einfall der Roten Armee in Ostpolen am 17.9. kapitulierten zuletzt die Verteidiger von Warschau am 27.9., von Hela am 2.10. und von Kock (nördlich von Lublin) am 5.10. Deutsch-sowjetische Verhandlungen führten am 28.9. zu einem Grenz- und Freundschaftsvertrag, der die Demarkationslinie der Invasoren entlang dem Bug festlegte. In den polnischen Ostgebieten, die der Weißrussischen und der Ukrainischen Sowjetrepublik eingegliedert wurden, lebten unter den 13 Mio. Einwohnern über 5 Mio. Menschen mit polnischer Muttersprache, die sogleich Terrormaßnahmen zum Opfer fielen. Die Deportationen von April bis Juni 1940 erfaßten vor allem die staatlichen, religiösen und kulturellen Repräsentanten des Polentums. Von den rund 300 000 Kriegsgefangenen überlebten nur 82 000. Vor allem die Leugnung der Ermordnung von über 12 000 Offizieren in sowjetischen Lagern (Katyń, Kozielsk, Starobielsk) hat das polnisch-sowjetische Verhältnis über Jahrzehnte belastet.

Der Westen Polens war seit September 1939 ganz in deutscher Hand. Hitler begann hier ohne irgendwelche Rücksichten mit der nationalsozialistischen Lebensraum-Politik. Der Westen des von deutschen Truppen besetzten Teils des polnischen Staatsgebiets wurde unter der Bezeichnung „Eingegliederte Ostgebiete“ unmittelbar mit dem Reich vereinigt, während der östliche Teil, d.h. die Mitte Polens, als „Generalgouvernement“ ein „Nebenland“ des Deutschen Reichs wurde. Die eingegliederten Ostgebiete umfaßten 95 000 qkm mit 9,9 Mio. Einwohnern (87 % Polen, 6,5 % Deutsche, 6,4 % Juden); das Generalgouvernement zählte 94 000 qkm mit 12,1 Mio. Einwohnern.

Die NS-Politik hatte sich zum Ziel gesetzt, die eingegliederten Ostgebiete innerhalb eines Jahrzehnts in völlig deutsch besiedeltes Land zu verwandeln. Vollstrecker der Lebensraum-Politik war der „Reichskommissar für die Festigung des deutschen Volkstums“, Chef der deutschen Polizei und Reichsführer SS, Heinrich Himmler. Erste Todesopfer deutscher Volkstumspolitik waren noch im Herbst 1939 10–20 000 Polen, die in irgendeiner Weise zur Führungsschicht gezählt werden konnten, darunter zahlreiche katholische Geistliche. Die ansässigen Polen sollten durch Deutsche ersetzt werden. Himmlers Behörde, das Reichssicherheitshauptamt, begann sofort damit, Polen in das Generalgouvernement abzuschieben und an ihrer Stelle die 1939/40 aus den baltischen Ländern, dem sowjetischen Ostpolen, dem Generalgouvernement und Rumänien (Bessarabien, Bukowina) umgesiedelten Volksdeutschen anzusiedeln. Bis zum deutschen Angriff auf die Sowjetunion (22.6.1941) wurden 365 000 Polen aus den Eingegliederten Ostgebieten deportiert. Danach wurde wegen Mangels an Transportmitteln und der unentbehrlichen Arbeitskraft der Polen die Deportation eingestellt. Wenn aus diesem Grunde auch die große Mehrheit der Polen in den eingegliederten Ostgebieten verblieb, so wurde sie doch völlig entrechtet, zu „Schutzangehörigen“ des Reichs degradiert, dem „Sonderstrafrecht für Polen“ unterworfen und damit fast schutzlos. Alles Grundeigentum wurde ihnen durch die „Polenvermögensverordnung“ vom 17.9.1940 genommen. Die polnische Sprache wurde aus dem öffentlichen und kirchlichen Leben völlig verbannt, nahezu jeder Schulunterricht für Polen eingestellt, die katholische Kirche weitgehend unterdrückt. Hunderttausende Polen wurden zur Zwangsarbeit in das Altreich gechickt, aus dem Wartheland allein bis 1943 400 000. „Eindeutschungsfähige“ Bevölkerungsgruppen wurden in die Abteilungen 3 und 4 der 1941 geschaffenen „Deutschen Volksliste“ eingetragen.

Das Generalgouvernement (Generalgouverneur mit Sitz in Krakau: Hans Frank) sollte als Nebenland des Reichs eine Art deutscher Kolonie sein, in der die Polen ohne politisches und kulturelles Eigenleben für das nationalsozialistische Deutschland zu arbeiten hatten. Himmlers deutsche Polizei versuchte, durch Terror und willkürliche Massenverhaftungen die Bevölkerung in Furcht zu halten. Die Produktion des Generalgouvernements wurde ganz in den Dienst der deutschen Kriegswirtschaft gestellt. Etwa 1 Mio. Polen gingen teils freiwillig, teils gezwungen als „Fremdarbeiter“ nach Deutschland, wo sie, durch ein „P“ an der Kleidung gekennzeichnet, gegen niedrigen Lohn und weitgehend unfrei arbeiten mußten.

Nach der Eroberung der bisher sowjetisch besetzten ostpolnischen Gebiete im Sommer 1941 wurde auch dort (Zamość u.a.) mit einem

Vertreibungs- (betr. Polen) und Ansiedlungsprogramm (betr Volksdeutsche) begonnen, das aber wegen des starken Widerstands der polnischen Landbevölkerung Ende 1943 aufgegeben werden mußte.

Die Juden in den eingegliederten Ostgebieten und im Generalgouvernement wurden sofort völlig entrechtet. Sie wurden in zahlreichen Gettos sowohl in den eingegliederten Ostgebieten, von denen das größte das Lodzer war, wie auch im Generalgouvernement zusammengepfercht. Die Zahl der jüdischen Bevölkerung im Generalgouvernement wurde nicht nur durch die aus den eingegliederten Ostgebieten Deportierten noch weiter erhöht, sondern auch durch die Deportationen aus dem Altreich. Im Warschauer Getto vegetierten unter furchtbaren Bedingungen auf engstem Raum zeitweise 400 000 Menschen, bevor sie in die Konzentrationslager zur Ermordung verschickt wurden.

Die sogenannte „Endlösung der Judenfrage", d.h. die vollständige Vernichtung der jüdischen Bevölkerung in Europa, gelang Hitler durch das System der Konzentrations- und Vernichtungslager, die vor allem im besetzten Polen eingerichtet wurden, in hohem Ausmaß. Nachdem die Juden 1941 in Ostpolen bereits zu Hunderttausenden von Einsatzgruppen der SS ermordet worden waren, wurden 1942 in den Eingegliederten Ostgebieten (Chełmno, Auschwitz-Birkenau u.a.) sowie im Generalgouvernement (Bełżec, Majdanek, Sobibór, Treblinka u.a.) Konzentrations- und Vernichtungslager angelegt, in denen ca. 4–5 Mio. Juden aus dem deutschen Machtbereich umgebracht wurden.

Polnischer Widerstand: Gestützt auf eine Exilarmee bildete sich zunächst in Paris, dann in London eine Exilregierung unter Präsident Władysław Raczkiewicz (1885–1947) und Ministerpräsident Władysław Sikorski (1881–1943). General Władyław Anders (1896–1970) baute nach dem deutschen Angriff auf die Sowjetunion auf der Grundlage eines polnisch-sowjetischen Abkommens über die Wiederherstellung der diplomatischen Beziehungen (30.7.1941) aus polnischen Kriegsgefangenen eine Exilarmee auf, die die polnische Exilregierung 1942 angesichts zunehmender Spannungen mit Stalin nach Iran verlegte.

Stalin brach am 25.4.1943 die diplomatischen Beziehungen mit der Exilregierung ab, da diese eine Erklärung für die am 13.4.1943 entdeckten Leichenfunde von Katyń forderte, und begann sofort mit der massiven Unterstützung kommunistisch-linkssozialistischer Kräfte. Außerdem weigerte sich die polnische Regierung, den sowjetischen Annexionen und der Westverschiebung Polens in dem von den Alliierten vorgeschlagenen Ausmaß zuzustimmen.

Die brutale deutsche Besatzungspolitik löste eine immer weitere Bevölkerungskreise erfassende Bereitschaft zum Widerstand im Untergrundkampf aus. Dessen bewaffnete Macht, die „Heimatarmee" (Armia Krajowa) wuchs bis Ende 1943 auf 350 000 Mann. Die militärische Bedeutung der kommunistischen „Volksgarde" (Gwardia Ludowa) blieb gering. Im April 1943 schlug die deutsche Besatzungsmacht den verzweifelten Aufstand im Warschauer Getto blutig nieder, der den Abtransport der letzten 60 000 Juden aus Warschau in die Vernichtungslager aufhalten sollte. Am 22.7.1944 bildete sich, nachdem die Rote Armee den Bug überschritten hatte, ein von moskautreuen Kräften gebildetes „Polnisches Komitee der Nationalen Befreiung" (PKWN), das am 25.7. nach Lublin („Lubliner Komitee") umsiedelte und mit dem Aufbau einer kommunistisch orientierten Verwaltung begann. Daraufhin löste die Heimatarmee am 1.8.1944 einen Aufstand aus, um die sowjetischen Truppen als legitime polnische Macht empfangen zu können. Der Aufstand wurde bis zum 2.10. von der deutschen Besatzungsmacht niedergeschlagen. Die deutschen Streitkräfte wurden im Rahmen der am 12.1.1945 eingeleiteten sowjetischen Winteroffensive zurückgedrängt.

Das am 1.1.1945 in „Provisorische Regierung" umbenannte „Lubliner Komitee" übernahm nach der Befreiung Polens die Herrschaft und zugleich die Verwaltung im südlichen Ostpreußen, in Danzig, Pommern, im östlichen Brandenburg und in Schlesien. Die Abtretung Ostpolens und die Entschädigung durch deutsche Ostgebiete löste Spannungen zwischen der Exilregierung und den Westalliierten aus. Desungeachtet wurde auf der Jalta-Konferenz (Febr. 1945) die leicht modifizierte Curzon-Linie als polnische Ostgrenze festgelegt und Polen „ein beträchtlicher Gebietszuwachs im Westen und Norden" in Aussicht gestellt. Die Bildung einer „Regierung der Nationalen Einheit" verzögerte sich bis zum 28.6.1945, da sich die Provisorische Regierung weigerte, Vertreter des bürgerlich-demokratischen Lagers in angemessener Zahl aufzunehmen. Nach der Regierungsumbildung unterstellte die Potsdamer Konferenz (17.7.–2.8.1945) die deutschen Ostgebiete jenseits der Oder und Lausitzer Neiße sowie das südliche Ostpreußen und Danzig (103000 qkm) polnischer Verwaltung. Dafür mußte Polen auf 180000 qkm östlich der Curzon-Linie zugunsten der Sowjetunion verzichten. Die Vertreibung der meisten Deutschen aus den Ostprovinzen östlich von Oder und Lausitzer Neiße und der Polen aus den ehemaligen polnischen Ostgebieten gehörten zu den gewaltigsten Bevölkerungsverschiebungen des 20. Jhs.

Polen als Volksdemokratie (1945–1980)

Präsidenten/Vorsitzende des Staatsrats (1947–1990)

Bolesław Bierut (1944–47 Vorsitzender des KRN)	1947–1952
Aleksander Zawadski	1952–1964
Edward Ochab	1964–1968
Marian Spychalski	1968–1970
Józef Cyrankiewicz	1970–1972
Henryk Jabłoński	1972–1985
Wojciech Jaruzelski (ab 1989 Präsident)	1985–1990

Der Zweite Weltkrieg hatte Polen ca. 6 Mio. Tote – darunter über 85 % des jüdischen Bevölkerungsanteils – und ca. 38 % des Volksvermögens gekostet. Die 1943 als „Polnische Arbeiterpartei" (PPR) neugegründete kommunistische Partei schuf nach ihrer Machtübernahme 1944/45 die Voraussetzungen für die Ausschaltung aller demokratischen Kräfte, die sich ihrem Herrschaftsanspruch in den Weg stellen konnten. Die am 22.8.1945 in Krakau von dem stellvertretenden Ministerpräsidenten in der Provisorischen Regierung, Stanisław Mikołajczyk (1901–1966), gegründete Polnische Bauernpartei (PSL) entwickelte sich zum gefährlichsten Konkurrenten und Sammelbecken der oppositionellen Kräfte. Währenddessen verstand es die PPR, den Großteil der Sozialisten für sich zu gewinnen. Zahlreiche Kräfte, die sich in den legalen politischen Vertretungen nicht repräsentiert sahen, blieben weitgehend im Untergrund, wo sie die Nachfolgeorganisation der aufgelösten Heimatarmee unterstützen.

Zur entscheidenden Kraft im Kabinett wurde der PPR-Generalsekretär Władysław Gomułka (1905–1982) als Erster Stellvertretender Ministerpräsident. Der Verpflichtung zur Abhaltung freier ungehinderter Wahlen unter Beteiligung aller demokratischen und „antifaschistischen" Parteien wollten sich Kommunisten und Linkssozialisten nicht beugen. Die PSL weigerte sich jedoch, in einem „Demokratischen Block" in einer Einheitsliste anzutreten, die ihr nur 25 % der Mandate zugesprochen hätte. Als eine politische Generalprobe wurde am 30.6.1946 ein Referendum abgehalten, bei dessen Fragestellung (Abschaffung des Senats, Agrarreform und Nationalisierung der Grundstoffindustrie, Bestätigung der Oder-Neiße-Grenze) die Haltung zur Senatsabschaffung als Test für die Verteilung der politischen Kräfte betrachtet wurde. Denn Mikołajczyk forderte seine Anhänger auf, anstelle des vom „Demokratischen Block" geforderten dreifachen Ja bei der ersten Frage mit Nein zu stimmen. Trotz massiver Wahlbehinderung und gesetzwidriger Auszählung wurden immerhin 32 % der Stimmen gegen die Abschaffung des Senats „zugelassen". Bei den Parlamentswahlen am 16.1.1947 stand die Bauernpartei dem „Demokratischen Block" als einzige Oppositionspartei gegenüber. Nach dem massiv gefälschten Wahlergebnis erhielt die PSL nur 10,3 % der Stimmen und mit 27 von 444 Sejmsitzen weit weniger als 10 % der Mandate.

Der Sejm wählte den PPR-Politiker Bolesław Bierut („der polnische Stalin", 1892–1956) zum Präsidenten und den links-sozialistischen Politiker Józef Cyrankiewicz (1911–1989) zum Ministerpräsidenten. Die „Kleine Verfassung" vom 19.2.1947 regelte zwar in Anlehnung an die Verfassung von 1921 die Kompetenzen der Staatsorgane formal nach dem Prinzip der Gewaltenteilung, doch wurde durch die Übertragung legislativer und kontrollierender Funktionen an den Staatsrat dem Übergang zur „Volksdemokratie" Rechnung getragen.

Die brutale Ausschaltung der politischen Opposition wurde mit den Repressionsinstrumenten des Staatsapparats u.a. durch Verhaftungswellen und Schauprozesse fortgesetzt. Der von den Sicherheitsbehörden streng überwachte PSL-Vorsitzende Mikołajczyk entschied sich am 27.10.1947 zur Flucht ins Ausland. Nach der Verschärfung des ideologischen Kampfs gegen die „Kräfte des Imperialismus" durch die KPdSU fühlten sich die „Moskowiter", d.h. die PPR-Leute, die mit Bierut an der Spitze aus dem sowjetischen Exil nach Polen zurückgekehrt waren, dazu aufgefordert, die „Heimatkommunisten", die unter Gomułka im Untergrund gegen die deutsche Besatzung gekämpft hatten, wegen „Rechtsabweichung" auszuschalten. Gomułka lehnte die überstürzte Kollektivierung der Landwirtschaft und die Kominform-Kampagne gegen den selbständigen Kurs von Titos Jugoslawien ab. Er wurde am 3.9.1948 als PPR-Generalsekretär abgesetzt. Sein Gegenspieler Bierut übernahm die Leitung der Partei. Nach der Säuberung der sozialistischen Partei (PPS) wurden die beiden Arbeiterparteien im Dezember 1948 unter Bieruts Führung zur Polnischen Vereinigten Arbeiterpartei (PZPR) vereinigt. Die Kommunisten hatten mit der Gründung der PZPR die uneingeschränkte Macht im Lande übernommen.

Parteichefs der PZPR (1948–1990)

Bolesław Bierut	1948–1956
Edward Ochab	1956
Władysław Gomułka	1956–1970
Edward Gierek	1970–1980
Stanisław Kania	1980–1981
Wojciech Jaruzelski	1981–1989
Mieczysław F. Rakowski	1989–1990

Die stärkste ideologische und gesellschaftliche Herausforderung für den Allmachtsanspruch der PZPR bildete die katholische Kirche. Deren nationerhaltende Kraft in der Zeit der Teilungen (1795–1918) lag bereits längere Zeit zurück. Ihre Solidarität mit dem Widerstand gegen den nationalsozialistischen Terror, dem annähernd 3000 Priester, ca. 20 % des Klerus, zum Opfer gefallen waren, war der Bevölkerung noch in lebendiger Erinnerung. Deshalb bereitete den Kommunisten die Rechtfertigung des offenen Kirchenkampfs besondere Schwierigkeiten. Andererseits war die Ausschaltung der katholischen Kirche notwendig, wenn die kommunistische Partei wirklich die Alleinherrschaft ausüben wollte. So begann seit 1946/47 die schrittweise Zurückdrängung und Drangsalierung der katholischen Kirche (s. Kapitel „Religionsgemeinschaften").

Im November 1949 wurde Gomułka aus dem Zentralkomitee der PZPR ausgeschlossen und 1951 praktisch in Haft genommen. Die „Moskowiter" trieben die Umgestaltung von Staat, Gesellschaft und Wirtschaft rasch voran und kontrollierten alle Schlüsselstellungen in den Staatsorganen, in der Justiz, in der Produktion und in den Massenorganisationen, vor allem in den Gewerkschaften und Genossenschaften, Frauen- und Jugendverbänden. Das sowjetische Modell von Erziehung und Wissenschaft wurde auf allen Ebenen kopiert. Eine junge ideologisch ausgerichtete Intelligenz aus Arbeiter- und Bauernfamilien wurde gefördert.

Die polnischen Streitkräfte wurden ebenfalls gesäubert. 1949 wurden die letzten Offiziere der Zwischenkriegszeit und der Exilarmee entlassen. Der Sowjetmarschall und Oberbefehlshaber der in Polen stationierten sowjetischen Armee, Konstantin Rokossowski (1896–1968), wurde am 7.11.1949 zum polnischen Verteidigungsminister ernannt. Die polnische Armee stand nunmehr unter direkter Kontrolle tausender sowjetischer Offiziere.

Die am 22.7.1952 verabschiedete neue Verfassung trug dem Machtanspruch der PZPR Rechnung. Der Sejm wurde nicht nur gesetzgebende Körperschaft, sondern auch zum Träger der obersten Staatsgewalt. Das Amt des Staatspräsidenten wurde durch einen Staatsrat mit einem Vorsitzenden ersetzt. Die Bestimmungen zu Justiz, Verwaltung und Kommunalordnung spiegelten das stalinistische Selbstverständnis wider, das durch den Hinweis auf die Sowjetunion als Vorbild in der Verfassungspräambel untermauert wurde. Die Parlamentswahlen wurden aufgrund eines Wahlgesetzes durchgeführt, das lediglich eine Abstimmung über die Wahlliste der „Nationalen Front" mit der PZPR und den gleichgeschalteten Blockparteien ZSL und SD sowie den Massenverbänden vorsah, die 99,8 % aller abgegebenen Stimmen auf sich vereinigen konnte. An dem Wahlmodus von 1952 orientierten sich mit geringen Modifikationen alle darauffolgenden Parlamentswahlen einschließlich der Sejmwahlen im Oktober 1985.

Die neue Regierung unter Parteichef Bierut betrachtete die Erfüllung der Wirtschaftspläne als ihre Hauptaufgabe. Bis 1955 sollte der „Umbau zur sozialistischen Wirtschaft“ im Rahmen des Sechsjahrplans abgeschlossen werden. Die bald aufgetretenen Ungleichgewichte im wirtschaftlichen Gefüge konnten trotz mehrfacher Plankorrekturen 1953/54 nicht beseitigt werden. Besonders das Scheitern der sozialistischen Landwirtschaftspolitik ließ sich nicht mehr kaschieren.

Stalins Tod am 5.3.1953 veranlaßte Bierut nur zu halbherzigen Lockerungsschritten. Ein Nachlassen des staatsterroristischen Drucks kündigte sich erst mit einem Revirement im Sicherheitsapparat an. Äußerer Anlaß waren aufsehenerregende Enthüllungen eines in den Westen übergelaufenen Geheimdienstobersten. Am 7.12.1954 wurde das Ministerium für Staatssicherheit aufgelöst, der Minister Radkiewicz degradiert und anschließend wegen Machtmißbrauch verurteilt.

Den entscheidenden Anstoß zur Entstalinisierung in Polen gab der XX. Parteitag der KPdSU (14.–25.2.1956). Die Geheimrede von Parteichef Nikita Chruschtschow mit den Enthüllungen über den stalinistischen Terror erschütterte auch die Machtstellung Bieruts und seiner Parteigänger in Polen. Am 12.3. starb Bierut überraschend während seines Moskau-Aufenthalts. Sein Nachfolger wurde der „Zentrist“ Edward Ochab (1906–1989). Der Rücktritt der „grauen Eminenz“ der Bierut-Ära, des stellvertretenden Premiers und Politbüromitglieds Jakub Berman (1901–1984), leitete eine Periode wirtschaftlicher und politischer Lockerungen ein.

Die am 22.6.1956 in Posen ausgebrochene, anfangs materiell motivierte Streikbewegung uferte am 28.6. in eine Massendemonstration für politische Freiheiten aus, die vom Staat mit Waffengewalt aufgelöst wurde. Die Zusammenstöße kosteten nach offiziellen Angaben 75 Menschenleben und ca. 800 Verletzte. Der Ruf nach grundlegenden Reformen wurde nach den tragischen Ereignissen in Posen nicht nur in der Bevölkerung immer größer, sondern verschärfte auch die PZPR-interne Diskussion über den weiteren politischen Weg. Die Dogmatiker wollten die Bindungen an die Sowjetunion noch weiter verstärken, um der drohenden „Konterrevolution“ begegnen zu können. Die Evolutionisten traten für die Fortsetzung institutioneller Reformen in Politik und Wirtschaft ein, ohne jedoch die Diktatur der Partei aufgeben zu wollen.

Der Rücktritt des bisherigen „Wirtschaftsdiktators“ Hilary Minc von allen Ämtern galt als Eingeständnis der Niederlage der stalinistischen Wirtschaftspolitik. Seine Demission befriedigte zugleich die Hauptforderung des am 4.8.1956 rehabilitierten Gomułka, mit dem Ochab wegen eines Wiedereintritts in das Politbüro verhandelte. Das 8. ZK-Plenum brachte schließlich eine vollkommene Umbildung der Parteiführung, Gomułka wurde am 20.10.1956 erneut zum Parteichef gewählt. Eine unangemeldet in Warschau eingetroffene sowjetische Delegation mit Chruschtschow an der Spitze konnte den Sieg der Gomułka-Fraktion nur noch zur Kenntnis nehmen. Es gab keine personelle Alternative, die die Gewähr geboten hätte, einerseits die Bevölkerung zu beschwichtigen und andererseits die Parteiherrschaft zu sichern. Der bisherige Verteidigungsminister Rokossowski mußte im November Polen verlassen.

Die Diskussionen um den „polnischen Weg zum Sozialismus“, der im Herbst 1948 abrupt beendet worden war, wurden in den ersten Monaten des Jahres 1957 wieder aufgenommen. Doch schon bald wurden die jungen Intellektuellen, allen voran der Philosoph Leszek Kołakowski, als „Revisionisten“ und als „Rechte“ diffamiert.

Gomułka hatte in seiner großen Programmrede am 20.10.1956 die Abkehr von der starren Planwirtschaft und der Zwangskollektivierung der Landwirtschaft, eine Erweiterung der Arbeiterselbstverwaltung und materielle Anreize für die Werktätigen angekündigt. Aber die Thesen des Wirtschaftswissenschaftlers Oskar Lange für ein neues Wirtschaftsmodell konnten sich wegen ihrer Ausrichtung auf eine sozialistische Marktwirtschaft gegen den Widerstand der Parteiführung nicht durchsetzen. Die neue Führung versprach ebenfalls ein demokratischeres Wahlsystem. Nach den Sejmwahlen vom 20.1.1957 hatte die PZPR tatsächlich nur noch etwas mehr als 50 % der Abgeordnetensitze, der Rest ging an die Blockparteien und an Vertreter von drei katholischen Gruppen. Besonders die fünf Mitglieder der ZNAK („Zeichen“)-Gruppe (Tadeusz Mazowiecki, Stanisław Stomma u.a.) nahmen unabhängige Positionen sein. Der Sejm entfaltete in der Tat größere Aktivitäten;

es gab sogar Stimmenthaltungen und vereinzelt Gegenstimmen zu konkreten Regierungsprojekten. Aber Einfluß auf die Regierungstätigkeit der Partei hatte das Parlament nicht. Und in der erneut von Cyrankiewicz gebildeten Regierung (1947–52, 1954–70) konnten vor allem in den Wirtschafts- und Industrieressorts Vertreter der stalinistischen Fraktion ihren Einfluß behaupten.

Nach der Niederlage der Wirtschaftsreformer wurde das Jahr 1959 auch zum Jahr der Ausbootung der Liberalen in der PZPR. Es folgten politische Prozesse gegen Regimegegner. In der Kulturpolitik kam es 1962 und 1963 zur Schließung bzw. zum Verbot liberaler Diskussionsclubs und Zeitschriften. Die Warschauer Universitätslektoren Jacek Kuroń und Karol Modzelewski wurden 1965 wegen „Revisionismus" verurteilt; 1966 wurde der Philosoph Kołakowski aus der PZPR ausgeschlossen.

In der Parteispitze wurde die ältere Generation, die aus dem sowjetischen Exil oder dem Untergrundkampf im Zweiten Weltkrieg gekommen war, von einer jüngeren Generation verdrängt, zu deren Integrationsfigur ein Parteifunktionär wurde, der ebenfalls der älteren Generation angehörte, der stellvertretende Innenminister Mieczysław Moczar (1913–1986). Mit pseudonationalistischer und antisemitischer Rhetorik wandte sich der ehemalige kommunistische Partisanenführer gegen die „internationalistischen Moskowiter" und sicherte seinen Gefolgsleuten auf dem PZPR-Parteitag 1964 eine solide Machtposition. Im Dezember 1964 wurde Moczar Innenminister, baute den Geheimdienstapparat rasch aus, reorganisierte die Polizei (Bürgermiliz) und die auf 260 000 Mann angewachsenen Kampfgruppen. Nicht nur vom Widerstandskämpferverband (ZBoWiD), sondern auch von der „nationalkatholisch-bolschewistischen" Pax-Gruppe erhielt er propagandistische Unterstützung. Währenddessen stieg die Unzufriedenheit der Bevölkerung über die wieder schwieriger werdenden Lebensverhältnisse (Lebensmittelversorgung, Arbeitsproduktivitäts- und Kaufkraftverluste).

Die wachsende Unzufriedenheit wurde von Moczar ganz bewußt geschürt, der den israelisch-arabischen Sechstagekrieg von 1967 zum Vorwand nahm, um gegen die von der Partei ungeliebten Intellektuellen, aber auch gegen seine innerparteilichen Gegner mit antisemitischen („antizionistischen“) Parolen ein Kesseltreiben zu entfachen, das bekannte Wissenschaftler, Schriftsteller und Journalisten zwang, Polen zu verlassen.

Der „Prager Frühling“ 1968 zeigte rasche Rückwirkungen auf Polen, wo eine Studentendemonstration am 8.3.1968 in Warschau von den Sicherheitsorganen niedergeschlagen wurde. Gomułka reagierte hart auf den Studentenprotest, da er nicht ausschloß, daß Moczar die Unruhen für seinen Sturz ausnutzen wollte. Er sah in den Demonstrationen nicht nur eine Bedrohung des Machtmonopols der Partei, sondern auch der Existenz des Sozialismus in Polen. Unter den mehr als 700 prominenten Opfern der anschließenden Säuberungen in Politik, Armee, Hochschulwesen und Kultur befanden sich auch der Staatsratsvorsitzende Ochab und Außenminister Rapacki (1909–1970), die die politischen Machenschaften innerhalb der Parteiführung kritisierten. Auf dem V. Parteitag der PZPR (November 1968) wurde die antirevisionistische Kampagne, die der Auslöser für die Repression im Bildungs- und Kultursektor gewesen war, ausdrücklich bestätigt, während die ausgesprochen antisemitischen Töne in den Hintergrund traten.

Nach dem Ende des Parteitags, der die Machtfülle der „Partisanen“ im ZK und Sekretariat bestätigt hatte, begann Gomułka mit der Konsolidierung seiner eigenen Stellung durch personelle Umbesetzungen. Dabei unterstützte ihn der selbstbewußte Kattowitzer Parteisekretär Edward Gierek (geb. 1913), ein pragmatischer „Technokrat“, der die Wirtschaftsintelligenz und die jungen Parteimitglieder hinter sich wußte.

Der politische Immobilismus und die wirtschaftliche Stagnation in den letzten Jahren der Parteiherrschaft Gomułkas konnten auch nicht durch außenpolitische Erfolge aufgewogen werden. Kaum eine Woche nach der Unterzeichnung des Normalisierungsvertrages zwischen der Bundesrepublik Deutschland und Polen (7.12.1970), der ein in der polnischen Bevölkerung noch vorhandenes Gefühl der Bedrohung durch den westdeutschen „Revanchismus“ abbaute, kam es zu spontanen Protesten aus weitgehend ökonomischen Gründen.

Gomułka ließ am 12.12.1970 Preiserhöhungen zwischen 13 und 36,8 % ankündigen, die bereits am nächsten Tag in Kraft treten sollten.

In mehreren polnischen Industriestädten gingen die Arbeiter auf die Straße. Der Streik auf den Danziger Werften gab das Signal zu einer Protestbewegung, die nicht nur in den Küstenstädten, sondern auch in den großen Industriezentren von Brandstiftungen, Plünderungen und dem Einsatz von Schußwaffen von seiten der Armee und Miliz begleitet war. Die Dezember-Unruhen kosteten mindestens 45 Menschenleben und 1165 Verletzte. Erst am sechsten Tag der blutigen Unruhen, am 20.12.1970, wurden Gomułka und seine engsten Gefolgsleute aus dem Politbüro abgewählt und ihrer Regierungsämter enthoben.

Zum Nachfolger Gomułkas im Parteivorsitz wurde der mit einem hohen Vertrauensvorschuß der Bevölkerung ausgestattete Kattowitzer Parteisekretär Gierek gewählt. Die Vertrauten Gomułkas mußten bei den umfassenden personellen Veränderungen im Politbüro, ZK-Sekretariat und in der Regierung ihre Plätze für die oberschlesische Gefolgschaft Giereks räumen. Piotr Jaroszewicz (1909–1992) übernahm für Cyrankiewicz, der Marian Spychalski (1906–1980) als Staatsratsvorsitzender nachfolgte, das Amt des Ministerpräsidenten. Eine Reihe politischer, wirtschaftlicher und sozialer Zugeständnisse der Partei entspannte die explosive Lage.

Es war leichter, der Forderung nach Ablösung der Verantwortlichen nachzukommen, als die Erwartungen nach Erhöhung des Lebensstandards, persönlicher Freiheit und einem größeren Maß an Rechtsstaatlichkeit, einer neuen Informationspolitik und einem erweiterten Mitspracherecht der Arbeiter im sozioökonomischen Entscheidungsprozeß zu erfüllen.

Der Sejm beschloß am 19.3.1971 eine Korrektur des Wirtschaftsplans, des Budgets und der Steuergesetze, durch die eine Erhöhung der Reallöhne, eine Verbesserung der Marktversorgung und der Agrarproduktion erreicht werden sollte. Den Konsumbedürfnissen der Bevölkerung als „der stärksten Triebfeder der Wirtschaftsentwicklung" sollte unter dem Schlagwort „neue Horizonte" Priorität eingeräumt werden.

Gierek konnte mit offenkundiger Unterstützung des sowjetischen KP-Generalsekretärs Leonid Breschnew die „Partisanen" aus den Führungsgremien der PZPR verdrängen und eine neue Generation der 30- bis 40jährigen in Schlüsselpositionen des Partei- und Wirtschaftsapparates hieven. Auf dem VI. Parteitag der PZPR im Dezember 1971 erläuterte Gierek seine Vorstellungen von einer „sozialistischen Demokratie". Er betonte die Notwendigkeit einer erweiterten formalen Unabhängigkeit des Regierungsapparats von der Partei bei größerer Kontrolle durch diese, die Notwendigkeit der Ausweitung der Kompetenzen von Parlament und Volksräten, einer Reform der Branchengewerkschaften und der Erweiterung der betrieblichen Arbeitermitbestimmung.

Die nächsten politischen Schritte führten aber eher zu einer Verstärkung der Parteiherrschaft auf allen Ebenen von Staat, Wirtschaft und Gesellschaft und zu deren weiterer Zentralisierung durch den Parteiapparat.

Die Kaderpolitik wurde zum entscheidenden Politikbereich, der Anfang der 70er Jahre die Sicherung der „führenden Rolle" der Partei in Staat und Gesellschaft perfektionierte. Die „Nomenklatur" als das Verzeichnis derjenigen Personen, die zur Besetzung von Positionen und Funktionen auf allen gesellschaftlichen Gebieten nach Maßgabe der PZPR berechtigt waren, wurde systematisiert.

Da der im Jahre 1971 begonnene wirtschaftliche Aufschwung anhielt, verkündeten die im Februar 1974 veröffentlichten Thesen des ZK der PZPR zum 30jährigen sozialistischen Staatsjubiläum euphorisch „Perspektiven des Aufbaus einer entwickelten sozialistischen Gesellschaft" mit dem Ziel, bis 1990 das Nationaleinkommen mindestens zu vervierfachen. Die weltweite Energiekrise nach Oktober 1973 und die sich danach in den westlichen Industriestaaten ausbreitende Konjunkturabschwächung zeigten direkte Rückwirkung auch auf Polen. Wegen des nachlassenden Importbedarfs der kapitalistischen Länder waren die devisenbringenden Westausfuhren kaum noch zu steigern, während bei stetig wachsendem Einfuhrbedarf an hochtechnisierten Produktionsmitteln immer größere, nur durch Kredite abzudeckende Außenhandelsdefizite in Kauf genommen wurden. Zu den wachsenden Schwierigkeiten bei der Bereitstellung von Grundnahrungsmitteln gesellte sich bei stark steigenden Kosten eine wesentliche Verlangsamung des Wirtschaftswachstums und des Anstiegs des Volkseinkommens. Durch das am 28.5.1975 erlassene Gesetz über die Verwaltungsreform wurde die 1972 begonnene Verwaltungsreform abgeschlossen und eine zweistufige Administration geschaffen. Die 314 Kreise wurden abgeschafft. An die Stelle der 17 Wojewodschaften und 5 wojewodschaftsfreien Großstädte traten 49 Wojewodschaften. Die Zerschlagung der traditionsreichen Dreigliederung der Territorialverwaltung trug zusätzlich zum Zerfall der politischen und wirtschaftlichen Ordnung Polens Ende der 70er Jahre bei.

Der zunehmende innenpolitische Druck führte am 5.12.1975 zur Veröffentlichung einer „Denkschrift der 59", in der Freiheit des Gewissens, der Religionsausübung, der Arbeit, das Recht auf Streik, Freiheit des Wortes, der Information und der wissenschaftlichen Arbeit verlangt wurden.

Parteichef Gierek gestand auf dem VII. Parteitag der PZPR (Dezember 1975) die Verlangsamung der Wirtschaftsentwicklung ein und kündigte an, daß die 1971 eingefrorenen, hochsubventionierten Preise für Grundnahrungsmittel heraufgesetzt werden müßten. Zu der Ankündigung unbeliebter finanzpolitischer Schritte gesellte sich Ende des Jahres 1975 der Konflikt um eine neue sozialistische Verfassung, die ohne vorherige Aussprache am 10.2.1976 ohne Gegenstimmen bei einer Enthaltung vom Sejm angenommen wurde. Polen wurde in der Verfassung als „sozialistischer Staat" bezeichnet und die PZPR zur „führenden politischen Kraft der Gesellschaft beim Aufbau des Sozialismus" erhoben. In die Verfassung wurde die Verpflichtung zur „Freundschaft und Zusammenarbeit mit der Sowjetunion und den anderen sozialistischen Staaten" aufgenommen.

Als die auf dem VII. Parteitag im Dezember 1975 vage angekündigten Preiserhöhungen (Zucker 100%, Fleisch 60%) am 24.6.1976 bekanntgegeben wurden und Hamsterkäufe die Regale der Geschäfte leerfegten, machte sich mit den Zentren in Radom und Ursus bei Warschau ein allgemeiner und für die Parteiführung völlig unerwarteter Unmut Luft. Hunderte von Arbeitern wurden verhaftet, Tausende entlassen, 78 Personen in Sondergerichtsverfahren wegen „Rowdytums" zu Gefängnisstrafen bis zu zehn Jahren verurteilt. Ministerpräsident Jaroszewicz sah sich genötigt, unter großem Prestigeverlust für die PZPR und für die Regierung die völlig unzulänglich vorbereiteten Veränderungen im subventionierten Preisgefüge rückgängig zu machen.

Die Brutalität der Polizei gegenüber den Arbeitern und die hohen Haftstrafen führten Ende September 1976 zur Gründung eines „Komitees zur Verteidigung der Arbeiter" (KOR), dessen Mitglieder (u.a. der Historiker Jan Józef Lipski, der Schriftsteller Jerzy Andrzejewski, der Politiker Jacek Kurón und der Historiker Adam Michnik) sich der betroffenen Familien annahmen, juristische Hilfestellung leisteten und gegen die Verletzung der Verfassungsnormen protestierten. Das KOR benannte sich 1977 in „Komitee für gesellschaftliche Selbstverteidigung" (KSS) um. Es entstanden weitere Bürgerrechtsorganisationen (u.a. Bewegung für die Verteidigung der Menschen- und Bürgerrechte/ROPCiO, Polnische Verständigung für Unabhängigkeit/PPN) und die nationalistische Oppositionsgruppe KPN mit Leszek Moczulski an der Spitze. Die Gesellschaft für wissenschaftliche Kurse (TKN) hielt als „fliegende Universität" in den größeren Städten Vorlesungen zur Zeitgeschichte, zu ökonomischen, soziologischen und literarischen Themen. Unzensierte Zeitschriften und kritische Bücher wurden von einem weitverzweigten Untergrundverlagswesen herausgebracht.

Die Wahl des Krakauer Erzbischofs Karol Wojtyła zum Papst am 16.10.1978 und dessen triumphale Polenreise vom 2.–10.6.1979 machten die katholische Kirche zu einer geistigen und zugleich innenpolitisch wirksamen Kraft, die von der PZPR nicht in Frage gestellt werden konnte. Papstwahl und Papstbesuch beschleunigten die Erosion der innenpolitischen Machtgrundlagen der PZPR.

Gleichzeitig verschärften sich die wirtschaftlichen Krisenerscheinungen. Ohne den Abbau der über 40 % der Staatseinnahmen verschlingenden Subventionen für Grundnahrungsmittel und eine generelle Erhöhung der Preise zur Abschöpfung des Kaufkraftüberhangs war an eine Sanierung der binnenwirtschaftlichen Misere nicht zu denken. Als nach den Benzinpreisen auch die Fleischpreise zum 1.7.1980 kräftig angehoben wurden, kam es zu einer apolitischen Streikwelle, die nach innerbetrieblichen Vereinbarungen über Lohnerhöhungen rasch beendet wurde. Auslösender Faktor einer zweiten, landesweiten Streikbewegung war dann die am 14.8. verfügte Entlassung der Kranführerin Anna Walentynowicz auf der Danziger Lenin-Werft, die dem seit zwei Jahren bestehenden, von KOR-Mitgliedern beratenen „Gründungskomitee unabhängiger Gewerkschaften" angehörte. Nach den 17000 Arbeitern der Danziger Lenin-Werft legten in wenigen Tagen die Beschäftigten in den Küstenstädten, aber auch im oberschlesischen Industrierevier und in den großen Kombinaten des Landes die Arbeit nieder.

Ein überbetriebliches Streikkomitee unter Führung des Mitglieds der unabhängigen Gewerkschaftsbewegung und Elektrikers Lech Wałęsa (geb. 1943) wurde beauftragt, die Forderung nach Streikrecht, Gründung einer unabhängigen Gewerkschaft, Respektierung der Meinungsfreiheit, Aufhebung der Zensur und Gewährleistung des Zugangs zu den Massenmedien der Regierung gegenüber zu vertreten. Mit der Forderung nach Aufhebung der Privilegien für Parteifunktionäre, Mitglieder des Sicherheitsdienstes und der Miliz verband sich die Erwartung, daß die Löhne für alle Arbeiter als Ausgleich für die gestiegenen

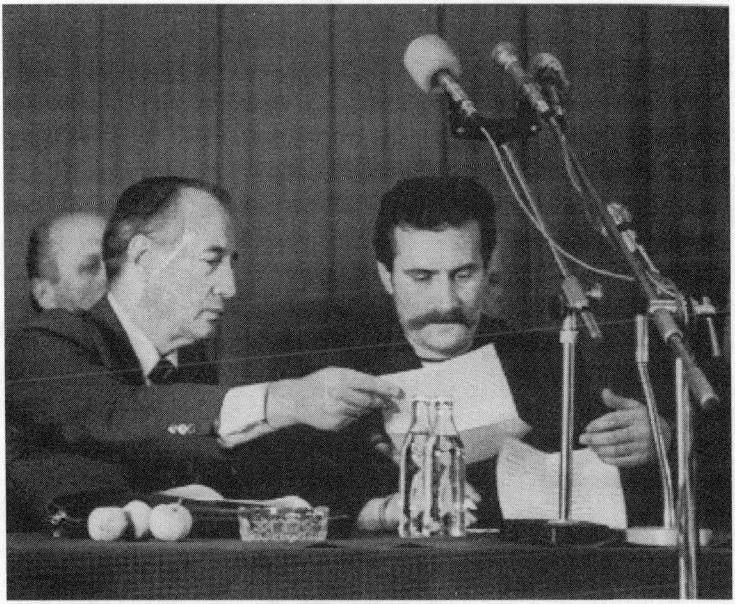

Lech Wałęsa und Mieczysław Jagielski am 31.8.1980 bei der Unterzeichnung der Vereinbarungen in Danzig

Lebenshaltungskosten erhöht würden. Die am 31.8.1980 von dem stellvertretenden Ministerpräsidenten Mieczysław Jagielski und Lech Wałęsa geschlossene Vereinbarung, die in leicht abgeänderter Form auch in Stettin (30.8.) und am 2.9. zwischen der Regierung und den oberschlesischen Bergarbeitern in Jastrzębie unterzeichnet wurde, dokumentierte ein weitgehendes Einlenken der Staatsmacht. Neue, unabhängige und sich selbst verwaltende Gewerkschaften wurden anerkannt, das Streikrecht und der Zugang zu den Massenmedien gewährt. Verbesserungen bei der Lebensmittelversorgung, im Gesundheitswesen und im sozialen Bereich sowie der Abbau der Privilegien für Funktionäre und die Berücksichtigung von Leistungskriterien bei Stellenbesetzungen (Nomenklatur-Abbau) wurden angekündigt.

III. Wandel des politischen Systems – Von der Solidarność zum demokratischen Rechtsstaat (1980–1998)

1. Die Vorgeschichte des Systemwechsels (1980–1989)

Von der Solidarność zum Kriegsrecht (1980–1981)

Mit der Anerkennung einer von der PZPR unabhängigen und selbstverwalteten Gewerkschaft im Herbst 1980 durch Partei, Regierung und Gerichte war der entscheidende Schritt zur Aufgabe des Organisationsmonopols über die Arbeiterschaft getan. Innerhalb weniger Wochen verlor die PZPR die direkte Kontrolle über mehr als 90 % der organisierten Arbeiter und damit ihre Legitimationsbasis als „führende Kraft" beim Aufbau des Sozialismus in Polen. Das Protokoll der Vereinbarungen von Danzig wurde in der Folgezeit zum Bezugsrahmen der sich im Lande immer weiter ausbreitenden Gewerkschaftsbewegung. Es wurde in Polen allmählich als eine Art „Gesellschaftsvertrag" anerkannt, der das Verhältnis zwischen Bevölkerung und Machtorganen auf neue Weise regeln sollte. Im November 1980 waren von den 16 Mio. Werktätigen Polens rund 10 Mio. der Solidarność beigetreten. Unter den Mitgliedern waren über 1 Mio. Mitglieder der PZPR. Der alte Zentralrat der Gewerkschaften (CRZZ) beschloß seine Selbstauflösung zum 31.12.1980.

Die großen Konflikte zwischen der Solidarność und der PZPR in den zwölf Monaten zwischen der Unterzeichnung der Vereinbarungen in Stettin, Danzig und Jastrzębie und dem ersten Landeskongreß der Gewerkschaft im September/Oktober 1981 machten deutlich, daß sich die Staats- und Parteiorgane keineswegs mit der Rolle einer von ihnen unabhängigen Gewerkschaft abgefunden hatten und daß auf der anderen Seite die Gewerkschaftsmitglieder ihr Mißtrauen gegenüber den Repräsentanten des politischen Systems nicht abbauten, vielmehr in ihrer reservierten Haltung durch das Verhalten der Behörden bestärkt wurden.

Im März 1981 sorgte ein Zwischenfall in Bromberg für die ernsteste Auseinandersetzung zwischen Staatsmacht und Solidarność zwischen

Sommer 1980 und Herbst 1981. Die in diesem Zusammenhang aufgekommene sowjetische Interventionsdrohung war bereits die zweite seit Sommer 1980, nachdem schon auf der Warschauer-Pakt-Tagung Anfang Dezember 1980 ein erster Versuch, die innere Entwicklung Polens zu einer Angelegenheit des Warschauer Pakts zu machen, an der zögerlichen Haltung des sowjetischen Generalsekretärs Breschnew gescheitert war. Als am 19.3. der Bromberger Nationalrat in Anwesenheit von geladenen Solidarność-Vertretern und Bauern Forderungen von Landwirten erörtern wollte, wurde die Sitzung vor Behandlung des betreffenden Tagesordnungspunkts geschlossen. Das Gebäude wurde von 200 Milizionären geräumt, wobei es mehrere Verletzte gab. Wegen dieses Vorfalls und der verzerrten Berichterstattung der staatlichen Massenmedien rief die Solidarność für den 24.3. zu einem Warnstreik auf und drohte, am 31.3. einen unbefristeten Generalstreik auszurufen, falls ihre Forderungen nach Aufklärung der Vorfälle und Bestrafung der Verantwortlichen nicht erfüllt würden. Nach dramatischen Verhandlungen einigten sich der Stellvertretende Ministerpräsident Mieczysław Rakowski (geb. 1926) und Gewerkschaftsführer Wałęsa am 30.3.1981 auf einen Kompromiß. Der Generalstreik wurde abgesagt.

Die herausfordernde Haltung der neuen Gewerkschaftsbewegung wurde durch die Lähmung des alten Partei- und Staatsapparats gefördert. Zwar war am 5.9.1980 Parteichef Gierek durch Stanisław Kania (geb. 1927) abgelöst und eine Erneuerung in der Partei gefordert worden, aber weder PZPR noch Regierung konnten ein überzeugendes Reformprogramm entwickeln. Der erst im August ernannte Ministerpräsident Józef Pińkowski trat am 11.2.1981 zurück. Sein Nachfolger wurde General Wojciech Jaruzelski (geb. 1923), der den Posten des Verteidigungsministers (seit 1968) und den Oberbefehl über die Streitkräfte beibehielt. Stellvertretender Ministerpräsident wurde der als liberal geltende Rakowski.

Der Mordanschlag auf Papst Johannes Paul II. in Rom am 13.5.1981, der Tod des Primas von Polen und Erzbischofs von Warschau-Gnesen, Kardinal Wyszyński, am 28.5. und der warnende Brief des ZK der KPdSU an die Führung der PZPR, der von einer „Doppelherrschaft“ in Polen und der Notwendigkeit einer Offensive gegen die „antisozialistischen Kräfte“ sprach (5.6.), führten zu einer weiteren Destabilisierung der Lage.

Dazu kamen die inneren Auseinandersetzungen in der Solidarność über die Ziele und Taktik der Gewerkschaft. Wałęsa forderte nach den Bromberger Ereignissen immer deutlicher die Einschränkung der allzu starken Ausrichtung der Gewerkschaftsarbeit auf politische Probleme. Aber gerade der von Bromberg ausgelöste Konflikt im März 1981 setzte eine Identitätskrise der Gewerkschaft in Gang, in der den Solidarność-Mitgliedern bewußt wurde, daß sie außer dem Streik kein politisch wirksames Sanktionsinstrumentarium besaßen. Folge war anstatt einer Einschränkung eine Ausweitung der Tätigkeit im gesellschaftlich-politischen Bereich. In der Landesverständigungskommission (KKP) und im Kreis der Berater und Experten trafen zwei verschiedene Ansichten aufeinander: Nach der einen sollte die Gewerkschaft eher eine sozial- und wirtschaftspolitisch orientierte Arbeitnehmerorganisation, nach der anderen eher eine gesellschaftlich-politische Bewegung mit einer demokratischen Mission sein. Die Eigengesetzlichkeit der Entwicklung führte dazu, daß die zweite Vorstellung sich durchsetzte und zugleich das vorläufige Scheitern der Bewegung heraufbeschwor.

Ein Jahr nach der Unterzeichnung der „Gesellschaftlichen Vereinbarungen“ traten in Oliwa bei Danzig am 5.9.1981 912 Delegierte zum ersten Landeskongreß der Solidarność zusammen. Der Minister für Gewerkschaftsfragen, Stanisław Ciosek, verlas eine Botschaft der Regierung, in der die Solidarność ermahnt wurde, nicht die Rolle einer politischen Partei anzusteuern. Die katastrophale Wirtschaftslage lastete Wałęsa in seinem Rechenschaftsbericht der Regierung an, die sich reformunfähig gezeigt habe. Er kündigte eine eigene Strategie der Gewerkschaft zur Rettung der Wirtschaft an. Mit dieser Botschaft setzte sich die Gewerkschaft in den nächsten Monaten dem Vorwurf aus, sie wolle dem Staat die Wirtschafts- und Verteilungspolitik aus der Hand nehmen und selbst staatliche Aufgaben übernehmen. Eine Änderung im Statut der Gewerkschaft bekräftigte noch einmal, daß die Solidarność mehr als eine „normale“ Gewerkschaft war und als Hoffnungsträger der gesamten Bevölkerung gesellschaftlich-politische Aufgaben wahrnahm.

Großes Aufsehen erregte eine Botschaft des ersten Landeskongresses der Solidarność im September 1981 an die Arbeiter in den sozialistischen Bruderstaaten, in der diesen die Solidarität der polnischen Arbeiter zugesichert wurde. Mit dem Brief an die osteuropäischen Arbeiter und mit der Forderung nach freien Parlamentswahlen mit unabhängigen Kandidaten war eine neue kritische Phase in den Beziehungen zwischen der Solidarność und der PZPR eingetreten.

Das Politbüro der PZPR drohte am 16.9.1981 mit der Aufkündigung der „Gesellschaftlichen Vereinbarungen" vom Sommer 1980. Die sowjetische Regierung und das ZK der KPdSU forderten am 19.9.1981 in einer Note die polnische Regierung auf, „unverzüglich entschiedene und gründliche Maßnahmen zur Unterbindung der üblen antisowjetischen Aktionen zu treffen".

Die im Gewerkschaftsprogramm ausgesprochene Aufforderung zu Verhandlungen über ein neues gesellschaftliches Übereinkommen wurde von der Warschauer Führung zunächst weder abgelehnt noch angenommen. Am 18.10.1981 übernahm Ministerpräsident und Verteidigungsminister Jaruzelski auch das Amt des Ersten Sekretärs des ZK der PZPR. Immer offener wurde von der Parteiführung mit einem gesetzlichen Streikverbot gedroht. Das politische Klima verschärfte sich in den Novemberwochen zusehends. Am 4.11.1981 hatte ein Treffen zwischen General Jaruzelski, Gewerkschaftsführer Wałęsa und dem seit Juli amtierenden neuen Primas, Erzbischof Józef Glemp, nochmals Hoffnung auf Verständigung geweckt. Der Versuch mußte scheitern, weil die Parteiführung mit Blick auf Moskau, aber auch um des eigenen Überlebens willen ihre Macht mit allen Mitteln erhalten und die Solidarność als gesamtgesellschaftliche Bewegung eine Änderung des Systems herbeiführen wollte, die Kirche aber angesichts der völlig verfahrenen wirtschaftlichen und politischen Situation keinen Kompromiß herzustellen vermochte.

Am 12.12. kündigte die Gewerkschaftsführung in Danzig an, sie werde für den Fall, daß in der für den 15. und 16.12 einberufenen Sejmsitzung der Regierung Sondervollmachten erteilt würden, am 17.12. einen nationalen Protesttag durchführen. Gleichzeitig verlangte sie eine Volksabstimmung über das Vertrauen in die Regierung innerhalb der nächsten zwei Monate.

Wojciech Jaruzelski am 13.12.1981 bei der Verlesung der Kriegsrechtserklärung

Am 13.12.1981 verhängte Ministerpräsident und Parteisekretär General Jaruzelski über Polen das Kriegsrecht und setzte einen von ihm geleiteten „Militärrat der nationalen Errettung“ (WRON) ein. Wałęsa und andere Mitglieder der Solidarność sowie eine große Zahl von Intellektuellen und Aktivisten der Gewerkschaft und anderer Verbände wurden interniert, aber auch ehemalige Staats- und Parteifunktionäre, u.a. der Ex-Parteisekretär Gierek. In einer in der Sowjetunion gedruckten Proklamation und in einer Rundfunkansprache rechtfertigte Jaruzelski die Verhängung des Kriegsrechts mit Umsturzplänen der Solidarność, die „Anarchie, Willkür und Chaos“ und einen Bürgerkrieg heraufbeschworen hätten.

Der gescheiterte Versuch einer „Normalisierung“ und Liberalisierung ohne Demokratisierung (1982–1987)

Die direkte Übernahme der politischen Macht in Polen durch die Streitkräfte und Sicherheitsorgane am 13.12.1981 bedeutete einerseits das Eingeständnis der PZPR, daß sie nicht mehr die „führende Kraft der Gesellschaft beim Aufbau des Sozialismus“ (Art. 3, 1 der Verfassung von 1976) war. Andererseits erwies sich der Einsatz der Sicherheitskräfte unter dem politischen Schirm der Armee als die letzte Möglichkeit für die Nomenklatur des realsozialistischen Systems, ihre Machtposition zu behaupten. So übernahm die Armee weitgehend die Aufgaben, für die unter „normalen“ Bedingungen die PZPR zuständig gewesen wäre. Nach Aufhebung des Kriegsrechts (22.7.1983) wurde durch die Personalunion von Erstem Sekretär des ZK der PZPR, Regierungschef und Oberbefehlshaber der polnischen Armee die herausragende Rolle der Streitkräfte im Staat vorläufig festgeschrieben. Schlüsselministerien (Inneres, Verteidigung, Verwaltung und Regionalwirtschaft, Bergbau und Energie u.a.), die Oberste Kontrollkammer (NIK) sowie die ZK-Kaderabteilung der PZPR wurden von Offizieren geleitet.

Jaruzelskis Macht als Erster Parteisekretär (1981–1989), Ministerpräsident (1981–1985) und Staatsratsvorsitzender (1985–1989) konnte kaum von einem Konkurrenten in Frage gestellt werden, da der Armeeapparat unter Verteidigungsminister Florian Siwicki (seit 1983) und die Leitung des Innenministeriums mit General Czesław Kiszczak, dem auch die Sicherheitsorgane unterstanden, Jaruzelski gegenüber loyal waren. Daß die Vollmachten für die Sondereinheiten der Miliz und den

Sicherheitsdienst eine zweischneidige Sache waren, bewiesen dic Umstände der Entführung und grausamen Ermordung des oppositionellen Priesters Jerzy Popiełuszko im Oktober 1984. Der Repressionsapparat war zu weit gegangen. General Jaruzelski zog die Konsequenzen daraus und entmachtete den Sicherheitschef im ZK, den Milizgeneral Mirosław Milewski, im November 1984 und übernahm selbst die oberste Verantwortung und Kontrolle über den Sicherheitsapparat.

Neben dem Kampf gegen ideologische Gegner in den Parteireihen und in der Gesellschaft widmete sich die Jaruzelski-Führung der Parole von der Verständigung. Man suchte neue Wege, die Nichtkommunisten für sich zu gewinnen, nicht die politische Opposition (wie z.B. den Solidarność-Untergrund), sondern die sich nicht prinzipiell der Mitarbeit innerhalb des Systems verweigernden und grundsätzlich ansprechbaren „Mittelschichten".

Die katholische Kirche, d.h. die katholische Hierarchie mit dem Primas, Kardinal Glemp, an der Spitze spielte bei den demonstrativ herausgestellten Dialog- und Verständigungsangeboten eine Schlüsselrolle. Hauptziel der Politik war die politische Neutralisierung der katholischen Kirche.

Wichtigstes Forum und politischer Transmissionsriemen der von der Jaruzelski-Führung deklarierten Verständigung sollte die 1982 geschaffene „Patriotische Bewegung der nationalen Wiedergeburt" (PRON) sein, die 1983 offiziell die seit den 50er Jahren bestehende „Front der Nationalen Einheit" (FJN) ablöste. In ihr waren alle anerkannten politischen und gesellschaftlichen Organisationen vertreten. Der Umfang des politischen „Dialogs", der von der Jaruzelski-Führung in der Übergangszeit bis zum Beginn von „Glasnost" und „Perestrojka" in der Sowjetunion angeboten wurde, reichte weit über die Mitwirkungsmöglichkeiten der Gesellschaften in den übrigen realsozialistischen Staaten Europas hinaus. Die Ausweglosigkeit der politisch-gesellschaftlichen Lage in Polen lag aber in der ersten Hälfte der 80er Jahre darin, daß sich die polnische Gesellschaft, soweit sie sich politisch artikulierte, in ihren Vorstellungen nicht von Vergleichen leiten ließ, sondern die Unreformierbarkeit des real existierenden Sozialismus in Polen konstatierte.

Von der Jaruzelski-Führung waren die Wahlen zu den Nationalräten der Gemeinden und Wojewodschaften am 17.6.1984 und zum Sejm am 13.10.1985 als demonstrativer Abschluß des politischen „Stabilisierungs“-Prozesses gedacht. Die Ergebnisse der Sejmwahlen konnte Jaruzelski als einen vorläufigen Achtungserfolg seiner Konzeption zur Stabilisierung der gesellschaftlich-politischen Lage in Polen verbuchen. Offiziell wurde die Wahlbeteiligung mit 78,8 % angegeben. Auch wenn die Stimmenauszählung teilweise manipuliert wurde, konnte das Wahlergebnis als ein Zeichen für die weiter zunehmende politische Apathie der schweigenden Mehrheit gelten. Das Amt des Ministerpräsidenten gab Jaruzelski bei der Regierungsneubildung im November 1985 an den Wirtschaftsprofessor Zbigniew Messner ab. Jaruzelski wurde als Nachfolger von Henryk Jabłoński (1972–1985) zum Vorsitzenden des Staatsrats gewählt.

In bemerkenswertem Gegensatz zu der Stabilisierung des Staats- und zentralen Parteiapparates um Jaruzelski stellt sich die Wirtschaftspolitik dar. Die im Februar 1982 begonnene Wirtschafts- und Preisreform hatte, abgesehen von einer zeitweisen Entspannung auf dem Markt für Grundnahrungsmittel, nicht zu einer sichtbaren Verbesserung der wirtschaftlichen Lage für die Bevölkerung geführt. In breiten Schichten wurde die Durchführung der Reformmaßnahmen lediglich als Politik permanenter Preissteigerungen erfahren. Die Staats- und Wirtschaftsbürokratie sperrte sich gegen die Konsequenzen einer grundlegenden Wirtschaftsreform.

Die meisten Arbeiter waren von Anfang an skeptisch gegenüber den Erfolgsaussichten einer Wirtschaftspolitik ohne Dialog mit authentischen Gewerkschaften und boykottierten durch ihre Passivität die Implementierung der Reform. Mit der Verabschiedung des Gewerkschaftsgesetzes am 8.10.1982 war die Solidarność verboten worden. Seit 1982 auf Betriebsebene von der PZPR initiierte neue Gewerkschaften suchten nach einem Profil, das ihre Unabhängigkeit von PZPR und Betriebsleitung unterstreichen sollte, und übten vehemente Kritik an der staatlichen Wirtschafts- und Sozialpolitik. Damit wurden sie praktisch zu Gegnern der Wirtschaftsreform. Allerdings wurden die nach dem Branchenprinzip entstandenen Gewerkschaften von einem

Großteil der Arbeiter abgelehnt. Diese fühlten sich vielfach noch der Solidarność verbunden oder hatten jegliches Interesse an gewerkschaftlichem Engagement verloren.

Angesichts der Einschränkungen politischer, gewerkschaftlicher, wissenschaftlicher, gesellschaftlicher und kultureller Freiheiten verblieb die katholische Kirche die einzige Institution mit den entsprechenden organisatorischen und räumlichen Möglichkeiten, die einem breiten Spektrum der unabhängigen Aktivitäten der Gesellschaft Zuflucht gewähren konnte.

Jaruzelski hatte bis zum X. Parteitag der PZPR (29.6.–3.7.1986) seine Position gegenüber innerparteilichen Gegnern seines „mittleren" Kurses in der Innenpolitik, die sich zuletzt mit dem Popiełuszko-Mord brutal gemeldet hatten, ausgebaut. Die Übernahme der Kontrolle über den Parteiapparat im Innenministerium im Dezember 1984 und die endgültige Entmachtung des ZK-Sekretärs Milewski auf dem 19. ZK-Plenum am 13./14.5.1985 waren wichtige Erfolge Jaruzelskis. Nach den Parlamentswahlen vom Oktober 1985 erfolgten weitere Schritte zur Festigung seiner Macht im Partei- und Staatsapparat. Jaruzelskis ehemaliger Rivale aus dem Partei-„Beton", Stefan Olszowski, verlor sein Amt als Außenminister und schied aus dem Politbüro aus. Anscheinend zur Beschwichtigung des „Betonflügels" mußte der Jaruzelski-Vertraute Rakowski bei der Regierungsumbildung im November 1985 ebenfalls sein Regierungsamt als stellvertretender Ministerpräsident abgeben.

Der X. Parteikongreß der PZPR sollte den Schlußstrich unter die bisher dramatischste Periode der Parteigeschichte ziehen und dem Prozeß der „sozialistischen Erneuerung" neue Impulse geben. Der Parteitag sprach sich für eine umfassende politische Amnestie aus. Opposition sollte zwar nicht grundsätzlich verboten sein, aber sie hatte sich in den von der Partei vorgegebenen Formen zu äußern. Das politische Angebot fand seinen Niederschlag in der überraschenden Freilassung aller politischen Gefangenen nach der am 17.7.1986 verkündeten Amnestie. Im Dezember 1986 wurde von Jaruzelski ein „Konsultativrat beim Staatsratsvorsitzenden" einberufen. Darunter waren auch von der demokratischen Opposition respektierte Persönlichkeiten, die jedoch von dieser kein Mandat besaßen.

Weitere Anzeichen für eine Öffnung der Innenpolitik waren die liberale Kulturpolitik unter dem neuen Kulturminister Aleksander Krawczuk und die Bestellung einer Bürgerrechtsbeauftragten/Ombudsmann (November 1987) beim Sejm. Die innenpolitische Liberalisierung vollzog sich jedoch zu langsam, als daß sie die Verschärfung der sozioökonomischen Situation der Gesellschaft auffangen konnte. Die im Herbst 1986 angekündigte zweite Phase der Wirtschaftsreform brachte keine durchgreifende Verbesserung der Versorgungslage und wurde von der Bevölkerung vor allem als inflationstreibende Preispolitik erfahren. Das von der Regierung vorgestellte Programm einer Wirtschaftsreform und politischer Reformen wurde in einem Referendum (das erste Referendum seit Juni 1946) am 29.11.1987 von der Mehrheit der Bevölkerung abgelehnt. Nach dieser politischen Niederlage, den Streiks im April/Mai 1988, der geringen Wahlbeteiligung bei den Kommunalwahlen im Juni 1988 und der zweiten Streikwelle im August 1988 machte sich in der Warschauer Führung die Einsicht breit, daß mit Konsultationsmodellen ohne das Element direkter politischer Entscheidung der pluralistischen Gesellschaft ein Ausweg aus der Dauerkrise nicht zu finden war. Die Hoffnungslosigkeit und Apathie weiter Kreise der Bevölkerung sowie zunehmende Radikalisierung in Teilen der arbeitenden und studierenden Jugend waren der Ausgangspunkt und Anlaß für die Bemühungen um Gespräche am „Runden Tisch" zwischen Partei/Regierung und bisher illegaler gewerkschaftlicher und politischer Opposition.

Vom Konzept des „Runden Tisches" zur parlamentarischen Demokratie (1988–1989)

Am 31.8.1988 kam es zur ersten Begegnung zwischen Wałęsa und Kiszczak. Angesichts der andauernden Streiks in der Danziger Lenin-Werft schaltete sich der Episkopat direkt in die Vermittlungsbemühungen ein. Trotz der intensiven Gespräche kam es im September nicht zu der erwarteten Begegnung am „Runden Tisch". Hauptstreitpunkt war die Legalisierung der Solidarność. Auch wollte sich die Regierungsseite nicht auf die Teilnahme von Oppositionspolitikern wie Adam Michnik und Jacek Kurón einlassen.

Nach der Regierungsübernahme durch Mieczysław Rakowski im September 1988 drohten die Vorbereitungen für den „Runden Tisch" endgültig zu scheitern. Die neue Regierung wollte sich auf eine radikale Wirtschaftsreform konzentrieren und zeigte wenig Bereitschaft, die Frage des Gewerkschaftspluralismus vordringlich zu behandeln. Der politische Durchbruch kam unmittelbar nach dem Fernsehduell zwischen dem Vorsitzenden des offiziellen Gewerkschaftsbundes OPZZ, dem Politbüromitglied Alfred Miodowicz, und Lech Wałęsa am 30.11.1988, das Wałęsa für sich entschied.

Der politischen Führung wurde allmählich klar, daß ein Ausweg aus der Wirtschaftskrise sowie eine radikale Wirtschaftsreform mit Marktmechanismen, die ein weitere Senkung des Lebensstandards nach sich ziehen mußte, ohne die Wiederzulassung der Solidarność und ohne eine Verständigung über neue Formen des politischen Pluralismus nicht zu verwirklichen waren.

Zur Vorbereitung der Gespräche über politische Reformen am „Runden Tisch" wurde die 10. ZK-Sitzung der PZPR am 21./22.12.1988 und in einer zweiten Tour vom 16.–18.1.1989 einberufen.

In der Stellungnahme des Landesexekutivkomitees der Solidarność wurden die ZK-Beschlüsse über die Aufnahme von Gesprächen mit der politischen Opposition als „grundlegender Schritt hin zum gesellschaftlichen Dialog" bewertet. Vom 6.2.–5.4.1989 verhandelten in Warschau die Vertreter der regierenden Partei und ihrer Verbündeten mit der weitgefächerten Opposition über einen „historischen Kompromiß", der das Machtmonopol der PZPR endgültig beseitigen sollte. Am „Runden Tisch" wurden Abmachungen getroffen, die das politische und institutionelle System Polens grundlegend verändern sollten. Schon vor der Unterzeichnung der Ergebnisprotokolle wurden dem Sejm am 22.3. Verfassungsänderungen und Gesetzesnovellierungen zugeleitet: Es handelte sich um die Änderung der Wahlordnung für die vorgezogenen Sejmwahlen im Juni 1989, die Einführung des Senats als zweiter Kammer und des Präsidentenamtes, die Einführung des Gewerkschaftspluralismus und ein weitgehend liberalisiertes Vereinsrecht.

Die Protokolle des „Runden Tisches“ umfaßten alle Bereiche des öffentlichen Lebens. Der „Runde Tisch“ war nur das Forum der feierlichen Eröffnungs- und Schlußsitzung. Die eigentlichen Verhandlungen wurden in drei Hauptausschüssen, zehn Unterausschüssen und sechs Arbeitsgruppen geführt, an denen mehr als 300 Fachleute teilnahmen. Das Ergebnis wurde in drei Protokollen zusammengefaßt, die politische Reformen, den Gewerkschaftspluralismus und die Wirtschafts- und Sozialpolitik betrafen.

Das Protokoll über politische Reformen sah die schrittweise Einführung des Prinzips der vollen Volkssouveränität vor (politischer Pluralismus, Freiheit des Worts, demokratische Verfahren bei der Besetzung der staatlichen Vertretungskörperschaften, Unabhängigkeit der Richter u.a.). Das im Juni zu wählende Parlament wurde verpflichtet, eine neue demokratische Verfassung und ein neues demokratisches Wahlrecht auszuarbeiten.

Das Protokoll über den Gewerkschaftspluralismus wurde von drei Seiten unterzeichnet, da die kommunistisch gelenkten Gewerkschaften (OPZZ) unabhängig von der Regierungsseite auftraten. Die drei Seiten bekannten sich zu den „Gesellschaftlichen Vereinbarungen" vom August 1980, zur allgemeinen Deklaration der Menschenrechte und zur Konvention der Internationalen Arbeitsorganisation (ILO).

Das Protokoll zur Wirtschafts- und Sozialpolitik sah u.a. vor: Verbesserung der Marktversorgung und der Lebensbedingungen der Bevölkerung, innere und später auch äußere Konvertibilität des Złoty, Indexierung der Löhne mit 80 %igem Inflationsausgleich, Einschränkung der Arbeitsplatzgarantie, Schaffung einer Marktwirtschaft, verfassungsmäßige Garantie der Eigentumsformen (staatlich, genossenschaftlich, privat), Neuregelung des Schuldendienstes.

Mit drei Gesetzesinitiativen, die das Verhältnis zwischen Kirche und Staat auf ein neues Niveau hoben, wurde der historische Ausgleich mit der katholischen Kirche besiegelt. Im August 1989 nahmen Polen und der Vatikan diplomatische Beziehungen auf.

Mit der Anerkennung des Mehrparteiensystems, des Prinzips freier Wahlen und der parlamentarischen Demokratie, des Gewerkschaftspluralismus, der Unabhängigkeit der Gerichte, der weltanschaulichen

Neutralität des Staates und des Erziehungssystems sowie der Marktwirtschaft wurden praktisch alle Grundlagen des realsozialistischen Systems zur Disposition gestellt. Polen befand sich nun in einer Phase permanenter Evolution oder einer „Revolution Schritt für Schritt".

Allerdings brachten die Wähler den Fahrplan der Demokratisierung des politischen Systems durcheinander. Das Wahlvolk beschleunigte am 4.6. und in den Stichwahlen am 18.6.1989 den Systemwandel. Die Freiheit der Wahl war durch eine am „Runden Tisch" vereinbarte Mandatsaufteilung eingeschränkt worden, die nur für die Parlamentswahlen im Juni 1989 gelten sollte. 65 % der Sejmsitze entfielen demnach auf die bisherige Regierungskoalition (PZPR, ZSL, SD u.a.). Die PZPR allein beanspruchte nur noch 38 % der Sitze (= 173 von 460). Parteilose Kandidaten konkurrierten um 35 % der Abgeordnetensitze. Wenn Solidarność (Bürgerkomitee)-Kandidaten sich gegen andere parteilose Kandidaten durchsetzten, konnten sie alle 161 „unabhängigen" Sitze belegen. Die Wahlen zum Senat (100 Sitze), einer Art Länder- oder Wojewodschaftskammer, waren völlig frei.

Dem Senat, von dessen Beherrschung durch die Opposition man schon während der Verhandlungen am „Runden Tisch" ausgegangen war, sollte das Recht zustehen, Gesetze einzubringen und vom Sejm verabschiedete Gesetze anzufechten. Angefochtene Gesetze sollten zur Abweisung der Anfechtung einer Zweidrittelmehrheit im Sejm bedürfen. Die Regierungsseite hatte ursprünglich auf eine Mehrheit von 60 % gepocht. Bei Fraktionsdisziplin der Regierungsparteien wäre sie nicht auf Stimmen der Opposition angewiesen gewesen, da sie insgesamt über eine 65 %-Mehrheit verfügt hätte. Am „Runden Tisch" ging die Regierungskoalition nämlich noch von der „Zuverlässigkeit" der Bauernpartei und der Demokratischen Partei aus.

Eine aus Sejm und Senat gebildete Nationalversammlung sollte mit absoluter Mehrheit auf sechs Jahre den Präsidenten wählen. Am „Runden Tisch" hatte es ein stillschweigendes Einvernehmen darüber gegeben, daß General Jaruzelski der einzige Kandidat für das Präsidentenamt sein würde. Beide Seiten gingen im April 1989 noch davon aus, daß die Mehrheitsverhältnisse in der Nationalversammlung und die Loyalität der Abgeordneten der Regierungskoalition so unbestritten sein würden, daß es beim Wahlvorgang einer Zustimmung der Opposition nicht bedurft hätte.

Aber alles kam ganz anders als erwartet. In der letzten Wahlkampfwoche dämmerte es der PZPR, daß ein Wahldesaster kaum noch aufzuhalten war. Mit der Aufstellung einer Landesliste mit 35 Koalitionskandidaten war der Regierungskoalition ein unverzeihlicher Fehler unterlaufen. Im Fall eines Verfehlens der absoluten Mehrheit der abgegebenen Stimmen im ersten Wahlgang wären wegen einer Lücke im Wahlgesetz die Regierungskandidaten ersatzlos durchgefallen.

Im ersten Wahlgang erreichten nur fünf Sejmkandidaten (davon zwei von der Landesliste) und kein Senatskandidat des Regierungslagers, aber 160 Sejm- und 92 Senatskandidaten des Bürgerkomitees die notwendige absolute Mehrheit der abgegebenen Stimmen. Die Wahlbeteiligung lag bei nur 62 %. Die durch das Scheitern der Landesliste hervorgerufene Verfassungskrise wurde durch eine Änderung des Wahlgesetzes zwischen dem ersten und dem zweiten Wahlgang abgewendet. Die 33 nicht vergebenen Sitze der Landesliste wurden kurzfristig auf 33 Wahlkreise des bisherigen Regierungslagers verteilt. Die Politiker des Bürgerkomitees rechtfertigten ihre Duldung des Regierungsvorgehens mit dem Hinweis darauf, daß man sich an die Vereinbarung am „Runden Tisch“ über das 65:35 %-Verhältnis zwischen Regierung und Opposition gebunden fühle.

Bei der Stichwahl am 18.6. wurde der eindrucksvolle Sieg der Opposition nochmals bestätigt. Von den insgesamt 261 Kandidaten des Bürgerkomitees (161 für den Sejm und 100 für den Senat) war nur ein einziger durchgefallen.

2. Die polnische Demokratie (1989–1998)

Präsidenten der Republik

Wojciech Jaruzelski	1989–1990
Lech Wałęsa	1990–1995
Aleksander Kwaśniewski	seit 1995

Nach den ersten polnischen Wahlen nach dem Zweiten Weltkrieg, die diesen Namen verdienten, nahm das Bürgerkomitee sämtliche 161 Sitze im Sejm ein, die unabhängigen Gruppierungen vorbehalten waren. Der Regierungskoalition fielen 299 Sitze zu. Im Senat nahm das Bürgerkomitee 99 der 100 Sitze ein.

Staatspräsident Jaruzelski, Ministerpräsident Mazowiecki und sein Kabinett

Wie knapp in Wirklichkeit die Mehrheitsverhältnisse geworden waren, verdeutlichte die Wahl des Präsidentschaftskandidaten. Jaruzelski wurde mit nur einer Stimme Mehrheit am 19.7.1989 zum Präsidenten der Volksrepublik Polen gewählt. Der designierte Ministerpräsident aus den Reihen der PZPR, General Kiszczak, brachte bereits keine Mehrheit mehr hinter sich, da nach einem entsprechenden Angebot von Wałęsa ZSL und die SD ihre Bereitschaft zu einer Koalition mit dem Bürgerkomitee bekundeten. General Kiszczak gab das Mandat zur Regierungsbildung zurück, und auf Vorschlag von Bürgerkomitee, ZSL und SD wurde der katholische Publizist und Solidarność-Berater Tadeusz Mazowiecki (geb. 1927) von Präsident Jaruzelski mit der Regierungsbildung beauftragt. Mazowiecki wurde am 24.8.1989 mit überwältigender Mehrheit – unter Einschluß der Mehrheit der PZPR-Abgeordneten – zum Ministerpräsidenten gewählt, und es gelang ihm nach schwierigen Verhandlungen, am 13.9.1989 ein Koalitionskabinett aus Ministern vom Bürgerkomitee, von ZSL, SD sowie vier Ministern von der PZPR dem Sejm vorzustellen. Die neue Regierung wurde vom Parlament mit 403 Stimmen ohne Gegenstimmen bestätigt. Mit der Wahl des ersten nichtkommunistischen Regierungschefs in Polen seit 42 Jahren und der Etablierung einer Regierung, in der von der PZPR nur noch vier, wenn auch wichtige Ministerien (Inneres, Verteidigung u.a.) geleitet wurden, ging in Polen eine historische Epoche zu Ende; ein neues politisches Zeitalter begann.

Bis zum letzten, dem XI. Parteitag der PZPR, der am 27.1.1990 begann und mit der Selbstauflösung in der Nacht vom 29. auf dem 30.1. endete, setzte sich die innere Spaltung der alten kommunistischen Partei fort, wobei die Anhänger der Sozialdemokratisierung die Überhand gewannen. Auf den Trümmern der PZPR entstand die „Sozialdemokratie der Republik Polen“ (SdRP) unter dem Vorsitz des Nachwuchspolitikers Aleksander Kwaśniewski (geb. 1954) und die „Polnische Sozialdemokratische Union“ (PUS) mit dem Reformpolitiker Tadeusz Fiszbach an der Spitze. Die Vereinigte Bauernpartei (ZSL) nahm nach einigen Spaltungen und Vereinigungen den Traditionsnamen „Polnische Bauernpartei“ (PSL) an.

Nach der Regierungsübernahme ergriff der neue Finanzminister Leszek Balcerowicz (geb. 1947) erste einschneidende Maßnahmen zur Einführung der Marktwirtschaft, die am 1.1.1990 in Kraft traten. Am 30.12.1989 wurde eine Verfassungsänderung beschlossen, die die Rückkehr Polens zur parlamentarischen Demokratie symbolisierte. Der Staatsname lautete wieder „Republik Polen“. Der Wappenadler erhielt seine Krone zurück. Die Schlüsselministerien Inneres und Verteidigung wurden erst nach einer Übergangszeit im Juli 1990 von Nichtkommunisten übernommen.

Die breite parlamentarische Unterstützung, von der die Regierung Mazowiecki in den ersten Monaten getragen worden war, bröckelte im Laufe des Jahres 1990 ebenso wie die öffentliche Unterstützung für die wirtschafts- und finanzpolitische „Schocktherapie". Mazowiecki geriet zunehmend unter den Druck des Mannes, der ihn zum Solidarność-Kandidaten für das Amt des Ministerpräsidenten gekürt hatte, des Gewerkschaftsvorsitzenden Wałęsa. Der forderte eine Beschleunigung der politischen Reformen und eine Korrektur der liberalen Wirtschaftspolitik und erklärte „seinem" Premier den „Krieg".

In der Polemik mit den „Eierköpfen" in Warschau pflegte Wałęsa im Sommer 1990 seinen Antiintellektualismus und eine Tendenz zu populistischen Thesen. Er versprach schnelle Problemlösungen durch ein hartes Durchgreifen bei der Durchforstung der alten Bürokratie und durch unkonventionelle Maßnahmen am Rande der parlamentarischen Regeln. Damit suchte er eine Koalition mit allen, die mit der Regierung unzufrieden waren.

Bis in die Reihen der Sejm-Fraktion der Solidarność (Bürgerkomitee/OKP) reichte die Kritik an Balcerowicz' Wirtschaftsphilosophie, die zwar einen ausgeglichenen Haushalt, einen stabilisierten Złoty und Außenhandelsüberschüsse nach West und Ost aufweisen konnte, zugleich aber ca. 1 Mio. Arbeitslose im Spätherbst 1990, eine nur langsam zurückgehende Rezession und eine aufrührerische Bauernschaft bescherte, die über teure Kredite und Absatzprobleme stöhnte und staatlich garantierte Mindestpreise verlangte. Der Wałęsa-Flügel, der eine rasche Parteienbildung befürwortete, rief die Mitte-Rechtspartei „Zentrumsallianz" (PC) ins Leben. Der Mazowiecki-Flügel in der Solidarność gründete daraufhin die „Bürgerbewegung Demokratische Aktion" (ROAD).

Nicht nur der politische Druck des Danziger „Zentrums", sondern auch der nachhaltige Eindruck, den die schockierend geringe Wahlbeteiligung von 42% bei den ersten völlig freien Wahlen in Polen, den Kommunalwahlen am 27.5.1990, als Ausdruck der Unzufriedenheit der Bevölkerung mit den Veränderungen in Polen hinterließ, sorgten dafür, daß der Prozeß der politischen Fraktionierung sich beschleunigte und die Präsidentenwahlen vorverlegt wurden.

Um dem amtierenden Präsidenten Jaruzelski einen ehrenhaften Abgang zu erleichtern, wurde auf sein entsprechendes Bittschreiben vom 19.9.1990 vom Parlament die Verkürzung der bis 1995 laufenden Amtszeit des Präsidenten beschlossen.

Nach langem Zögern erklärte sich Anfang Oktober der amtierende Ministerpräsident Mazowiecki bereit, als Präsidentschaftskandidat des ROAD gegen den Danziger „Zentrums"-Kandidaten Wałęsa anzutreten. Bis Anfang November galten Wałęsa und Mazowiecki als einzige aussichtsreiche Präsidentschaftsanwärter, bis unter den vier weiteren Kandidaten der bis dahin gänzlich unbekannte Auslandspole Stanisław Tymiński laut demoskopischen Umfragen in der Gunst der Wähler rasch aufholte. Der erste Wahlgang am 25.11.1990 bescherte Mazowiecki eine verheerende Niederlage. Er erhielt bei einer Wahlbeteiligung von 60,6% nur 18,08% der abgegebenen Stimmen, Wałęsa 39,96% und Tymiński 23,10%.

Der überraschend hohe Stimmenanteil für Tymiński, der vor allem in ländlichen und kleinstädtischen Gebieten, in wirtschaftlichen Krisenregionen und bei jungen Menschen mit seinen Versprechungen Anklang fand, wurde als eine Niederlage für das gesamte neue Establishment interpretiert.

Als Konsequenz aus dem schlechten Abschneiden bei den Präsidentschaftswahlen erklärte Ministerpräsident Mazowiecki am 26.11. seinen Rücktritt als Premier. Auf Bitten von Präsident Jaruzelski führte er die Amtsgeschäfte bis zur Wahl eines Nachfolgers weiter. Unmittelbar nach dem ersten Wahlgang kündigte er die Gründung einer eigenen Partei unter dem Namen „Demokratische Union" (UD) an. Im zweiten Wahlgang am 9.12. siegte Lech Wałęsa erwartungsgemäß mit großem Abstand vor seinem Konkurrenten Tymiński. Bei einer Wahlbeteiligung von 53,4% erhielt er 74,25% der Stimmen, sein Rivale immerhin noch 25,75%.

Bei seiner Vereidigung zum ersten freigewählten Präsidenten der Republik Polen am 22.12.1990 rief Lech Wałęsa, der zuvor als Vorsitzender der Gewerkschaft Solidarność zurückgetreten war, die 3. Republik aus und nahm im Warschauer Königsschloß die Insignien der 2. Republik (1918–1939) aus der Hand des bisherigen Präsidenten im Londoner Exil, Ryszard Kaczorowski, entgegen.

Das erste Resultat des Machtwechsels im Präsidentenamt war die Beauftragung des jungen Danziger Unternehmers Jan Krzysztof Bielecki (geb. 1951) mit der Regierungsbildung.

Lech Wałęsa bei der Vereidigung als Präsident am 22.12.1990

Ministerpräsidenten seit 1989

Tadeusz Mazowiecki (UD)	8/1989 – 1/1991
Jan Krzysztof Bielecki (KLD)	1/1991 – 12/1991
Jan Olszewski (PC)	12/1991 – 6/1992
Waldemar Pawlak (PSL)	6/1992 – 7/1992
Hanna Suchocka (UD)	7/1992 – 10/1993
Waldemar Pawlak (PSL)	10/1993 – 3/1995
Józef Oleksy (SLD)	3/1995 – 2/1996
Włodzimierz Cimoszewicz (SLD)	2/1996 – 10/1997
Jerzy Buzek (AWS)	10/1997 –

Der zweite aus der Solidarność-Bewegung kommende Regierungschef Polens, der zugleich Gründungsmitglied der 1990 in Danzig gegründeten liberalen Partei unter dem Namen „Liberal-Demokratischer Kongreß" (KLD) war, wurde am 4.1.1991 mit großer Mehrheit (276:58:52) zum Ministerpräsidenten gewählt. Am 5.1. stellte er seine Regierung vor. Die wichtigsten Ressorts, Finanzen (Balcerowicz), Äußeres (Skubiszewski), Verteidigung (Kołodziejczyk) u.a., blieben bei den bisherigen Amtsinhabern. Ursprünglich sollte Bielecki nur ein Übergangskabinett bilden. Schließlich standen freie und demokratische Sejmwahlen in Polen immer noch aus. Sie waren für das Frühjahr 1991 vorgesehen. Die Verantwortung für das lange Überleben des „Kontraktparlaments" von 1989 war unterschiedlichen Interessen und Kalkulationen der Politiker um den Präsidenten Wałęsa, der Splitterparteien am rechten Rand der zersplitterten Bürgerkomitee-Fraktion (OKP) und der Nachfolgeparteien des alten Regimes zuzuschreiben.

Ministerpräsident Jan Krzysztof Bielecki

Bielecki regierte seit seinem Amtsantritt ohne parlamentarische Mehrheit, da er offiziell keine Koalitionsregierung führte. Für jedes Gesetzesvorhaben mußte der Regierungschef seine Mehrheit suchen, was ihm in den ersten Monaten auch meistens gelang. In Bieleckis Regierungszeit wurde auch der polnisch-deutsche Nachbarschaftsvertrag ausgehandelt und unterzeichnet (17.6.1991). Nach der parlamentarischen Sommerpause 1991 nahm die Unberechenbarkeit beim Abstimmungsverhalten der Parlamentarier zu und das Ansehen der Regierung in der Bevölkerung immer weiter ab. Nach langen politischen Auseinandersetzungen war am 28.6.1991 ein Wahlrecht für die bevorstehenden Parlamentswahlen verabschiedet worden, das das proportionale Wahlrecht mit Merkmalen des Persönlichkeitswahlrechts verband und sich als eines der kompliziertesten der demokratischen Welt entpuppte. Das Verhältniswahlrecht wurde für die auf den 27.10.1991 festgelegten Sejmwahlen eingeführt, um angesichts des noch schwach ausgebildeten Parteiensystems eine höchstmögliche Repräsentativität der neuen Volksvertretung zu garantieren. Auch kleinste Parteien sollten ihr Recht erhalten. Die Gewichtung der Stimmen war aber kompliziert und führte zu Verzerrungen und Absurditäten bei der Mandatsverteilung, so daß von wirklicher Proportionalität bei der Sitzverteilung im Sejm nicht die Rede sein konnte.

Bei den ersten freien Sejmwahlen lag die Wahlbeteiligung bei enttäuschend niedrigen 43 %. Das entsprach ungefähr der Frequenz bei den ersten freien Kommunalwahlen im Mai 1990 und bei den Präsidentenwahlen im November/Dezember 1990. Schon bei den ersten halbfreien Parlamentswahlen im Juni 1989 waren nur 62 % der Wahlberechtigten zu den Urnen gegangen. Die Zersplitterung des neuen Sejm war durch die Wahlordnung vorprogrammiert. Von den 60 landesweit, regional oder lokal angetretenen Parteien oder Listenverbindungen zogen 29 ins Parlament (darunter die *Gewerkschaft* Solidarność) ein, davon elf Parteien mit nur einem Abgeordneten.

Am 6.12.1991 wählte der Sejm gegen den anfänglichen Widerstand Wałęsas den Rechtsanwalt und konservativen PC-Politiker Jan Olszewski (geb. 1930) zum Chef einer Mitte-Rechts-Regierung, die sich aus Vertretern der PC, der Christlich-Nationalen (ZChN), Bürgerkomitees,

Ministerpräsident Jan Olszewski

einer kleineren katholischen Bauernpartei (PL) und Parteilosen zusammensetzte.

Die Regierung besaß keine stabile parlamentarische Mehrheit und setzte sich zum vorrangigen Ziel , eine „Dekommunisierung" und Lustration des öffentlichen Lebens durchzuführen. Unter der Federführung von Innenminister Antoni Macierewicz wurde dem Sejm Ende Mai 1992 eine Entschließung zur Veröffentlichung der Geheimdienstakten vorgelegt, die dem politischen Mißbrauch, der Erpressung und der Denunziation Tür und Tor öffnete. Die Regierung setzte Politiker, die sie zur Verbreiterung ihrer parlamentarischen Basis für eine Regierungsbeteiligung gewinnen wollte, mit Dossiers unter Druck. Aufgeschreckt durch den – wie das Verfassungsgericht später feststellte – illegalen Umgang mit den Geheimdienstakten, bat Präsident Wałęsa den Sejm um Abwahl des Ministerpräsidenten. Am 4.6.1992 wurde Olszewski gestürzt. Darauf kam das erfolglose Intermezzo des jungen, von Wałęsa protegierten PSL-Vorsitzenden Waldemar Pawlak, der den Auftrag zur Regierungsbildung zurückgeben mußte, da er keine Koalition mit den Solidarność-Nachfolgeparteien zustande brachte.

Daraufhin wurde im Juli 1992 die Posener Juristin Hanna Suchocka (geb. 1946) von Präsident Wałęsa als fünfte Regierungschefin seit dem demokratischen Systemwechsel 1989 mit der Bildung einer Koalitions-

Ministerpräsidentin Hanna Suchocka

regierung betraut. Auch die von ihr formierte große Koalition mehrerer Solidarność-Nachfolgeparteien (von der linken Mitte bis zur gemäßigten Rechten) ohne Beteiligung der Solidarność-*Gewerkschafts*fraktion verfügte über keine parlamentarische Mehrheit.

Im Januar 1993 wurde vom Parlament ein restriktives Abtreibungsgesetz verabschiedet, das die Gesellschaft polarisierte und den Zusammenhalt der Koalition stark strapazierte. Erst im Februar konnte mit Hilfe der oppositionellen postkommunistischen Sozialdemokraten der Haushalt 1993 durch das Parlament gebracht werden. Streikwellen im Schul- und Gesundheitswesen, im Bergbau und in anderen Industriebranchen sowie Protestmaßnahmen der Bauern im Frühjahr 1993 machten auf die sozialen Folgen des Übergangs zu marktwirtschaftlichen Strukturen sowie auf das nachlassende Vertrauen in die Regierung und in die demokratischen Institutionen aufmerksam. Schließlich scheiterte Suchocka wie ihre Vorgänger am parteipolitisch stark zersplitterten Sejm und an der Heterogenität der Koalition. Mit einer Stimme Mehrheit wurde Ende Mai 1993 ein Mißtrauensantrag der Solidarność-*Gewerkschafts*fraktion (nicht zu verwechseln mit den aus der Solidarność hervorgegangenen politischen Parteien in der Regierungskoalition) angenommen. Präsident Wałęsa löste daraufhin das Parlament auf und schrieb Neuwahlen zum 19.9.1993 aus, die aufgrund eines neuen Wahlgesetzes stattfinden sollten. Es wurde eine 5%-Klausel bzw. 8%-Klausel für Wahlbündnisse eingeführt.

Der große Sieger der Parlamentswahlen am 19.9.1993 (Wahlbeteiligung: 52%, 1991: 43%) hieß SLD. In dem linken Bündnis hatten sich 28 Gruppierungen zusammengetan, die von orthodoxen Kommunisten bis zu liberalen Sozialdemokraten („rote Liberale") reichten. Die dominierende Kraft stellte hier die „Sozialdemokratie der Republik Polen" (SdRP) dar, die Nachfolgepartei der im Januar 1990 aufgelösten Polnischen Vereinigten Arbeiterpartei (PZPR).

Als zweiter Sieger ging die Bauernpartei (PSL) aus den Parlamentswahlen hervor. Der radikale Lobbyismus im Sinne von Wahrung der bestehenden Strukturen auf dem Lande brachte der gewandten ehemaligen Blockpartei den Ruf ein, *die* Klassenpartei im politischen Spektrum zu sein.

Als dritter Überraschungssieger galt die linkssozialdemokratische Arbeitsunion (UP), eine Koalition aus sozialdemokratischen Abspaltungen der PZPR und einem demokratisch-sozialistischen Flügel der Solidarność. Die UP war somit die einzige Partei, die die Spaltung von ehemaligen System- und Oppositionsanhängern zu überwinden suchte.

Die neue Regierungskoalition aus SLD und PSL verfügte im Sejm über eine satte Mehrheit von knapp 2/3 der Sitze (303 von 460). Man mag es als Ironie der Geschichte auffassen, daß die beiden Parteien damit in freien Wahlen ebensoviele Mandate erhielten, wie sie sich in den halbfreien Juniwahlen 1989 zu dem „Kontraktparlament" durch die Vereinbarungen am „Runden Tisch" fest reserviert hatten.

Es war dem im Mai 1993 verabschiedeten Wahlrecht (d'Hondtsches Verfahren, 5%- bzw. 8%-Hürde für Listenverbindungen) zuzuschreiben, daß diesem Übergewicht an Parlamentssitzen ein Stimmenanteil von „nur" 35,8% entsprach und daß die Wahlniederlage der bisherigen Regierungskoalition sowie der katholischen und nationalen Oppositionsparteien und der Gewerkschaft Solidarność im Sejm weitaus katastrophaler ausfiel als auf dem Wahlzettel. Immerhin hatten fast 2/3 der Wähler nicht für die neuen Regierungsparteien gestimmt.

Gegen eine Relativierung der politischen Niederlage der Solidarność-Nachfolgeparteien sprach aber der ebenfalls überwältigende Wahlsieg von SLD und PSL bei den Wahlen zum Senat, der nach dem Mehrheitswahlrecht gewählt wurde. Hier errangen SLD 37 und PSL 36 von 100 Sitzen.

Die beabsichtigte disziplinierende Wirkung des Wahlrechts wurde zwar erzielt; statt 29 Parteien und Gruppen waren nur noch sechs Parteien (SLD, PSL, UD, UP, KPN, BBWR) und vier Abgeordnete der deutschen Minderheit im Sejm vertreten. Aber die Solidarność-Gewerkschaft, die Liberalen (KLD) des ehemaligen Premiers Bielecki und die Mitte-Rechts-Parteien (PC, KKW-„Ojczyzna", KdR, PSL-SL) aus der Solidarność-Tradition waren wegen ihrer Zersplitterung überhaupt nicht mehr im Parlament repräsentiert, obwohl sie ingesamt einen Stimmenanteil von über 20% auf sich vereinigen konnten (ohne Liberale). Der von Wałęsa initiierte Block (BBWR) blieb politisch unbedeutend und spaltete sich im Februar 1995. Aus ihm gingen u.a. die „Republikaner" hervor.

Am 26.10.1993 kam die PSL-SLD-Koalitionsregierung von Ministerpräsident Waldemar Pawlak (geb. 1959) gegen den Willen von Präsident Wałęsa ins Amt, der die seit Anfang 1994 ständig auftretenden Koalitionskrisen für das gegenseitige Ausspielen der Koalitionspartner nutzte, deren Exponenten Kwaśniewski (SLD) und Pawlak (PSL) er zugleich als potentielle Konkurrenten bei den im Herbst 1995 anstehenden Präsidentschaftswahlen ansah.

Eine Sonderrolle spielten im Kabinett Pawlak die Minister, die wegen der Verfassungslage vom Präsidenten nominiert worden waren und nicht den Regierungsparteien angehörten: Außenminister Andrzej Olechowski stand auf der BBWR-Liste. Verteidigungsminister Piotr Kołodziejczyk, ein pensionierter Vizeadmiral, ehemaliges PZPR-Mitglied, jetzt parteilos, galt als Vertrauensmann Wałęsas. Innenminister Andrzej Milczanowski gehörte der Solidarność-Bewegung an. Die polnische Außen- und Sicherheitspolitik wurde demgemäß seit dem Regierungswechsel von Politikern repräsentiert und konzipiert, die nicht den Regierungsparteien angehörten. In den politischen Auseinandersetzungen des Jahres 1994 wurde der Verteidigungsminister als Exponent einer zivilen und parlamentarischen Kontrolle der Armee Opfer präsidialer Intrigen und wurde zum Rücktritt (November 1994) gezwungen; Olechowski wurde dagegen durch Machenschaften innerhalb der Regierungskoalition aus seinem Amt herausgeekelt. Sein Rücktritt, im Oktober 1994 angekündigt und im Januar 1995 vollzogen, stand im Zusammenhang mit den personalpolitischen und Organisationsvorstellungen der Koalition in seinem Ministerium und mit einer mißglückten Antikorruptionskampagne „Saubere Hände" („czyste ręce") des Justizministers Włodzimierz Cimoszewicz aus den Reihen der SLD.

Aus strategischen Gründen hatte die SLD im Herbst 1993 auf das Amt des Ministerpräsidenten verzichtet und es dem Bauernpolitiker Pawlak überlassen. Im Spätwinter 1995 setzte Präsident Wałęsa offenbar alles daran, Mazowieckis oppositionelle Freiheitsunion (UW) nach dem raschen Verschleiß der Regierung Pawlak in eine Koalition unter einem SLD-Premier zu treiben, um einerseits einer reformorientierten Politik wieder eine Chance zu geben und andererseits sich selbst in den

Präsidentenwahlen als Alternative zu einem „rot-rosa“ Bündnis (SLD-UW) zu profilieren.

Die Bauernpartei mit ihrem Premier an der Spitze hatte von Anfang an versucht, ihre Interessen gegen das Linksbündnis von Kwaśniewski vornehmlich in der Personalpolitik von Regierungsbehörden, in der Wirtschaftspolitik (Agrarpolitik, Haushalt, Privatisierung, Banken) und in Fragen der Reform der Staatsverwaltung (Dezentralisierung, Wojewodschaftsneugliederung) durchzusetzen.

Die größten Konflikte innerhalb der Koalition entluden sich schon vor dem Abschluß der Koalitionsverhandlungen in den wirtschafts- und finanzpolitischen Grundsatzfragen. Wegen Uneinigkeit über den finanz- und wirtschaftspolitischen Kurs trat Finanzminister Marek Borowski (SLD) schon im Februar 1994 zurück. Während Pawlaks Bauernpartei im Staatshaushalt für das Jahr 1994 die Sozialausgaben über das von Borowski angestrebte Maß erhöhen wollte, vertrat dieser die Auffassung, man müsse das Budgetdefizit durch einen strikten Reform- und Sparkurs begrenzen. Nach einem langen Tauziehen zwischen Premier, SLD und Präsident Wałęsa um den Borowski-Nachfolger wurde im April 1994 der zu den SLD-Wirtschaftsliberalen zählende Finanzwirtschaftler Grzegorz Kołodko zum neuen Finanzminister ernannt.

Innerhalb weniger Monate setzte Pawlak seine Leute in Aufsichtsräte von Stiftungen, regierungsnahen Institutionen und Regierungsagenturen mit Zugang zu Finanzquellen. Die Regierung Pawlak gab im Staatshaushalt dem Agrarsektor gegen den hinhaltenden, aber schließlich erfolglosen Widerstand des SLD neue Priorität. Die Agrarmarkt-Agentur erhielt 1994 einen gegenüber dem Vorjahr um 36 % erhöhten Betrag. Es wurden Schutzzölle für Agrarprodukte eingeführt, die einen Inflationsschub verursachten. Ende Mai 1994 wurde der Koalitionspartner von PSL-Plänen überrascht, die Staatsmonopole für Tabak, Zucker und Branntwein zu erhalten.

Die Machtproben um die Besetzung von Schlüsselpositionen in der Wirtschaftsadministration im Kontext der von Finanzminister Kołodko verantworteten Gesamtwirtschaftsstrategie spitzten sich bis zum Herbst 1994 weiter zu. Am 9.6.1994, unmittelbar vor den Kommunal-

Ministerpräsident Waldemar Pawlak

wahlen, hatte Kołodko im Sejm sein Wirtschaftsprogramm für die nächsten Jahre unter dem Titel „Strategie für Polen" vorgelegt. Auch bei der Diskussion der „Strategie" stellte sich heraus, daß die Befürworter des marktwirtschaftlich orientierten Programms, das zugleich das Ende der Zersplitterung der Wirtschaftsressorts und die Bildung eines Superministeriums vorsah, eher in der Opposition zu finden waren als beim Koalitionspartner PSL und dem konservativen Flügel der Linksallianz (Arbeitsminister Leszek Miller), der schließlich auch die dringend notwendige Reform des teuren Renten- und Sozialsystems blockierte.

Die Agrarlobby blockierte nicht nur eine Strukturreformpolitik in der Landwirtschaft. Die PSL verzögerte auch monatelang das Programm der Massenprivatisierung (PPP). Erst am 19.10.1994 gab Pawlak seinen hinhaltenden Widerstand auf. Er schloß die Gesamtliste der zur Privatisierung anstehenden Unternehmen mit Unterzeichnung einer dritten Tranche ab.

Letztlich profitierte die Regierung Pawlak auch international davon, daß die Wirtschaftsreformen (z.B. die „kleine" Privatisierung) so weit gediehen waren, daß die Orientierung Polens auf die Marktwirtschaft hin nicht mehr revidierbar war und das beachtliche Wirtschaftswachstum von der Privatwirtschaft getragen wurde.

Vierzig Jahre lang war die gleichgeschaltete Bauernpartei dazu verurteilt gewesen, als „Blockflöte" nach der Melodie der kommunistischen Arbeiterpartei zu tanzen. So konnte der Eindruck entstehen, daß Pawlaks PSL, die den Systemwechsel personell und organisatorisch weitgehend unbeschadet überstanden hatte, mit ihrer „Säuberung" auf allen Ebenen der staatlichen Verwaltung nicht nur den „Geist" und Stil der Solidarność-Eliten vertreiben wollte, sondern sich auch für die Demütigungen vergangener Jahrzehnte rächte. PSL und SLD gemeinsam verhielten sich bei der Wiedereinstellung „erfahrener Fachleute" aus den Zeiten der Volksrepublik nach dem Urteil von Beobachtern teilweise so, als habe es den Systemwechsel 1989 gar nicht gegeben.

Hinzu kam das Mißtrauen der PSL-Klientel gegen Dezentralisierung, Markt und offene Gesellschaft. Der Glaube an den Zentralismus blieb hier weitgehend ungebrochen. Zum Vollstrecker der Idee einer starken Zentralbürokratie und einer parteipolitischen Gleichschaltung der lokalen Administration wurde der gegen Widerstände des Linksbündnisses ernannte Leiter des Ministerratsamtes, Michał Strąk. Der Pawlak-Vertraute war von Amts wegen für die öffentliche Verwaltung zuständig.

Systematisch wurden über 60 % der seit 1989 eingesetzten Wojewoden durch Vertreter aus den Regierungsparteien ersetzt, wobei der Löwenanteil entsprechend den Mehrheitsverhältnissen in den Wojewodschaften bei den Parlamentswahlen 1993 an PSL-Mandatsträger fiel.

Das innerhalb der Koalition strittige, von der früheren Regierung unter Ministerpräsidentin Hanna Suchocka ausgehandelte Konkordat, das eine enge Zusammenarbeit von Staat und Kirche vorsah, führte im Sommer 1994 zu einer Eskalation der gegenseitigen Vorwürfe. Um die noch ausstehende Ratifizierung des Konkordats zu ermöglichen, gingen die katholische Kirche und die Regierungsparteien, insbesondere die laizistische SLD, aufeinander zu. Die Liberalisierung der Abtreibungsgesetzgebung, die sowohl Regierungs- als auch Oppositionsparteien spaltete, scheitere im September 1994 am Veto des Präsidenten, das nicht durch eine Zweidrittelmehrheit im Sejm aufgehoben werden konnte.

Die seit Jahren schwelende Krise im Machtgefüge zwischen dem Staatspräsidenten einerseits sowie Regierung und Parlament andererseits setzte sich fort und erreichte im Oktober 1994 einen neuen Höhepunkt. Nachdem Präsident Wałęsa zwei Mitglieder des Rundfunk- und Fernsehrates abberufen und Verteidigungsminister Kołodziejczyk zum Rücktritt gedrängt hatte, forderte der Sejm den Präsidenten in einem Antrag dazu auf, künftig alles zu unterlassen, was zu einer Staatskrise führen könnte.

Eng verbunden mit den Auseinandersetzungen um die Kompetenzen des Präsidenten blieb die Diskussion um die noch zu beschließende neue Verfassung des Landes. Dem Verfassungsausschuß unter dem sozialdemokratischen Politiker Kwaśniewski wurden sieben Entwürfe vorgelegt, in denen sehr unterschiedliche Staatsauffassungen zum Ausdruck kamen. Kernpunkt des Verfassungsstreits blieb die Frage, ob Polen – wie von Wałęsa gewünscht – dem Modell eines Präsidialsystems folgen oder die Verfassung eher Parlament und Regierung das Schwergewicht einräumen sollte.

Die wachsenden Konflikte zwischen den Koalitionspartnern SLD und PSL wegen personalpolitischer Differenzen, der Verlust der Reformdynamik (z.B. Verzögerungen bei der Privatisierung, Staatsinterventionismus, Abbruch der Verwaltungsreform) und der dramatische Ansehensverlust von Ministerpräsident Pawlak erleichterten es Präsident Wałęsa, sich als Garant politischer und wirtschaftlicher Reformen zu profilieren und am Jahresanfang im Zusammenhang mit der Verabschiedung des Haushalts 1995 eine Regierungskrise zu provozieren. Mit der Drohung einer verfassungsmäßig nicht vorgesehenen Parlamentsauflösung veranlaßte er die regierende Koalition, sich von Pawlak zu lösen und am 1.3.1995 den Sejmmarschall Józef Oleksy (SLD) (geb. 1946) zum Ministerpräsidenten zu wählen. Bei der fälligen Kabinettsumbildung setzte sich Wałęsa mit seinen Kandidaten für die „präsidialen" Ministerien (Äußeres: Władysław Bartoszewski; Inneres: – wie bisher – Andrzej Milczanowski; Verteidigung: Zbigniew Okoński) durch. Der ständige Streit zwischen den Parteien der Regierungskoalition einerseits und zwischen der SLD und Wałęsa andererseits wurde durch die Regierungsumbildung nur kurzfristig gemildert. Die von Oleksy angekündigte Beschleunigung von innenpolitischen Reformen erschöpfte sich vorwiegend in einer Verbesserung des Reformklimas.

Der Vorwahlkampf für die Präsidentenwahlen dominierte die polnische Innenpolitik von Jahresanfang bis zum Wahltermin im November 1995. Er behinderte den Abschluß der Verhandlungen über die neue Verfassung und verschärfte die seit längerem schwelenden Konflikte um Konkordat, Abtreibung, Trennung von Kirche und Staat, parlamentarische Kontrolle der Armee und die Wertegrundlagen der neuen Demokratie. Zudem unterstrich der Präsidentschaftswahlkampf die organisatorische und programmatische Schwäche der größten Oppositionspartei, der Freiheitsunion (Vorsitzender seit April 1995 Leszek Balcerowicz), und die Zersplitterung der katholischen und patriotischen Parteien. Als größter Herausforderer Präsident Wałęsas profilierte sich unter den insgesamt 13 Bewerbern um das höchste Staatsamt der SLD-Vorsitzende Kwaśniewski. Nachdem im ersten Wahlgang am 5.11. keiner der Kandidaten die absolute Mehrheit erreicht hatte (Wałęsa und Kwaśniewski errangen jeweils ein Drittel der Wählerstimmen), kam es am 19.11. zur Stichwahl. Hier setzte sich unter anderem aufgrund des Zuspruchs der jüngeren Generation Kwaśniewski mit 51,7 % knapp gegen den zuletzt von allen konservativen Kräften (insbesondere der Kirche) gestützten Amtsinhaber durch. Die letztlich doch sehr überraschende Wahl des „gewandelten Exkommunisten" nahmen die „präsidialen" Minister zum Anlaß, ihren Rücktritt für den Zeitpunkt des Amtsantritts Kwaśniewskis anzukündigen.

Ministerpräsident Józef Oleksy

Für innenpolitischen Wirbel sorgte kurz vor Ablauf der Amtszeit von Präsident Wałęsa der von Innenminister Milczanowski vorgebrachte und von Wałęsa aufgegriffene Vorwurf, Ministerpräsident Oleksy habe von 1983 bis 1994 für eine ausländische Macht (den sowjetischen bzw. russischen Geheimdienst) spioniert. In den ersten Monaten des Jahres 1996 konzentrierten sich die politischen Aktivitäten auf die „Sache Oleksy". Die schließlich im Sande verlaufenden Untersuchungen, der Rücktritt Oleksys Ende Januar 1996 und die Suche nach einem geeigneten Nachfolger absorbierten monatelang die Kräfte der Hauptakteure in Regierung und Opposition. Nach den Enthüllungen über Doppelspione, Führungsagenten, exotische Treffpunkte, abgehörte Telefongespräche, die facettenreicher als der Stoff in Spionagethrillern von Politikern, Geheimdienstmitarbeitern und Medien dargeboten wurden, stellte die Staatsanwaltschaft Ende April 1996 die Untersuchung gegen Oleksy ein, da keinerlei Verdachtsmomente für eine Anklage gefunden worden seien. Der neue Ministerpräsident Włodzimierz Cimoszewicz (SLD) (geb. 1950) kündigte an, sämtliche Akten zum Fall würden in einem Weißbuch der Öffentlichkeit vorgestellt. Das Ende Oktober 1996 präsentierte Konvolut ließ jedoch – abgesehen von der strafrechtlichen Entlastung Oleksys und der Bestätigung der Fragwürdigkeit des Vorgehens von Innenminister Milczanowski – viele politische Fragen offen.

Trotz der regierungsinternen Spannungen, die zur Blockade zahlreicher Reformvorhaben der seit 1993 regierenden Koalition geführt hatten, konnten 1996 noch zwei größere Vorhaben realisiert werden. Im Juni 1996 wurde eine Reform des wirtschaftlichen und administrativen Zentrums vom Parlament verabschiedet. Die Zahl der mit der Wirtschaft befaßten Ministerien wurde verringert und dem Ministerpräsidenten eine eigene Kanzlei und größerer Einfluß auf die Ressortpolitik zugestanden. Aufgelöst wurden das Ministerratsamt, das Innen- und das Privatisierungsministerium, das Ministerium für Zusammenarbeit mit dem Ausland, das Industrie- und das Bauministerium sowie das Zentrale Planungsamt. Statt dessen wurden eingerichtet: ein „Super"-Ministerium für Inneres und Verwaltung, ein Schatzministerium, ein Wirtschaftsministerium, eine Premierskanzlei, eine Privatisierungsagentur, ein Regierungszentrum für strategische Studien, ein Amt für Wohnungsbau und Stadtentwicklung sowie ein Komitee für europäische Integration. Der Staatsschutz untersteht seit Anfang 1997 unmittelbar dem Regierungschef und nicht mehr dem Innenminister.

Im Juli 1996 beschloß das Parlament ein Gesetz über den öffentlichen Dienst, nach dem nur die Spitzen der staatlichen Verwaltung im Zentrum und in den Wojewodschaften mit „politischen Beamten" besetzt werden und künftig bei einem Machtwechsel im Zentrum zusammen mit den Ministern aus dem Amt (Vizeminister, Wojewoden, Vizewojewoden) scheiden. Die Schwäche des Reformwerks lag in der Un-

Ministerpräsident Włodzimierz Cimoszewicz

vollständigkeit, da für die Effizienz und Modernisierung des Regierungs- und Verwaltungsapparats die Reorganisation der Kompetenzen (Dezentralisierung, territoriale Selbstverwaltung) zwischen zentralen Behörden in Warschau und nachgeordneten Organen zwingend gewesen wäre.

Zwei Entwürfe zur Dezentralisierung der Territorialverwaltung, die im Juli 1996 zur Beratung vorgelegt wurden, blieben zwischen den Regierungsparteien heftig umstritten. Deshalb kam es hier zu keiner Entscheidung in der Sache. Das 1993 von der amtierenden Regierung Suchocka abgeschlossene Konkordat mit dem Heiligen Stuhl konnte wegen des Widerstands der Laizisten in der Linken vor den Sejmwahlen 1997 nicht ratifiziert werden. Die Diskussion über das Konkordat belastete in der gesamten Zeit des SLD-PSL-Regierungsbündnisses das Verhältnis zu der unverändert einflußreichen katholischen Kirche. Am 30.8.1996 votierte der Sejm gegen den erbitterten Widerstand der katholischen Kirche mit 208 gegen 61 Stimmen und 15 Enthaltungen für die Einfügung einer sozialen Indikation in das seit 1993 gültige restriktive Gesetz über Familienplanung, das praktisch eine Fristenlösung (bis zur zwölften Schwangerschaftswoche) darstellte.

Den inhaltlichen Positionen von Befürwortern und Gegnern der einen oder der anderen Regelung des Schwangerschaftsabbruchs wurde dabei nichts mehr hinzugefügt. Die Argumente waren in der langen Debatte vor Verabschiedung des Gesetzes im Januar 1993 ausgetauscht worden. Dreieinhalb Jahre später ging es einfach um neue Mehrheitsverhältnisse, die sich in dieser Frage dann aber doch als nicht so eindeutig erwiesen. Denn die Abstimmung spaltete die Regierungsparteien. Die SLD unterstützte die Novelle einmütig, während der größte Teil der PSL-Abgeordneten entweder dagegen stimmte oder den Parlamentssaal in der Hoffnung verließ, das Quorum von 230 Abgeordneten würde nicht erreicht.

Bis zur Unterzeichnung des Gesetzes hatte sich der Präsident etwas zu gedulden, da es noch von der zweiten Kammer abgesegnet werden mußte. Und hier kam es zu einer handfesten Überraschung, als der Senat mit deutlicher Mehrheit (52:40) die Liberalisierung ablehnte. Entscheidend war dabei das Votum der PSL-Abgeordneten, die sich von der Kirche und der Solidarność massiv unter Druck gesetzt fühlten, deren Wahlbündnis AWS in den Meinungsumfragen von Monat zu Monat an Zustimmung gewann und sich als größte Herausforderung für die Linksallianz herauskristallisierte, das hieß: der potentielle Seniorpartner der Bauernpartei bei der Bildung einer Mitte-Rechts-Koalition nach den Wahlen.

Die Freude der Abtreibungsgegner war aber nur von kurzer Dauer. Trotz eindringlicher Appelle der Bischöfe sowie des Papstes und vor der Kulisse von mehreren zehntausend Demonstranten überstimmte der Sejm am 24.10.1996 mit der dafür notwendigen absoluten Mehrheit das Votum des Senats. 228 von 439 Abgeordneten stimmten für, 195 gegen das Gesetz, 16 enthielten sich der Stimme. Die SLD und die oppositionelle Arbeitsunion – mit Ausnahme des Sejm-Vizemarschalls Aleksander Małachowski – stimmten geschlossen für die Novelle. Hingegen votierte die überwältigende Mehrheit der PSL-Abgeordneten und der Freiheitsunion gegen die Neuregelung. Eine Bemerkung am Rande: Für die Liberalisierung stimmten sogar mehr Abgeordnete der UW (15) als Bauernabgeordnete (11). Im Mai 1997 erklärte jedoch das Verfassungsgericht das Gesetz in einigen wesentlichen Punkten (u.a. die soziale Indikation) für verfassungswidrig.

Kurz vor der im Sommer 1997 endenden Legislaturperiode gelang es nach jahrelangem politischem Tauziehen, noch weitere wichtige Gesetzesvorhaben zu verwirklichen. Am 2.4.1997 wurde eine demokratische Verfassung von der Nationalversammlung (Sejm und Senat) und am 25.5. in einem Referendum gebilligt. Bei einer geringen Wahlbeteiligung von 43 % wurden 51 % der Stimmen für die neue Verfassung abgegeben. Sie fand aber weder die Zustimmung der außerparlamentarischen Rechten (AWS, ROP) noch der katholischen Kirche. Die geringe Wahlbeteiligung wurde als eine demonstrative Mißfallensäußerung über den Streit zwischen postkommunistischen Antiklerikalen und der klerikalen Rechten gedeutet. In den Regionen, in denen bei den letzten Präsidentschaftswahlen Ende 1995 Lech Wałęsa gewonnen hatte (Südost- und Ostpolen, Danzig u.a.), sprach sich eine Mehrheit gegen die Verfassung aus. So bestätigte das Referendum eine Polarisierung der politischen Szene Polens, die auf einer unterschiedlichen Sicht des Umgangs mit der kommunistischen Vergangenheit und ihren Erben (den „Postkommunisten“) und emotionalen Identitätsfragen beruhte und nicht auf unterschiedlichen Einstellungen zu Sachfragen. Als eine seiner letzten Tätigkeiten in der ablaufenden Legislaturperiode verabschiedete der Sejm am 16.5.1997 nach jahrelanger Diskussion über den angemessenen Umgang mit der kommunistischen Vergangenheit ein Lustrationsgesetz.

Die Debatte über Konkordat, Verfassung und Lustration wurde schon vom anhebenden Wahlkampf zu den Parlamentswahlen am 21.9.1997 überschattet. Nach Jahren organisatorischer Zersplitterung hatten sich schon 1996 die Parteien auf der Rechten mit der von der Gewerkschaft Solidarność und ihrem Vorsitzenden Marian Krzaklewski organisierten „Wahlaktion Solidarność“ (AWS) und der rechtspopulistischen „Bewegung zum Wiederaufbau Polens“ (ROP) des ehemaligen Premiers Olszewski zusammengeschlossen. Zwischen der nach außen homogen erscheinenden regierenden Demokratischen Linksallianz mit der postkommunistischen Sozialdemokratie als Hauptpfeiler und den bisher im Parlament nicht vertretenen rechten Parteien gelang es der zentristischen und reformorientierten Freiheitsunion (UW) als größter parlamentarischer Oppositionspartei, sich im Wahlkampf als liberale Reformpartei zu profilieren.

Die Konzentrierung der Wählerstimmen auf drei Parteien bzw. Wahlallianzen (AWS, SLD und UW) bei den Sejmwahlen am 21.9.1997 bot die Chance einer Stabilisierung des Parteiensystems und des Parlamentarismus in Polen. Aus den Parlamentswahlen ging die AWS (33,8 %) überraschend eindeutig als Sieger hervor. Die bisher regierende SLD konnte zwar gegenüber 1993 nochmals Stimmen dazugewinnen (27,1 %), aber ihr kam der alte Koalitionspartner abhanden. Die PSL wurde dezimiert (7,3 %). Einen überraschend großen Wahlerfolg konnte die UW (13,4 %) verbuchen. Die nationalistische ROP kam auf 5,6 %. Die deutsche Minderheit entsandte zwei Abgeordnete in den neuen Sejm. Von den 100 Sitzen des gleichzeitig gewählten Senats erlangte die AWS 51, die SLD 28, die UW acht, die ROP fünf und PSL zwei. Die deutsche Minderheit verlor ihren Senatssitz.

Unmittelbar nach den Wahlen nahm die AWS mit der UW Sondierungsgespräche über eine Regierungsbildung auf, die innerhalb von drei Wochen so weit gediehen waren, daß die zukünftigen Koalitionäre den Gleiwitzer Chemieprofessor und AWS-Wirtschaftsexperten Jerzy Buzek, ein Solidarność-Mitglied der ersten Stunde, Mitte Oktober als ihren Kandidaten für das Amt des Ministerpräsidenten vorstellten. Am 17.10., dem Tag des Inkrafttretens der neuen Verfassung, erhielt der im Teschener Schlesien geborene Protestant die Ernennungsurkunde aus der Hand von Präsident Kwaśniewski.

Aber erst am 31.10. konnte der neue Premier Buzek nach mühsamen Verhandlungen zwischen UW und AWS dem Präsidenten seine

Ministerpräsident Jerzy Buzek

Kabinettsliste vorstellen. Die AWS übernahm zwei Drittel der Kabinettsposten, die anderen Ressorts fielen an die UW. Mit der Besetzung von Schlüsselpositionen durch UW-Politiker zerstreute der „starke Mann" im Hintergrund, der AWS-Vorsitzende Krzaklewski, Befürchtungen, die neue Regierung werde einerseits die Wirtschaftsreformen und die Integration Polens in die westlichen Strukturen verlangsamen, andererseits sich auf weltanschauliche Auseinandersetzungen konzentrieren. Mit der Überlassung von Schlüsselressorts an die UW wurde unterstrichen, daß die Reformen sogar beschleunigt werden sollten. So stellte die Berufung der vier UW-Prominenten Leszek Balcerowicz

(Vizepremier und Finanzen), Bronisław Geremek (Äußeres), Janusz Onyszkiewicz (Verteidigung) und Hanna Suchocka (Justiz) ein deutliches Signal an den Westen dar. Krzaklewski beschränkte sich auf den Posten des AWS-Fraktionsvorsitzenden. Er wollte sich offensichtlich nicht in der Regierungsarbeit aufreiben und bemüht sich um eine Plattform für die Präsidentschaftskandidatur im Jahr 2000. Zudem wurde nur ihm zugetraut, das heterogene AWS-Bündnis im Parlament zu disziplinieren. Wenn die UW bei der Regierungsbildung einen beachtlichen Verhandlungserfolg erzielen konnte, so sicherte sich die AWS bei dem fast vollständigen Austausch der Wojewoden und Vizewojewoden nach dem Motto „The winner takes it all“ die meisten Posten.

In der Regierungserklärung (10.11.) bekräftigte Ministerpräsident Buzek die Kontinuität in der Außenpolitik. Sehr viel mehr Platz als außenpolitischen Fragen widmete Buzek den innen- und wirtschaftspolitischen Herausforderungen. Zentrales Ziel sei es, die Lebensverhältnisse der polnischen Familie, die Strukturen staatlichen Handelns und die innere Sicherheit zu verbessern. Das bis 1989 herrschende kommunistische System bezeichnete Buzek als verbrecherisch, die vierjährige Regierungspolitik der „Postkommunisten“ kritisierte er heftig. Zwar sei die Wirtschaft in den vergangenen Jahren gewachsen, die Inflation gesunken, insgesamt sei ihr Zustand jedoch kritisch. Die Vorgängerregierung habe die Wirtschaft durch zunehmende bürokratische Vorschriften gegängelt, die Privatisierung der Staatsunternehmen verzögert, die Restrukturierung der Schlüsselindustrien verschoben. Buzek versprach eine „zweite Etappe der Transformation“. Im Mittelpunkt des Regierungsprogramms standen folgende Ziele: die Dezentralisierung des Landes bzw. die Selbstverwaltungsreform, die Deregulierung der Wirtschaft, die rasche Privatisierung und der Beginn eines Reprivatisierungsprozesses, das Aufbrechen der Monopolstrukturen (Telekommunikation, Energie, Gas u.a.), die Sanierung der Schwerindustrie und des Kohlesektors, ein neues Steuersystem, die Reform des Gesundheitssystems, die Rentenreform, die Reform des im Notstand befindlichen Bildungssystems und die Reform des Rechtssystems (Strafgesetzbuch u.a.).

Entgegen vielerlei Befürchtungen gelang es der Koalition mit diesen Regierungsvorhaben, ein tragfähiges Kompromißprogramm zu erarbeiten. Dessen Gelingen sollte aber vor allem von der Fähigkeit des Premiers abhängen, die ihm aufgrund der neuen Verfassung zugesprochenen Rechte und Kompetenzen zu nutzen. Das galt für seine Richtlinienkompetenz im Rahmen der Regierung sowie für seine Position gegenüber dem Staatspräsidenten. Über Erfolg und Stabilität der Regierung sollte auch die Fraktionsdisziplin der rechtskatholischen, nationalistischen und gewerkschaftlichen Gruppierungen innerhalb der AWS entscheiden.

Ungeachtet der neuen Abgrenzung der Amtskompetenzen in der neuen Verfassung verführte die Kohabitation („linker" Präsident, „Mitte-Rechts-Regierung") schon in den ersten Monaten der Regierung Buzek zu Machtproben, die der Präsident mit dem Gebrauch seines Veto-Rechts Ende Dezember 1997 in zwei Fällen für sich entschied. Im ersten Fall legte er sein Veto gegen die Entprivilegierung der Renten für Berufsoffiziere, Polizisten, Grenzschutzbeamte und Feuerwehrleute ein. Das Präsidentenveto war erfolgreich, da die Regierungskoalition keine Dreifünftelmehrheit im Sejm mobilisieren konnte. Im zweiten Fall versuchte die Koalitionsmehrheit vergeblich, den Sexualkundeunterricht und entsprechende Lehrerweiterbildung in diesem Bereich zu unterbinden. Der Präsident befindet sich in einem grundsätzlichen Dilemma. Auch wenn er kontroverse Entscheidungen vermeiden möchte, kann er es sich nicht leisten, seine eigene Basis, die SLD, allzusehr zu enttäuschen. Oppositionsführer Leszek Miller erläuterte, man erwarte vom Präsidenten ein Veto bei Gesetzesvorschlägen, die eine „ideologische Überlegenheit" der AWS und Verzögerungen im Integrationsprozeß mit der EU konstituierten.

Die Regierung konnte im Jahr 1998 trotz divergierender Interessen innerhalb der Koalition das wichtigste Reformvorhaben in Polen seit 1990, die Gebietsreform, auf den Weg bringen. Der Sejm verabschiedete am 18.7.1998 einen gemeinsamen Gesetzentwurf der Koalitionsfraktionen und der oppositionellen SLD über die Gebiets- und Verwaltungsreform, die nur noch 16 statt bisher 49 Wojewodschaften vorsieht. Ursprünglich hatte die Regierung die Neugliederung in zwölf Wojewodschaften angestrebt, später die Anzahl dieser Verwaltungseinheiten wegen des Widerstands innerhalb der Koalitionsfraktionen und vor allem der SLD auf 15 erhöht, war aber damit am Einspruch von Staatspräsident Kwaśniewski gescheitert, der sich das Konzept der SLD zu eigen gemacht hatte, welches 17 Regierungsbezirke vorsah. Der zwischen Koalition und Opposition ausgehandelte und vom Präsidenten unterschriebene Gesetzeskompromiß sieht die Neugliederung Polens in 16 Wojewodschaften vor. Nach der Regierungsverordnung vom 7.8.1998 waren als zweite, neugeschaffene Verwaltungsebene 308 Kreise und 65 kreisfreie Städte vorgesehen. Der Weg für die Wahlen zu den Wojewodschaftsparlamenten (Sejmiki), Kreistagen und den Gemeinderäten am 11.10.1998 war somit frei.

Aus den dreistufigen Regionalwahlen gingen die beiden größten Gruppierungen, die SLD und die AWS, gestärkt hervor. In neun von 16 Wojewodschaftsparlamenten gewann die SLD die meisten Mandate, in sechs Wojewodschaften die AWS, in der Wojewodschaft Schlesien erhielten beide Gruppierungen gleich viele Sitze. Wahlverlierer war die zentristische UW. Die Wahlliste der deutschen Minderheit errang in der Wojewodschaft Oppeln einen großen Erfolg. Im Wojewodschaftsparlament von Oppeln entfallen auf sie 13 von 45 Sitzen, womit die Minderheit nach der SLD die zweitstärkste Fraktion im Sejmik bildet. Im Oppelner Kreistag nimmt sie die absolute Mehrheit der Sitze ein. In den großen Städten teilen sich SLD und AWS die Mehrheiten. Große Wahlverlierer waren auch die rechtsnationalen Parteien. Das Wahlbündnis von PSL, UP und dem Rentnerblock KPEiR (Przymierze Społeczne) errang einen Überraschungserfolg. Die Wahlbeteiligung lag mit über 45 % höher als 1990 und 1994.

Noch vor der Sommerpause 1998 verabschiedete das Parlament im Juli ebenfalls die seit Jahren diskutierte Gesundheitsreform, die weitgehend entsprechend einem seit Jahren vorliegenden Entwurf nach der Einrichtung der Finanzierungsfonds am 1.1.1999 in Kraft treten kann.

Die unbestreitbaren Erfolge konnte die Regierung bislang jedoch nur schlecht verkaufen und nicht zur inneren Stärkung nutzen. In den Medien dominierte der langandauernde Streit um die künftige Zahl der Bezirke und die Unzufriedenheit von zahlreichen Gemeinden und Städten mit den konkreten Ergebnissen der Gebietsreform. Der innenpolitische Erfolg der Koalitionspartner wurde zudem von dem außenpolitisch spektakulären Verlust von Hilfsgeldern der Europäischen Union in Höhe von 34 Mio. ECU im Mai 1998 verdunkelt, weil Polen als einziges Beitrittsland nicht in der Lage war, den Richtlinien entsprechende Anträge termingerecht einzureichen. Diese Pleite verschlechterte das Koalitionsklima nachhaltig, da sich UW und AWS gegenseitig die Schuld an der Situation gab. Auf internationaler Ebene schadete Polen auch der Streit um die Kreuze vor dem ehemaligen Konzentrationslager Auschwitz. Obwohl sich diese Aktion von radikalen Katholiken über Wochen und Monate hinzog, blieb die Regierung bis weit in den August hinein passiv. Angesichts des lange Zeit unklaren Standpunkts des Episkopats in der Sache und latenter antisemitischer Strömungen fürchtete sie wohl, als „Gegner des Kreuzes“ stigmatisiert zu werden.

Ursache für das teilweise äußerst niedrige Profil von Regierungschef und Regierung war die innere Heterogenität der Koalition. Die AWS ist ständig vom Absplittern einzelner Gruppen am rechten Rand bedroht. Auf den Ausschluß zweier Abgeordneter wegen Verletzung der Fraktionsdisziplin im Juni und darauffolgenden Austritt von sieben weiteren AWS-Abgeordneten traten Ende Juli aus Protest gegen den Verkauf der Danziger Werft nochmals acht Abgeordnete aus der Fraktion aus. Die AWS-Fraktion schrumpfte von 201 auf 186 Abgeordnete. Weitere Abgeordnete drohten mit Austritt, falls Premier Buzek den Verantwortlichen für das EU-Desaster, Integrationsminister Ryszard Czarnecki, entlasse. Buzek blieb nichts anderes übrig, als selbst den Vorsitz im KIE (Komitee für Europäische Integration) zu übernehmen, wie es sein Amtsvorgänger Cimoszewicz ebenfalls gehalten hatte, und Czarnecki als „Minister ohne Ressort“ zu behalten.

Nach der Verabschiedung der Rentenreform und des Restrukturierungsprogramms für den Steinkohlebergbau, vor der Reform des Stahlsektors und der Landwirtschaft – jede Maßnahme für sich genommen schon eine alle Kräfte absorbierende Aufgabe –, schließlich vor den Haushaltsberatungen für 1999 standen im Herbst 1998 die Zeichen sowohl für den Zusammenhalt der Koalition als auch der AWS nicht sonderlich günstig. Vor allem in der AWS hat sich eine „Wanderdünenmentalität“ offenbart, die es nicht ausgeschlossen erscheinen läßt, daß die ursprünglich äußerst komfortable Regierungsmehrheit noch weiter bröckelt und Regierungschef Buzek mehr als je zuvor von Mehrheitssicherung durch fallweise Kooperation mit einem Teil der Oppositionsparteien, vornehmlich der SLD, und einem guten Auskommen mit dem Präsidenten abhängen wird. Andererseits hat sich der Machtinstinkt im Regierungslager soweit entwickelt, daß ein Überleben der Regierung Buzek bis zum Ende der Legislaturperiode durchaus vorstellbar erscheint.

IV. Innenpolitik

1. Verfassung, Rechtssystem, Verwaltung, territoriale Gliederung

Verfassung

Acht Jahre nach der demokratischen Wende nahm das polnische Volk am 25.5.1997 in einem Referendum die von der Nationalversammlung am 2.4.1997 mit 451 Stimmen, 40 Gegenstimmen und sechs Enthaltungen beschlossene Verfassung an. Drei Monate nach ihrer Bekanntmachung trat sie am 17.10.1997 in Kraft. Sie ersetzt das Verfassungsprovisorium, das mit dem Inkrafttreten der neuen Verfassung außer Kraft trat. Das Verfassungsprovisorium hatte sich aus drei Teilen zusammengesetzt: 1. dem Gesetz über das Verfahren der Vorbereitung und Verabschiedung der Verfassung der Republik Polen, 2. der sogenannten „kleinen Verfassung", dem Verfassungsgesetz vom 17.10.1992 über das gegenseitige Verhältnis zwischen der gesetzgebenden und der vollziehenden Gewalt und über die territoriale Selbstverwaltung (Dieses mit Verfassungsrang ausgestattete Gesetz regelte Aufgaben und Position der einzelnen Staatsorgane, die Verfahren zu deren Bildung bzw. Ernennung, zur Auflösung des Parlaments bzw. der Abberufung der Regierung und das Gesetzgebungsverfahren.) und 3. den nach den qualitativen Verfassungsänderungen (Einführung der Gewaltenteilung u.a.) infolge der Vereinbarungen am „Runden Tisch" vom April 1989 und weiteren kleineren Novellen fortgeltenden 61 Artikeln der sozialistischen Verfassung von 1952 in ihrer novellierten Fassung von 1976.

Die Präambel der Verfassung war Gegenstand eines langen und heftigen Streits in der Öffentlichkeit. Dabei ging es vor allem um die Frage des Gottesbezugs, die schließlich in abgeschwächter Form Eingang in die Präambel fand. Die Berufung auf universelle und allgemeinmenschliche Werte wird der Berufung auf Gott und auf christliche Werte gleichgestellt. Die Präambel enthält sich einer ausdrücklichen Bewertung der kommunistischen Vergangenheit, läßt aber stellenweise eine kritische Beurteilung erkennen. Neben der Achtung von Freiheit und

Gerechtigkeit wird auch der Grundsatz der Subsidiarität als Stütze der Verfassung genannt.

Die Grundsätze und Staatsziele der Republik sind in Kapitel I der Verfassung festgelegt. Polen ist ein demokratischer Rechtsstaat, der den Prinzipien der Gewaltenteilung, der Demokratie und dem Grundsatz der sozialen Gerechtigkeit verpflichtet ist. Polen ist ein Einheitsstaat mit einer dezentralen Ordnung, die sich auf die Selbstverwaltungsgemeinschaft stützt. Die Wirtschaftsordnung beruht auf den Grundsätzen der sozialen Marktwirtschaft. Das Verhältnis von Staat und Kirche, das im Vorfeld der Verfassung ein wesentlicher Streitpunkt zwischen der SLD und der katholischen Kirche war, ist zugunsten der Autonomie und gegenseitigen Unabhängigkeit entschieden worden. Die Pressefreiheit, das Verbot totalitärer Organisationen und die Sorge für die Veteranen werden ebenfalls in Kapitel I genannt.

Der Katalog der Grundrechte erstreckt sich über mehr als 46 Artikel. Viele Bereiche sind zum einen als Individualgrundrecht, zum anderen als allgemeine Gewährleistung oder Staatszielbestimmung ausgestaltet. Die Beschränkung von Grundrechten durch das Gesetz zur Aufrechterhaltung von Sicherheit und öffentlicher Ordnung sowie für den Schutz der Umwelt, der Gesundheit und der öffentlichen Sittlichkeit oder der Freiheiten und Rechte anderer dürfen das Wesen der Freiheiten und Rechte nicht verletzen. Besondere Erwähnung verdienen die Vorschriften über die Minderheitenrechte, die sowohl Gruppen- als auch Individualrechte gewährleisten. Mit der Unterbrechung der Verjährung politischer Straftaten ist der Aufarbeitung der kommunistischen Vergangenheit auch auf verfassungsrechtlicher Ebene eine Grundlage gegeben. In der Abtreibungsproblematik hält sich der Verfassungstext zurück. Ein modernes Grundrecht ist die Vorschrift über den Schutz persönlicher Daten. Gerichtlicher Rechtsschutz wegen der Verletzung von Grundrechten und die Einführung der Verfassungsbeschwerde werden ausdrücklich gewährleistet, allerdings wird sie im Bereich des Asyl- und Flüchtlingsrechts ausgeschlossen.

Die Stellung völkerrechtlicher Verträge wird ausdrücklich geklärt. Demnach haben ratifizierte völkerrechtliche Verträge mit Zustimmungsgesetz Vorrang vor dem einfachen Gesetz. Der überwiegende

Teil der völkerrechtlichen Verträge bedarf zur Ratifizierung eines Zustimmungsgesetzes, das mit einer Zweidrittelmehrheit der Stimmen in Sejm und Senat verabschiedet werden muß und zusätzlich durch ein Referendum bestätigt werden kann. Mit der Regelung der Übertragung von Hoheitsrechten auf internationale Organisationen ist eine Grundlage für den Beitritt zur Europäischen Union geschaffen.

Die Stellung des Präsidenten ist in der neuen Verfassung schwächer ausgestaltet als in der „kleinen Verfassung" von 1992. Die wesentlichste Beschränkung der präsidialen Macht liegt in der Änderung der Mehrheitserfordernisse bezüglich des Vetorechts des Präsidenten im Gesetzgebungsverfahren. Danach bedarf es nicht mehr einer Zweidrittelmehrheit im Sejm, sondern nur noch einer Dreifünftelmehrheit, um das Veto des Präsidenten zu überstimmen. Nunmehr bedarf auch die Berufung des Ministerrats durch den Präsidenten der Gegenzeichnung durch den Ministerpräsidenten. Dadurch sind die besonderen Rechte des Präsidenten bei der Berufung des Außen-, Innen- und Verteidigungsministers abgeschafft. Die Einführung des konstruktiven Mißtrauensvotums schränkt die Stellung des Präsidenten bei der Regierungsbildung ebenfalls ein. Die Verhängung des Kriegsrechts erfolgt auf Antrag des Ministerrats.

Hervorzuheben ist auch das Verfassungskapitel über die Staatsfinanzen, das der Regierung verbietet, die öffentliche Verschuldung über drei Fünftel des jährlichen Bruttoinlandprodukts steigen zu lassen und ein Haushaltsdefizit durch die Nationalbank zu finanzieren. Die Anpassung an die Maastricht-Kriterien der EU ist offensichtlich.

Rechtspflege

Polen verfügt seit der Reform des Gerichtsverfassungsgesetzes im Jahre 1990 im Bereich der ordentlichen Gerichtsbarkeit wieder über einen dreigliedrigen Gerichtsaufbau. Neben der ordentlichen Gerichtsbarkeit, die in Zivil-, Straf-, Familien- und Vormundschaftssachen und seit 1989 auch in Wirtschaftssachen entscheidet, gibt es eine im Jahre 1980 geschaffene Verwaltungsgerichtsbarkeit sowie die Militärgerichtsbarkeit. Als höchstes Gerichtsorgan – abgesehen von Verfassungs- und

Staatsgerichtshof – besteht daneben das Oberste Gericht, das namentlich als Revisionsgericht in Angelegenheiten der ordentlichen Gerichtsbarkeit und im Wege der außerordentlichen Revision auch in Verwaltungsrechtssachen entscheidet.

In den Jahren 1989/90 wurden wesentliche Reformen des Justizwesens durchgeführt. Wichtige Funktionen bei der Berufung und der – nunmehr nur unter bestimmten gesetzlichen Voraussetzungen zulässigen – Abberufung der Richter wurden einem neugeschaffenen, unabhängigen Landesjustizrat übertragen. Die neue Verfassung hat die richterliche Unabhängigkeit und die Unabhängigkeit der Gerichte durch die neue Regelung des Verfahrens der Berufung der Richter und der Organisation eines Landesjustizrats auf Verfassungsebene und durch die Schwächung des Obersten Gerichts wesentlich gestärkt. Seit 1989/90 wurden zentrale Aufgaben den neugeschaffenen Organen der richterlichen Selbstverwaltung übertragen und das unter rechtsstaatlichen Gesichtspunkten wichtige Prinzip des gesetzlichen Richters durch Aufnahme einer Bestimmung über die Geschäftsverteilung gestärkt.

Im März 1997 beschloß der Sejm eine Reform des Strafrechts, inklusive Strafprozeßordnung und Vollzugsgesetzen. Das neue Strafrecht trat 1998 in Kraft. Es gilt als Anpassung eines wesentlichen Rechtsbereichs an westeuropäische Standards. Erhöht wurden Strafen für Verbrechen gegen die Menschlichkeit, Völkermord, Vorbereitung eines Angriffskriegs, Attentat auf den Präsidenten, Menschenhandel und Zuhälterei. Der Ehrenschutz bei öffentlicher Verleumdung in Medien ist im Vergleich zur Rechtslage der Volksrepublik gänzlich neugeregelt. Es wurde eine Kronzeugenregelung eingeführt, die Maximaldauer von vorläufigen Festnahmen von 48 auf 72 Stunden ausgedehnt. Angesichts der zunehmenden Gewaltkriminalität war der Beschluß, die Todesstrafe – 1988 letztmals vollstreckt – abzuschaffen, besonders umstritten.

Gerichte

Oberstes Gericht

Das Oberste Gericht ist das höchste Gerichtsorgan. Es beaufsichtigt die Tätigkeit der ordentlichen Gerichte und der Militärgerichte.

Hauptverwaltungsgericht

Das Hauptverwaltungsgericht übt die Kontrolle über die Tätigkeit der öffentlichen Verwaltung aus.

Verfassungsgerichtshof

Als Spätfolge des gesellschaftlichen und politischen Umbruchs von 1980/81 wurde – nach einer vorausgegangenen Anpassung der Verfassung – zum 1.1.1986 ein Verfassungsgerichtshof geschaffen, womit die rechtliche Bindungswirkung des Verfassungstextes und die Notwendigkeit formeller Rechtseinhaltungsgarantien ausdrücklich anerkannt wurde.

Die Entscheidungen des Verfassungsgerichts sind nach der neuen Verfassung von 1997 endgültig und können nicht mehr durch den Sejm aufgehoben werden.

Staatsgerichtshof

Der Staatsgerichtshof wurde 1982 eingeführt, um seinerzeit wegen des Fehlens einer parlamentarischen Opposition die verfassungsrechtliche Verantwortlichkeit der obersten Staatsorgane zu dokumentieren.

Im demokratischen Polen haben sich für einen Verstoß gegen die Verfassung oder gegen Gesetze im Zusammenhang mit der Wahrnehmung einer Stellung oder im Bereich ihrer Amtsausübung vor dem Staatsgerichtshof verfassungsrechtlich zu verantworten: der Präsident der Republik, der Vorsitzende des Ministerrats sowie die Mitglieder des Ministerrats, der Präsident der Polnischen Nationalbank, der Präsident der Obersten Kontrollkammer, die Mitglieder des Landesrats für Rundfunk und Fernsehen, Personen, die der Vorsitzende des Ministerrats mit der Leitung eines Ministeriums betraut, und der Oberbefehlshaber der Streitkräfte. In bestimmten Fällen können auch Abgeordnete und Senatoren vor dem Staatsgerichtshof verfassungsrechtlich verantwortlich gemacht werden.

Staatliche Kontrolle und Rechtsschutz

Oberste Kontrollkammer (NIK)

Die Oberste Kontrollkammer ist eine mit dem Bundesrechnungshof vergleichbare Institution.

Bürgerrechtsbeauftragter

Das 1987 eingerichtete Amt wacht über die Freiheiten und Rechte des Menschen und Bürgers, die in der Verfassung und in anderen normativen Akten bestimmt sind.

Territorialverwaltung

Nach dem Zweiten Weltkrieg besaß Polen bis 1975 eine dreistufige Verwaltungsgliederung. Die unterste Ebene bildete die Gemeinde, die mittlere der Kreis, die höchste Ebene die Wojewodschaft. Von den insgesamt 22 Wojewodschaften, die teilweise noch historische Regionen widerspiegelten, waren fünf Städte. 1972 wurde mit einer Verwaltungsreform begonnen, die 1975 abgeschlossen war. Die mittlere Ebene der Kreise wurde beseitigt. Die unterste Ebene bildeten nunmehr die Gemeinden bzw. Städte. Die zweistufige Verwaltung bestand jetzt aus 49 Wojewodschaften (Regierungsbezirke), darunter drei Stadtwojewodschaften (Warschau, Krakau, Lodz) und 2483 Gemeinden (1.1.1996), davon 315 Stadtgemeinden, 1609 Landgemeinden und 559 städtisch-ländlichen Gemeinden. Die Wojewoden sind die örtlichen Vertreter der Regierung, die durch den Ministerpräsidenten ernannt werden.

Mit Gesetz vom 9.3.1990 wurde die territoriale Selbstverwaltung auf Gemeindeebene eingeführt. In deren Rahmen bestimmt der Gemeinderat den Vorstand und dessen Vorsitzenden (Gemeindevorsteher, Bürgermeister, Stadtpräsident).

Verwaltung (nach der Reform seit 1. Januar 1999)

○ Sitz des Wojewoden
□ Sitz des Wojewodschaftsparlaments

Quelle: Rzeczpospolita, 27.7.1998

Die günstigen Wahlergebnisse für die SLD und die UW bei den demokratischen Kommunalwahlen am 27.5.1990 und am 19.6.1994 hatten für die Diskussion der Zukunft der territorialen Selbstverwaltung zur Folge, daß sich diese beiden Parteien mehr als die meisten anderen Parteien für die weitere Dezentralisierung und für die Wiedereinführung der Kreise in der Territorialverwaltung stark machten, während die PSL mit ihren Hochburgen in strukturschwachen Gebieten und auf dem

Lande sich in ihrem Mißtrauen gegen eine Verlagerung von Kompetenzen von der Zentrale weg auf eine neu einzuführende Kreisebene und größere, funktionsfähige Wojewodschaften bestätigt sah.

Die Regierung Pawlak (1993–1995) verwarf unter dem Einfluß des Ministerratsamtsleiters Strąk alle Pläne von dessen Vorgänger Jan Rokita, das personell aufgeblähte Ministerratsamt zu verkleinern und Kompetenzen an nachgeordnete Verwaltungseinheiten (Wojewodschaften, Gemeinden), mit neuer finanzieller Autonomie ausgestattet, abzugeben.

Der koalitionsinterne Streit über die Modernisierung und Verkleinerung der Staatsverwaltung sowie über die Dezentralisierung führte dazu, daß in der Legislaturperiode 1993–1997 zwar wichtige, aber unvollständig gebliebene Verwaltungsreformvorhaben realisiert wurden: Es geht dabei um die im Juni 1996 beschlossene und am 1.1.1997 in Kraft gesetzte Reform des Verwaltungs- und Wirtschaftszentrums.

Zwei Entwürfe zur Dezentralisierung, die im Juli 1996 beraten wurden, waren zwischen den Regierungsparteien heftig umstritten und blieben liegen. Am Widerstand der Bauernpartei scheiterte auch die Einführung der dritten Verwaltungsebene (Kreise/powiaty) in die Verfassung.

Die Kompetenzstreitigkeiten und Organisationsmängel bei der Bewältigung der Hochwasserkatastrophe in Süd- und Südwestpolen im Juli 1997 lieferten zusätzliche Argumente in der Diskussion über die Dezentralisierung der Territorialverwaltung.

Die neue Mitte-Rechts-Regierung von Ministerpräsident Buzek legte Anfang 1998 ihr Programm einer umfassenden Gebietsreform vor, das nach der Niederlage der letzten Solidarność-Regierung unter Ministerpräsidentin Suchocka (1993) von den SLD-PSL-Nachfolgeregierungen auf Eis gelegt worden war. In der heftigen Diskussion über Anzahl und Zuschnitt der neuen Wojewodschaften entbrannte ein monatelanger Streit innerhalb der Regierungsparteien und zwischen der Regierung und den Oppositionsparteien, die ebenfalls keine einheitliche Meinung zur Gebietsreform hatten. Es war bemerkenswert, daß die Meinungsunterschiede sich oft nicht an Parteigrenzen, sondern an regionalen und lokalen Interessen orientierten. In Oppeln stritten beispielsweise erstmals polnische Rechte, die deutsche Minderheit und die Linksallianz gemeinsam für ein Ziel: den Erhalt einer eigenen Wojewodschaft Oppeln. Am 1.1.1999 trat die Gebietsreform in Kraft und nahmen die am 11.10.1998 gewählten Gebietskörperschaften ihre Arbeit auf.

Wojewodschaften	**Wojewodschaftshauptstädte**
Woj. Dolnośląskie (Niederschlesien)	Wrocław (Breslau)
Woj. Kujawsko-Pomorskie (Kujawien-Pommern)	Bydgoszcz (Bromberg) (Wojewodschaftssitz) Toruń (Thorn) (Parlamentssitz)
Woj. Lubelskie (Lublin)	Lublin
Woj. Lubuskie (Lebus)	Gorzów Wielkopolskie (Landsberg/Warthe) (W.) Zielona Góra (Grünberg) (P.)
Woj. Łodzkie (Lodz)	Łódź (Lodz)
Woj. Malopolskie (Kleinpolen)	Kraków (Krakau)
Woj. Mazowieckie (Masowien)	Warszawa (Warschau)
Woj. Opolskie (Oppeln)	Opole (Oppeln)
Woj. Podkarpackie (Vorkarpaten)	Rzeszów
Woj. Podlaskie (Podlachien)	Białystok
Woj. Pomorskie (Pommern)	Gdańsk (Danzig)
Woj. Śląskie (Schlesien)	Katowice (Kattowitz)
Woj. Świętokrzyskie (Heiligkreuz)	Kielce
Woj. Warmińsko-Mazurskie (Ermland-Masuren)	Olsztyn (Allenstein)
Woj. Wielkopolskie (Großpolen)	Poznań (Posen)
Woj. Zachodnio-Pomorskie (Westpommern)	Szczecin (Stettin)

2. Legislative und Exekutive

Parlament (Sejm/Senat)

Die Nationalversammlung als Zweikammerparlament besteht aus Sejm mit 460 Abgeordneten und Senat mit 100 Abgeordneten (bisher je 2 Abgeordnete für 47 Wojewodschaften und je 3 Abgeordnete für Warschau und Kattowitz). Der Sejm wird für eine vierjährige Wahlperiode in geheimen Wahlen nach dem allgemeinen, gleichen, unmittelbaren und proportionalen Wahlrecht gewählt, der Senat nach allgemeinem und unmittelbarem (Mehrheits-)Wahlrecht. In den Sejm ist ein polnischer Staatsbürger wählbar, der wahlberechtigt ist und das 21. Lebensjahr vollendet hat, für die Wahl in den Senat muß das 30. Lebensjahr vollendet sein. Sejm und Senat wählen aus ihrer Mitte den Sejm- bzw. Senatsmarschall und dessen Vertreter. In den durch die Verfassung festgelegten Fällen bilden Sejm und Senat, wenn sie gemeinsam unter dem Vorsitz des Sejmmarschalls oder in seiner Vertretung dem Vorsitz des Senatsmarschalls tagen, die Nationalversammlung. Der Ministerpräsident und die Minister haben die Pflicht, parlamentarische Interpellationen und Anfragen innerhalb von 21 Tagen zu beantworten. Antworten in aktuellen Angelegenheiten müssen auf jeder Sejmsitzung erteilt werden. Der Sejm entscheidet im Namen der Republik Polen über Kriegszustand und Friedensschluß. Das Recht auf Gesetzesinitiative haben die Abgeordneten, der Senat, der Präsident und der Ministerrat, aber auch eine Gruppe von 100 000 wahlberechtigten Bürgern.

Ein vom Sejm verabschiedetes Gesetz kann vom Senat innerhalb von 30 Tagen ohne Änderung angenommen, korrigiert oder abgelehnt werden. Fällt der Senat innerhalb von 30 Tagen keinen Beschluß, gilt das Gesetz als angenommen. Die Ablehnung oder Korrektur eines Gesetzentwurfs kann mit der absoluten Stimmenmehrheit im Sejm in Anwesenheit von mindestens der Hälfte der Abgeordneten überstimmt werden.

Die 100 Sitze im Senat waren nach den Wahlen vom 19.9.1993 auf die Parteien und Gruppierungen wie folgt verteilt: SLD 37, PSL 36, Solidarność 9, UD 4, UP 3, BBWR 2, SChL (Christl. Bauernpartei) 1, Deutsche Minderheit (MN) 1, PC 1, KLD 1, „Ojczyzna“ 1, Solidarność

RI (Bauern-S.) 1, Unabhängige 3. Zum Senatsmarschall wurde Adam Struzik (PSL) gewählt.

In Fragen von besonderer Bedeutung für den Staat kann eine landesweite Volksabstimmung (Referendum) durchgeführt werden. Diese kann der Sejm mit absoluter Stimmenmehrheit oder der Präsident mit Zustimmung der absoluten Stimmenmehrheit im Senat anordnen. Das Ergebnis einer Volksabstimmung ist bindend, wenn mehr als die Hälfte der Stimmberechtigten an ihr teilgenommen hat.

Präsident und Regierung

Der Präsident der Republik ist der höchste Vertreter der Republik Polen und der Garant der Kontinuität der Staatsgewalt. Er wird vom Volk in allgemeinen, gleichen und unmittelbaren Wahlen in geheimer Abstimmung für eine fünfjährige Amtszeit gewählt. Einmalige Wiederwahl ist möglich. Zum Präsidenten gewählt werden kann ein polnischer Staatsangehöriger, der das 35. Lebensjahr vollendet hat und uneingeschränkt wahlberechtigt ist. Einen Bewerber schlagen mindestens 100000 Wahlberechtigte vor.

Im Verhältnis zur Regierung und zum Parlament erfuhren die bisherigen Prärogativen des Präsidenten durch die neue Verfassung Einschränkungen. So steht die Auswahl der Minister künftig allein dem Ministerpräsidenten als Repräsentanten der parlamentarischen Mehrheit zu. In Friedenszeiten ist der Verteidigungsminister oberster Dienstherr der Armee, die damit der parlamentarischen Kontrolle unterworfen ist. Allerdings konnte Präsident Kwaśniewski eine Veränderung im Verfassungsentwurf in der Nationalversammlung durchsetzen, die besagt, daß der Präsident den Chef des Generalstabs sowie die Kommandierenden der Teilstreitkräfte in Abstimmung mit dem Ministerpräsidenten ernennt. Der Präsident darf keinen Einspruch mehr gegen das Budgetgesetz erheben. Bei Einwänden gegen Gesetzesvorhaben muß er sich zwischen einem Veto oder dem Gang vor das Verfassungsgericht entscheiden, kann also nicht mehr beide Wege beschreiten. Das Veto kann künftig mit einer Dreifünftelmehrheit statt der bisher erforderlichen Zweidrittelmehrheit der Stimmen im Sejm zurückgewiesen werden. Die Einrichtung des konstruktiven Mißtrauensvotums schränkt den politischen Handlungsspielraum des Präsidenten ebenfalls ein.

Präsident Aleksander Kwaśniewski

3. Parteien

Zu den wichtigsten institutionellen Faktoren, die die Ausprägung eines Parteiensystems beeinflussen, zählt das Verfassungssystem. Durch ein parlamentarisches System wird die Rolle von Parteien tendenziell gestärkt, durch ein präsidentielles oder, wie im Falle Polens zwischen

1992 und 1997, semipräsidentielles System wird es dagegen tendenziell eher geschwächt. Das bekannteste Beispiel hierfür ist das Verfassungssystem der V. Französischen Republik, an das sich die „kleine Verfassung“ in vielen Punkten anlehnte. Sie wies dem Präsidenten eine „über den Parteien“ stehende Schiedsrichterrolle zu. Wałęsa reizte seine verfassungsrechtlichen Möglichkeiten als Staatspräsident teilweise bis zum äußersten aus, um die Parlamentsparteien eher gegeneinander auszuspielen, als im Sinne einer Konsolidierung der demokratischen Ordnung die Bildung dauerhafter politischer Bündnisse zu veranlassen – auch und gerade zu Zeiten, als aus der Solidarność hervorgegangene Parteien die Regierung bildeten.

Von geringer Bedeutung für die Parteienentwicklung in Polen war bisher die zweite Kammer, der Senat. Erhebliches Gewicht besaß dagegen in diesem Zusammenhang die Gesetzgebung bezüglich des Wahlsystems. Das bei den Sejmwahlen von 1991 geltende Wahlsystem begünstigte kleine Parteien in extremer Weise. Die 1993 eingeführte landesweite 5 %- bzw. bei Parteibündnissen 8 %-Klausel, von der nur nationale Minderheiten ausgenommen sind, brachte zwar 1993 eine Konzentration auf sechs im Sejm vertretene Parteien, wurde aber aufgrund der Zersplitterung des Mitte-Rechts-Spektrums damit bezahlt, daß rund 35 % der gültigen Wählerstimmen bei der Sitzverteilung nicht berücksichtigt wurden.

Einen institutionellen Impuls für die Entwicklung des Parteiensystems gibt das neue Parteiengesetz, das der Sejm im Juni 1997 verabschiedete. Es ersetzt das erste Parteiengesetz vom Juli 1990. In dem neuen Gesetz wird erstmals die Parteienfinanzierung aus dem Staatshaushalt geregelt. Es wird die Verpflichtung einer jährlichen Offenlegung der Parteifinanzen eingeführt. Parteispenden sind unter bestimmten Bedingungen erlaubt. Für die Registrierung einer politischen Partei sind nunmehr 1 000 Unterschriften erforderlich, bisher genügten 15 Unterschriften.

Die Frage, ob sich nach 1989 das Parteiensystem der Volksrepublik fortentwickeln würde, ob an Traditionen der Zwischenkriegszeit angeknüpft würde oder eher von einer Tabula rasa auszugehen sei, ist weitgehend im Sinne einer Mischung der ersten und der dritten Variante beantwortet worden. Nachfolgeorganisationen von Parteien aus kommunistischer Zeit sind die SdRP (in der SLD) und die PSL. Sie haben gegenüber 1989 zwar einen drastischen Mitgliederschwund hinnehmen müssen. Für die SdRP werden heute rund 60000 bis 80000 Mitglieder angegeben und für die Bauernpartei rund 200000, wobei deren aktive Mitgliedschaft aber nur auf etwa 10000 Personen geschätzt wird. Trotzdem verfügen beide Parteien über unschätzbare strukturelle Vorteile, indem sie wesentliche Teile ihres früheren Organisationsnetzes aufrechterhalten konnten. Hinzu kommt die vergleichsweise sehr gute Finanzausstattung dieser Parteien aus der Erbmasse ihrer Vorgängerorganisationen, wobei die Vermögenssituation der SdRP allerdings umstritten bleibt.

Kennzeichen aller anderen heutigen Parteien, die nicht an die Parteien der Volksrepublik oder an Vorkriegsparteien anknüpfen, ist eine ausgesprochene organisatorische Schwäche. Über voll ausgeprägte satzungsgemäße Organisationsstrukturen verfügen sie in der Regel nur auf Landesebene. Bereits auf regionaler Ebene haben die meisten Parteien Schwierigkeiten, ein landesweites Organisationsnetz aufzubauen, geschweige denn flächendeckend auf lokaler Ebene. Entsprechend sind die meisten dieser Parteien nur sehr locker strukturierte Organisationen. Auch Parteien von nationaler Bedeutung haben in der Regel nicht mehr als 10000 bis 20000 Mitglieder.

Nicht nur die Zahl der Parteimitglieder ist relativ niedrig, auch eine Parteibindung der Wählerschaft ist bisher nur schwach ausgeprägt, das Mißtrauen gegenüber Parteien dagegen weit verbreitet. Das Verhalten der neuen politischen Elite wird vielfach so wahrgenommen, daß sie sich weniger am Gemeinwohl als an ihrem Eigennutz orientiert. Hinzu kommt die grundsätzliche Abneigung gegenüber Parteien, die zu einem großen Teil noch auf die Diskreditierung des Begriffs der Partei durch die regierende PZPR zurückzuführen ist. Es ist kein Zufall, daß sich mit Ausnahme der Bauernpartei keine der Gruppierungen, die heute in der polnischen Politik eine Rolle spielen, „Partei“ (partia, stronnictwo) nennt, sondern „Allianz“, „Bündnis“, „Bewegung“, „Aktion“ u.ä.

Auf die Eigenart des Systemwechsels in Polen dürfte zurückzuführen sein, daß die Grenzen zwischen politischer Partei und gesellschaftlicher Organisation nicht klar umrissen sind. Die Solidarność trat bei den Wahlen 1989 als politisch-gesellschaftliche Organisation auf, spaltete sich dann in eine Reihe von Parteien auf. Die Gewerkschaft Solidarność trat aber weiterhin mit einer eigenen Liste bei den darauffolgenden Parlamentswahlen auf (1991, 1993) und bildete 1996 eine Wahlaktion mit anderen Mitte-Rechts-Parteien.

Die klare Zuordnung politischer Verantwortlichkeiten wurde in der Vergangenheit durch ein bisweilen atemberaubendes Tempo von Fraktionswechseln erschwert, die ihrerseits Ausdruck eines noch wenig konsolidierten Parteiensystems waren. In der nur 18 Monate dauernden Wahlperiode von 1991 bis 1993 wechselten 123 Abgeordnete, also mehr als ein Viertel, ihre Fraktionszugehörigkeit. Nach einer gewissen Stabilisierung zu Beginn der Wahlperiode 1993–1997 nahm die Zahl von Fraktionswechseln und Parteispaltungen (KPN, BBWR) zum Ende der Legislaturperiode hin wieder zu.

Konfliktlinien

Versucht man die gegenwärtigen Parteien in Polen zu klassifizieren, gerät man in einige Schwierigkeiten. Das traditionelle Rechts-Links-Schema greift hier nicht, da die Konfliktlinien in der Gesellschaft anders verlaufen als in den meisten westeuropäischen Demokratien vertraut. Bei den Wahlen von 1989 galt noch das jahrzehntelang gültige Konfliktmuster „wir", d.h. die Solidarność, versus „die da oben", d.h. die Kommunisten und ihre bisherigen Alliierten. Mit der Selbstauflösung der PZPR war dieser Konflikt entschieden, doch beschleunigte dies den Zerfall des politischen Lagers der Solidarność und die Ausdifferenzierung neuer Konfliktdimensionen. Auch für Polen gilt wie für andere Transitionsstaaten, daß eine Hauptkonfliktlinie entlang der Auseinandersetzung um das ökonomische Transformationsmodell verläuft, verkürzt gesagt: Marktwirtschaft versus Staatsinterventionismus, während eine weitere Achse lautet: liberale Demokratie versus Autoritarismus. Zu diesem für die meisten Transitionsländer geltenden zweidimensionalen Konfliktmodell treten in Polen weitere Konfliktlinien hinzu, deren Intensität allerdings je nach den aktuellen politischen Auseinandersetzungen schwankt. Eine ausgesprochene polnische Besonderheit bildet die Konfliktlinie zwischen Befürwortung oder Ablehnung der politischen Einflußnahme der katholischen Kirche. Weitere Scheidelinien sind „Öffnung nach Europa" versus „Verteidigung traditioneller Werte" sowie die Frage der Dekommunisierung.

Ein Grundproblem bei der Zuordnung von politischen Parteien nach dem Rechts-Links-Schema besteht darin, daß nach dem traditionellen Schema bei mehreren Parteien eine Inkongruenz zwischen der prinzipiellen Wertorientierung und den wirtschaftspolitischen Vorstellungen zu beobachten ist. So gilt zumindest ein starker Flügel der PSL einerseits als klerikal-konservativ, andererseits ist die Bauernpartei in ihrer Wirtschaftspolitik eher linkspopulistisch ausgerichtet. Entsprechend diffus ist die Wahrnehmung der Partei auch in der Wählerschaft. Viele katholisch-konservative Gruppierungen vertreten traditionell „rechte", patriotische und traditionelle Werte, befürworten aber gleichzeitig in der Wirtschaftspolitik staatlichen Interventionismus und Versorgungsmodelle, die man landläufig als „links" bezeichnet.

SLD/SdRP (Demokratische Linksallianz/Sozialdemokratie der Republik Polen)

Vorsitzender: Leszek Miller

Die SLD setzt sich aus 29 hinsichtlich ihrer Größe und Bedeutung sehr unterschiedlichen Gruppierungen zusammen, unter denen die mit Abstand wichtigste die SdRP ist. In der SLD sind u.a. die als Ersatz für die verbotene Solidarność in den 80er Jahren gegründeten ehemaligen regimenahen Gewerkschaften unter dem Dach des OPZZ und die Polnische Sozialistische Partei (Vorsitzender: Piotr Ikonowicz) vertreten. Der OPZZ ist die nach der SdRP größte Gruppierung innerhalb der SLD. In der Mitgliederschaft der SLD stellt der ehemals regimetreue Polnische Lehrerverband (ZNP, ca. 300 000 Mitglieder) ein größeres Kontingent als die 60–80 000 Mitglieder der SdRP.

Die SdRP, Nachfolgepartei der Polnischen Vereinigten Arbeiterpartei (PZPR), bekennt sich seit ihrer Gründung 1990 als sozialdemokratische Partei zu den Grundwerten der parlamentarischen Demokratie, tritt für die soziale Marktwirtschaft und seit der Regierungsübernahme im Herbst 1993 für die vollständige Westbindung Polens (EU, NATO) ein. Mit der Aufnahme in die Sozialistische Internationale gemeinsam mit der Arbeitsunion (UP) wurde ihr im Jahre 1996 das sozialdemokratische Gütesiegel verliehen. Ungeachtet aller formalen Abgrenzungen liegen jedoch die Wurzeln der SdRP eindeutig im Reformflügel der PZPR.

Der Zwiespalt in der SdRP wird in der Art der historischen Auseinandersetzung mit der PZPR, mit der Volksrepublik und mit der Erbschaft des kommunistischen Polens täglich unter Beweis gestellt. Eine merkwürdige Geschichtslosigkeit prägt die Partei. Auffallend ist die fehlende historische Verankerung in der über hundertjährigen Geschichte der europäischen und polnischen sozialistischen/sozialdemokratischen Bewegung. Zwar gesteht die SdRP die politische und moralische Verantwortung der PZPR für das kommunistische Unrecht ein, weigert sich andererseits aber, die gesamte Periode von 1944 bis 1989 als Unrechtsregime zu bewerten, indem sie auf zivilisatorische Errungenschaften unter PZPR-Herrschaft verweist (Industrialisierung, Bildung u.a.) und sie als Teil ihres Erbes anerkennt.

PSL (Polnische Bauernpartei)

Vorsitzender: Jarosław Kalinowski

Die PSL ist die Nachfolgepartei der „Blockflöte" Vereinigte Bauernpartei (ZSL), die jahrzehntelang Koalitionspartner der PZPR war. 1993–97 war sie Koalitionspartner der SLD. Nach der Wende berief sich die neue Führung der PSL und der von der ZSL übernommene Funktionärsapparat auf die Tradition der Ende des 19. Jhs. gegründeten Bauernpartei, ihren Zwischenkriegspolitiker Wincenty Witos und den glücklosen PSL-Politiker Stanisław Mikołajczyk. Ihre sozialstrukturelle Basis bildet mit der Bauernschaft rund ein Viertel der Bevölkerung. Angesichts der vielen Zwergbauernhöfe fürchtet die PSL die Konkurrenz des westlichen Auslands, wenn Polen einmal Mitglied der Europäischen Union wird. Sie tritt für Protektionismus in der Landwirtschaft ein und unterstützt marktwirtschaftliche Grundsätze in deutlich geringerem Maße. Ein starker Flügel pflegt wieder das Verhältnis zur katholischen Kirche. Die PSL war nach der Wende in einen Flügel, der die familiären Kleinbetriebsstrukturen auf dem Lande aufrechterhalten wollte (Pawlak), und einen Flügel, der eine großräumige Farmerwirtschaft befürwortete (Roman Jagieliński, Landwirtschaftsminister 1993–1997), gespalten, wobei der strukturkonservative Flügel sich durchsetzen konnte und die Modernisierer 1997 die Partei verließen.

UP (Arbeitsunion)

Vorsitzender: Marek Pol

Die bis Oktober 1997 von dem ehemaligen Solidarność-Politiker Ryszard Bugaj geführte UP versteht sich als eine Art polnischer „Labour Party" alten Stils (vor Tony Blair). Ihre Mitglieder rekrutieren sich aus Angehörigen des linken Flügels der Solidarność und aus früheren Mitgliedern der PZPR, die schon vor 1989 demokratisch-sozialistische Positionen vertraten. Die UP befürwortet eine stärkere Berücksichtigung sozialer Kriterien bei der wirtschaftlichen Umgestaltung, ist nur ein lauer Befürworter marktwirtschaftlicher Reformen und offener Märkte. Die Arbeitsunion ist die einzige Partei, die in ihrer Gesamtheit einen ausgesprochen laizistischen und antiklerikalen Standpunkt vertritt und sich somit im Dauerkonflikt mit der katholischen Kirche befindet. Nach der Wahlniederlage 1997 und einer Reorientierung zur SLD verließen prominente Parteimitglieder (Zbigniew Bujak) die UP.

UW (Freiheitsunion)

Vorsitzender: Leszek Balcerowicz

Die stärkste aus der Solidarność hervorgegangene Partei ist die „Freiheitsunion" (UW), der die früheren Ministerpräsidenten Mazowiecki, Bielecki und Suchocka angehören. Sie bildet gleichsam das Rückgrat der aus der Solidarność hervorgegangenen Reformpolitiker. Die UW ist im April 1994 aus der Demokratischen Union (UD) und dem bei den Parlamentswahlen 1993 an der 5 %-Klausel gescheiterten Liberal-Demokratischen Kongreß (KLD) hervorgegangen. In der UW sind die meisten bekannten Intellektuellen vertreten, die die Solidarność auch im Ausland bekannt gemacht haben, etwa Jacek Kurón, Bronisław Geremek u.a.

Auch die UW, deren Vorsitzender nach dem Rücktritt von Tadeusz Mazowiecki im Frühjahr 1995 der Architekt der polnischen Wirtschaftsreform, Professor Leszek Balcerowicz, ist, muß in ihren Reihen ständig Spannungen zwischen einem „rechten", „zentristischen" und „linken" Flügel ausgleichen. Gemeinsam ist den Flügeln die marktwirtschaftliche Orientierung, bei den einen mehr liberal, bei den anderen mehr sozial ausgeprägt, und die proeuropäische Einstellung. Unterschiedlich sind die Vorstellungen von der angemessenen Rolle der katholischen Kirche im öffentlichen Leben. Zwar haben in den letzten Jahren Politiker, die am rechten wie am linken Rand des Parteispektrums standen, die UW verlassen, doch scheint die Einheit der Partei derzeit gesichert.

KPN (Konförderation Unabhängiges Polen)

Vorsitzender: Leszek Moczulski

Die 1979 gegründete größte und wichtigste Gruppierung unter den Parteien nationalistischer Prägung und einzige Oppositionspartei, die 1980 nicht in der Solidarność aufging, unterlag seit Mitte der 90er Jahre einem Zerfallsprozeß. Nach Erreichen der Souveränität Polens konnte Moczulski nur wenige Wählerstimmen gewinnen. Der junge Politiker Adam Słomka versucht mit der radikalen Abspaltung KPN-OP das Erbe Moczulskis zu übernehmen.

AWS (Wahlaktion Solidarność)

Vorsitzender: Marian Krzalklewski

Nach den Präsidentschaftswahlen von 1995 hatte sich der Solidarność-Vorsitzende Marian Krzaklewski erfolgreich bemüht, ca. 40 Gruppierungen, die einst aus der Solidarność hervorgegangen waren, zu einem Aktions- und Wahlbündnis zusammenzuschmieden. Der von Krzaklewski geforderten Umwandlung der Wahlaktion in eine Partei standen die in der AWS vertretenen größeren Parteien eher ablehnend gegenüber. Trotzdem gründete Krzaklewski Ende 1997 eine bislang wirkungslos bleibende „Gesellschaftliche Bewegung" als politisches Dach für die Solidarność.

In der AWS gibt es folgende politische Strömungen: 1. Den Solidarność-Gewerkschaftsflügel, der in sich sehr heterogen ist. Wirtschaftspolitisch reicht das Spektrum von liberal bis antimarktwirtschaftlich. Es gibt keine einheitliche außenpolitische Linie. 2. Das national-klerikale Lager mit den Hauptparolen Polentum – Katholizismus – Nationalismus. Sein Einfluß innerhalb der AWS ist schwer abzuschätzen. 3. Das kleine konservativ-liberale Lager um die Bewegung der Hundert (Ruch Stu). Es steht programmatisch dem rechten Flügel der UW sehr nahe.

Vor allem in der Verfassungsdebatte gab sich die AWS fundamentalistisch, d.h. kompromißunwillig, und sektiererisch. Zwar bediente sich das AWS-Programm einer ausgewogeneren Sprache als sie in der Verfassungs-, Abtreibungs- und Konkordatsdebatte benutzt wurde, aber dem Programm lag nach Auffassung reformorientierter Beobachter eine falsche Bestandsaufnahme zugrunde, woraufhin die falschen Empfehlungen gegeben wurden. Das Modell der Massenprivatisierung sei restriktiv, verbiete aus Angst vor der Kapitalakkumulation von Neureichen und „Ausverkauf des Nationaleigentums an ausländische Unternehmen" den Verkauf der Privatisierungsscheine. Zudem seien die AWS-Versprechungen, wie höhere Ausgaben für Gesundheits- und Erziehungswesen, Verteidigung, Wohnungsbau, Regionalpolitik, Sozialhilfe und Familienunterstützung, bei geringerer Steuerlast nicht finanzierbar und würden die öffentlichen Schulden wie auch die Inflation in ungeahnte Höhen treiben.

Optimisten sehen in der AWS eine mögliche Rückkehr der Zusammenarbeit zwischen Arbeiterschaft und Intellektuellen, die die Stärke der Solidarność in ihrer Oppositionszeit ausgemacht hatte. Schwierig dürfte allerdings ein Interessenausgleich zwischen ausgesprochenen Befürwortern des freien Marktes und den Exponenten der Gewerkschaft Solidarność sein.

ROP (Bewegung für den Wiederaufbau Polens)

Vorsitzender: Jan Olszewski

Außerhalb der AWS blieb der mit Wałęsa verfeindete frühere Premierminister Jan Olszewski, der nach seinem überraschend guten Abschneiden in den Präsidentschaftswahlen 1995 mit der „Bewegung für die Wiedergeburt Polens" (ROP) eine neue Formation gründete. ROP ist die Partei der Verlierer der Reformen nach 1989. Sie vertritt ein populistisch-dirigistisches Wirtschaftsprogramm und stellt die Dekommunisierung in den Mittelpunkt. Sie lehnte es ab, sich der AWS unterzuordnen. Olszewski, unbestrittener und auf seine Weise fast charismatischer Führer der ROP, versucht seine Klientel mit einer Mischung aus klerikalem Nationalismus, antieuropäischen Schlagworten und rechts- wie linkspopulistischen Elementen (Balcerowicz: „sozialistische Rechte") an sich zu binden.

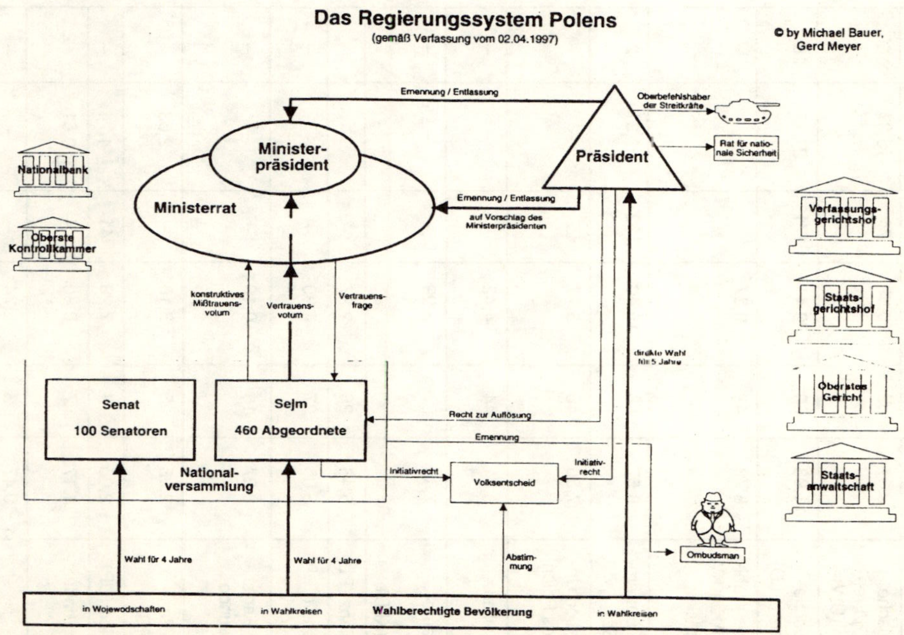

Quelle: Gerd Meyer, Michael Bauer, Ellen Krause: Die Regierungssysteme Ostmitteleuropas im Überblick, in: Landeszentrale für politische Bildung Baden-Württemberg. Der Bürger im Staat. Ostmitteleuropa, 47 (1997), H.J., S. 201

Sejmwahlen vom 27.10.1991, 19.9.1993 und 21.9.1997						
	1991		1993		1997	
	Stimmenanteil (%)	Sitze	Stimmen anteil (%)	Sitze	Stimmenanteil (%)	Sitze
Demokratische Union (UD)/Freiheitsunion (UW)	12,31	62	10,59	74	13,37	60
Demokratische Linksallianz (SLD)	11,98	60	20,41	171	27,13	164
Katholische Wahlaktion (WAK)/KKW „Vaterland" („Ojczyzna")	8,73	49	6,37	–	–	–
Polnische Bauernpartei (PSL)	8,67	48	15,40	132	7,31	27
Konföderation Unabhängiges Polen (KPN)	7,50	46	5,77	22	–	–
Zentrumsallianz (PC)	8,71	44	4,42	–	–	–
Liberal-Demokratischer Kongreß (KLD)	7,48	37	3,99	–	–	–
Bauernallianz (PL)	5,46	28	2,37	–	–	–
Gewerkschaft Solidarność	5,05	27	4,90	–	–	–
Polnische Partei der Bierfreunde (PPPP)	3,27	16	0,10	–	–	–
Union für Realpolitik (UPR)	2,25	3	3,18	–	2,03	–
Arbeitsunion (UP)	2,05	4	7,28	41	4,74	–
Deutsche Minderheit (MN)	1,17	7	0,80	4	0,61	2
Partei „X"	0,47	3	2,74	–	–	–
Parteiloser Block zur Unterstützung der Reformen (BBWR)	–	–	5,41	16	–	–

	1991		1993		1997	
	Stimmen-anteil (%)	Sitze	Stimmen anteil (%)	Sitze	Stimmen-anteil (%)	Sitze
Wahlaktion Solidarność (AWS)	–	–	–	–	33,83	201
Bewegung für den Wiederaufbau Polens (ROP)	–	–	–	–	5,56	6
Sonstige	14,90	26	–	–	–	–

4. Armee

Das Koordinatensystem, in dem die polnischen Streitkräfte handeln, hat sich mit dem Wandel zur Demokratie grundsätzlich verändert. Zu den Forderungen, die nach den Erfahrungen mit dem Kriegsrecht nach 1981 und nach der Wende von 1989 am lautesten erhoben wurden, gehörte die Trennung von Politik und Armee. Aus dem Korsett der kommunistischen Parteiräson wurde diese mit der Demokratisierung unmittelbar befreit. Aber es dauerte noch mehrere Jahre, bis für das Verhältnis zwischen Armee und den zivilen Staatsinstitutionen eine neue dauerhafte Regelung gefunden wurde. Präsident Wałęsa hatte in seiner Amtszeit die wolkigen Ausführungen in der sog. „kleinen Verfassung" von 1992 mehrmals in konkrete Befugnisse in militärischen Angelegenheiten umzumünzen versucht. Vor allem war es ihm darum gegangen, Einfluß auf den Generalstab zu nehmen. Verteidigungsminister und Parlament haben dagegengehalten. Verteidigungsminister Kołodziejczyk verlor aus diesem Grund sein Amt. Die Auseinandersetzungen eröffneten den Generalen unter Wałęsa kurzzeitig die Aussicht, Einfluß auf die Politik zu nehmen. Sie nutzten ihre Position beim Präsidenten, um den Sturz des Verteidigungsministers mitvorzubereiten. Unter Präsident Kwaśniewski glätteten sich die Wogen schnell, da er Anhänger der Entpolitisierung der Armee war.

Von der Öffentlichkeit weitgehend unbeachtet, wurden 1996 wichtige Schritte zur zivilen und demokratischen Kontrolle der Armee unternommen, die Präsident Wałęsa während seiner Amtszeit verhindert hatte. Im Dezember 1995 wurde das Gesetz über das Amt des Verteidigungsministers verabschiedet. Im Juli 1996 ergingen Regierungserlasse über die Kompetenzen des Verteidigungsministers und das Statut des Ministeriums. Nach der Neuordnung wurde der Generalstab vollständig in das zivil geleitete Ministerium integriert. Ein Oberkommando der Landstreitkräfte wurde eingeführt. Die polnische Armee hat nunmehr wieder die klassische Gliederung in die Waffengattungen Heer, Luftwaffe und Marine. Zugleich sollten die aufgeblähten Strukturen des Generalstabs entscheidend reduziert werden. In Friedenszeiten ist nunmehr durch das Gesetz über das Verteidigungsministerium gesichert, daß der Minister als oberster Dienstherr der Armee die politische Kontrolle über den Generalstabschef und den Generalstab ausübt. Damit ist auch die parlamentarische Kontrolle gegeben. Die seit längerem überfällige Abberufung des politisierenden Generalstabschefs Tadeusz Wilecki, der sich lange der zivilen Kontrolle der Armee und notwendigen Strukturreformen widersetzt hatte, fand im März 1997 statt. Präsident Kwaśniewski ersetzte ihn durch General Henryk Szumski.

Bis 1989 zählten die polnischen Streitkräfte fast eine halbe Million Soldaten. Die Organisationsstruktur, das Führungs- und Befehlssystem, ebenso Bewaffnung und Logistik und schließlich die Dislozierung dieser Armee waren ganz auf die sowjetischen Bedürfnisse in einer möglichen Auseinandersetzung mit dem Westen ausgerichtet. In den 90er Jahren ging es darum, den Ballast eines Zwangsbündnisses mit der untergegangenen Sowjetunion in dem 1991 aufgelösten Warschauer Pakt abzuwerfen. Die schwerfälligen Streitkräfte sollten von überflüssiger und teurer Infrastruktur befreit und in eine kleinere, dafür modern ausgerüstete, mobile Armee umgewandelt werden, die gleichmäßig – und nicht mehr hauptsächlich im Westen – über das Land verteilt ist. Dabei sollen möglichst viele luftbewegliche Verbände, wie sie im Rahmen der 25. Luftlandedivision im Krakauer Raum bereits existieren, gebildet werden. Mit der Ersetzung des bisherigen zweistufigen Modells der Truppengliederung nach Divisionen und Regimentern durch Bataillone, Brigaden und Divisionen folgen Ministerium und Armeeführung einer Entwicklung, die sich im Westen mit der Verringerung schwerer Truppen zugunsten des Aufbaus leichter und hochmobiler Verbände („schnelle Eingreiftruppen“) immer deutlicher abzeichnet. Gegenwärtig verfügt Polen über eine Truppe von knapp 30000 Mann, die sofort im Rahmen der NATO agieren könnte.

Für die angestrebte Interoperabilität mit den NATO-Bündnisstreitkräften besitzt die Ausbildung polnischer Offiziere im Westen, das Erlernen der englischen Sprache und die Übernahme westlicher Führungsgrundsätze ebenso große Bedeutung wie der Umbau der Luftüberwachung und Luftverteidigung, die Anpassung des Fernmeldewesens oder die Modernisierung der Logistik. Inzwischen ist es beispielsweise möglich, daß Einsätze zur Luftüberwachung gemeinsam von einem deutschen und einem polnischen General geführt werden. Seit 1992 wurden insgesamt 1200 Offiziere im Westen geschult. Hunderte von Offizieren lernen an der Sprachenschule Lodz oder als Teil der Offizierausbildung im Lande vor allem Englisch und Deutsch.

Der künftige polnische Soldat soll nach Ansicht der polnischen Verteidigungspolitiker ein „Staatsbürger in Uniform“ sein. Zur Schule der Bundeswehr für Innere Führung bestehen inzwischen rege Kontakte. Auch in den polnischen Streitkräften macht man sich Gedanken, wie die Eigenverantwortlichkeit bei der Ausführung von Befehlen erhöht werden könnte. Die in der Bundeswehr und in einigen anderen westeuropäischen Armeen übliche „Auftragstaktik“ dient dabei als Vorbild.

Von allen diesen Zielen ist die Verringerung der Mannschaftsstärke noch am leichtesten zu erreichen. Sie beträgt in den vier Wehrbezirken (Pommern, Schlesien, Warschau, Krakau) gegenwärtig knapp 250000 Mann (Berufssoldaten, Wehrpflichtige, Zivilangestellte) und soll bis zum Jahr 2004 auf 180000 verringert werden, um die Personalkosten zu senken. Ferner wird der Wehrdienst ab 1999 von 18 auf 12 Monate verkürzt. Der Anteil längerdienender Soldaten und Berufssoldaten soll erhöht werden. Das höhere Offizierskorps ist bisher unverhältnismäßig zahlreich geblieben, Stellen sollen dort abgebaut, bei den Unteroffizieren dagegen beträchtlich erhöht werden. Am Ende soll eine hochprofessionelle Kerntruppe das Rückgrat der Armee bilden, die durch Wehrpflichtige ergänzt wird.

Schon heute wird von den rund 300000 Wehrpflichtigen, die in jedem Jahr gemustert werden, nur knapp die Hälfte eingezogen. Auch ziviler Ersatzdienst ist seit 1988 möglich. Es gibt aber nicht genügend Stellen für Wehrdienstverweigerer, über deren Anträge (1994: 5615) besondere Kommissionen entscheiden.

Wie alle anderen Pläne für die Strukturreform in den Streitkräften steht das Konzept der Professionalisierung der Armee unter Finanzierungsvorbehalt. Der Anteil des Verteidigungsetats am Bruttoinlandsprodukt liegt seit Anfang der 90er Jahre unter 3 % und war 1997 mit 2,28 % sogar leicht rückläufig. Nach dem Willen des Parlaments soll dieser Anteil bis zur Jahrtausendwende auf 3 % gesteigert werden. In absoluten Zahlen ausgedrückt, ist der Wehretat – als Folge des Wirtschaftswachstums von 2,1 Mrd. US-$ (1993) auf 3,4 Mrd. US-$ (1997) angestiegen, wobei 65 % der Ausgaben das Personal betreffen, 20 % Pensionszahlungen und lediglich 9 % für Waffen und Ausrüstungen ausgegeben werden. Um in etwa NATO-Standards zu erreichen, müßten 25 % für Investitionen verwendet werden. Schätzungen zufolge wird der Verteidigungshaushalt im Jahr 2009 – also dann, wenn Polens Armee nach amerikanischen Plänen die vollständige Interoperabilität mit den NATO-Truppen erlangt haben soll – bei ca. 7 Mrd. US-$ liegen. Polen hätte dann etwa das gegenwärtige Niveau der Verteidigungsausgaben Spaniens erreicht.

Die Integration der Führungsstäbe und die Möglichkeit zur Kommunikation mit NATO-Verbänden hat höchste Priorität. Diesbezügliche Kosten werden in den kommenden Jahren zwischen 100 und 200 Mio. US-$ jährlich liegen. Völlig offen ist dagegen die Höhe der Ausgaben für die Modernisierung von Bewaffnung und militärischer Infrastruktur. Für Rüstungskäufe standen dem Verteidigungsministerium 1995 gerade 400 Mio. DM zur Verfügung, davon waren lediglich 70 Mio. DM für den Import von Waffen und Gerät freigegeben. Die Mittel reichen nicht einmal aus, um den Verschleiß auszugleichen. Der kritische Stand des Geräts der polnischen Armee wurde 1997 anläßlich der Hilfsmaßnahmen bei der Hochwasserkatastrophe sichtbar. Vor diesem Hintergrund hört die polnische Seite die Argumente jener westlichen Politiker gerne, die davor warnen, die Wirtschaft durch übereilte oder überzogene Rüstungskäufe zu ruinieren. Die Anbieter westlicher Rüstungsfirmen sehen das natürlich ganz anders. Für sie tut sich in Ostmitteleuropa ein neuer Markt auf. Abgesehen davon steht aber außer Frage, daß die polnische Luftwaffe ein neues Mehrzweckkampfflugzeug benötigt, um die überalterten Bestände zu ersetzen. Das soll auf jeden Fall aus dem Westen kommen.

5. Politische Kultur

Einen Zugang zum aktuellen Stand der polnischen Reformpolitik, zum Stil sowie zu den Themen der innenpolitischen Auseinandersetzungen und zum Umgang mit dem Erbe der Volksrepublik eröffnet der Rückblick auf die Soziotechnik der polnischen Spielart des Realsozialismus, auf seine Agonie und schließlich auf die Stufen des am „Runden Tisch" ausgehandelten Machtwechsels im Jahre 1989. Damit soll nicht behauptet werden, daß die politische Entwicklung Polens die Richtung nehmen *mußte,* in die sie von den Akteuren der politischen „Lager" zwischen 1989 und 1998 gelenkt wurde.

Vieles weist jedoch darauf hin, daß die Schocktherapie des Wirtschaftsprofessors Balcerowicz und die beeindruckende Wirtschaftsentwicklung, die schnelle Niederlage der Solidarność-Kräfte und die überraschende Wiederkehr von gewandelten Mitgliedern der ehemaligen Nomenklatura sowie der sanfte Umgang mit der kommunistischen Vergangenheit, daß also die großen Erfolge und Niederlagen der 90er Jahre in der Auseinandersetzung um das demokratische, pluralistische und marktwirtschaftlich orientierte Polen mit Erfahrungen und Einstellungen zu tun haben, die lange vor 1989 gesammelt wurden und sich verfestigt haben. Das historische Erbe einer eben erst zur Ruhe, besser: zur „Normalität", kommenden Nation scheint durch die Ereignisse der letzten Jahre hindurch.

Erbe der Vergangenheit

Die Tradition der Freiheitskämpfe und der Resistenz gegen äußere Bedrohung im 19. und 20. Jahrhundert bleibt bis heute Bestandteil des kollektiven Gedächtnisses der Polen. Die Geschichte des offenen und verdeckten Widerstands gegen die unterschiedlichen Varianten des Sozialismus vom Stalinismus bis zum „Jaruzelskismus“ und der späte Triumph der Solidarność im Jahre 1989 eignen sich zur Mythenbildung: Polen – eine Nation von Helden und Märtyrern. Freiheitliche und demokratische Traditionen sind daher wesentliche Bestandteile des kollektiven Bewußtseins und eines stabilen Autostereotyps. Sie vermitteln prima facie Selbstbewußtsein und Gelassenheit und lassen kaum Platz für Gedanken an Kollaboration, Arrangements, Verrat, Schwäche und Durchwursteln. Und doch gab es dies zu unterschiedlichen Zeiten hunderttausend- und millionenfach. In der polnischen Soziologie hat sich das Theorem von der „kleinen Stabilisierung“ der 70er Jahre durchgesetzt und ist die grobe Einteilung der polnischen Gesellschaft der 80er Jahre in ca. 20 % überzeugte Anhänger des Sozialismus, ca. 60 % Angepaßte und ca. 20 % offene Gegner der herrschenden Gesellschaftsordnung eine gängige Formel. Sie vermag aber bis heute wenig gegen die in Polen und der ganzen Welt verbreitete Überzeugung auszurichten, die polnische Nation sei eine Nation im permanenten Aufruhr gewesen. Ein Pole konnte nur Opfer sein, nicht Täter. Wer in das Bild nicht paßt(e), galt (und gilt) in Polen rasch als Jude, Protestant (= Deutscher), Freimaurer oder Russe.

Aber schon eine nüchterne Analyse des Selbstverständnisses und der Rolle der katholischen Kirche Polens im Kommunismus einerseits sowie der demokratischen Oppositionsbewegung der 80er Jahre andererseits führt zu einer differenzierten Betrachtung des Verhältnisses zwischen Widerstand, Kompromiß und Anpassung unter widrigen Umständen. Und sie trägt zur Erklärung der spezifischen Einstellung vieler Polen zum Erbe der kommunistischen Vergangenheit bei.

Die katholische Kirche stellte die einzige autonome, der Parteinomenklatura nicht subordinierte Großorganisation einer zu über 90 % katholisch getauften Gesellschaft dar. Sie bildete allein durch ihre Existenz einen Fremdkörper im sozialistischen Staat. Die Kirche selbst verstand sich als Fürsprecherin einer unterdrückten Nation. Sie suchte zugleich über Jahrzehnte hinweg einen Kompromiß mit der regierenden Partei, wirkte in kritischen Momenten (1945, 1956, 1980) systemstabilisierend und trug zur Deeskalation von Konflikten bei. Mit ihrer während der gesamten kommunistischen Ära geübten Haltung hatte demnach gerade die Kirche dazu beigetragen, den Kompromiß und die Versöhnlichkeit der politischen und ideologischen „Lager" auch nach dem Systemwechsel zu fördern, ohne daß es in ihrer Intention lag, die sanfte Integration der kommunistischen Nomenklatur in die Dritte Republik (seit 1990) zu begünstigen. Kirchliche Amtsträger sprachen sich aber nach 1989 sehr wohl gegen die Ausgrenzung der ehemaligen Anhänger des alten Regimes aus. Nolens volens hatte die katholische Kirche durch ihre zurückliegende „Politik" zu der unmittelbar nach dem Systemwechsel in der Solidarność dominierenden Einstellung zugunsten eines „dicken Strichs" (gróba kreska) beigetragen. Die Chance der ehemaligen Systemträger auf Integration und schließlich auch auf Wiedereinsetzung in Schlüsselpositionen wurde ebenfalls durch die ursprünglich auf Machterhalt fixierte Flexibilität der Jaruzelski-Partei gegenüber dem Solidarność-Klassenfeind seit 1988 und am „Runden Tisch" gefördert.

Schließlich hatte es unter dem Druck liberaler Kräfte in Polen seit 1956 Reformen und schon in der Endzeit der Jaruzelski-Ära Ansätze zu einer „sozialistischen Marktwirtschaft" und Nomenklaturaprivatisierung gegeben, die den Übergang zur Marktwirtschaft begünstigten.

Umgang mit der Vergangenheit nach 1989

Die schillernde Erbschaft des Realsozialismus mit heimlich getauften Parteifunktionären und mal widerspenstiger, mal „kollaborierender" Kirche konnte der verharmlosenden Vorstellung eines Don-Camillo-und-Peppone-Kommunismus in Polen Vorschub leisten und die Verbrechen des Systems vergessen machen. Sie spiegelt sich im Zwiespalt zwischen ernsthafter Vergangenheitsaufarbeitung und einer Philosophie des Vergessens. Dies ist keine akademische Frage.

Die historische Aufarbeitung der kommunistischen Herrschaft in Polen zwischen 1944 und 1989 begann schon vor dem Zusammenbruch des Kommunismus in historischer Forschung und Metadiskussion (Debatten über die Geschichtsschreibung). Es ist hier anzumerken, daß im polnischen Exil und vor allem in polnischen Untergrundverlagen bzw. an „fliegenden Universitäten" und in anderen illegalen Netzwerken in den 80er Jahren eine historische Aufarbeitung der Volksrepublik versucht wurde, die mit dem Systemwechsel öffentlich fortgeführt und intensiviert wurde.

Seit dem Systemwechsel wird die Nachkriegsgeschichte Polens bis 1989 in der historischen und politikwissenschaftlichen Forschung systematisch aufgearbeitet (auch von in Staatsdiensten stehenden polnischen Wissenschaftlern – zum Teil nominellen PZPR-Mitgliedern – im Lande bereits vor 1989 vorbereitet). Die Forschungsgruppe zur Erforschung der neuesten Geschichte Polens unter den Professoren Jerzy Holzer und Andrzej Paczkowski am Institut für Politische Studien der Polnischen Akademie der Wissenschaften beschäftigt sich ausschließlich mit der Aufarbeitung der Geschichte des kommunistischen Polen. Die Forschungsergebnisse zu den einzelnen Epochen und Problemfeldern kommunistischer Herrschaft werden in Monographien, Sammelwerken und Aufsätzen der politikwissenschaftlichen und historischen Zeitschriften veröffentlicht. Zeitungen und Zeitschriften publizieren laufend Archivdokumente aus dem gesamten Zeitraum, angefangen mit der Installierung der kommunistischen Herrschaft durch die Sowjetunion bis zur Agonie kommunistischer Macht in der Jaruzelski-Ära und den Begleitumständen des Systemwechsels 1989. Die Massenmedien befassen sich in popularisierter Form in aller Breite mit der kommunistischen Epoche, wobei Jahrestage Anlaß für zeitgeschichtliche Analysen und Bewertungen mit kontroversen Standpunkten bieten (z.B. 22.7.1944: „Juli-Manifest"; 21.8.1968: Invasion der ČSSR mit polnischer Beteiligung; 13.12.1981: Ausrufung des Kriegsrechts). Beispielsweise widmeten Wissenschaft und Publizistik 1996 dem gefälschten Referendum von 1946 und dem antijüdischen Pogrom in Kielce im Juli 1946 besondere Aufmerksamkeit. Ein großer Teil der wissenschaftlichen Aufarbeitung (u.a. anhand der nunmehr zugänglichen Akten) steht aber noch bevor.

Bei der Beurteilung der historischen und moralischen „Vergangenheitsbewältigung" ist zu bedenken, daß in jedem Einzelfall nüchterne und akribische Beschäftigung mit den historisch-politischen Daten und Ereignissen dazu beiträgt, das kollektive Selbstbild der Nation und ihrer Mitglieder ausschließlich als Unschuldige sowie Opfer und Verführte fremder Mächte zu zerstören und zur Kenntnis zu nehmen, daß polnische Bürger und Institutionen aus eigener Verantwortung in größerer Zahl auch „Täter" waren. Trotzdem wird dieses mühsame Befassen mit der eigenen Geschichte immer wieder von einzelnen und Gruppen vorgenommen. Das gilt seit wenigen Jahren auch für Historiker, Politologen, Soziologen, Kulturwissenschaftler sowie lokale und regionale Initiativen, die sich mit der deutschen Vergangenheit in Polen und mit den Verbrechen im Zusammenhang mit Flucht und Vertreibung der Deutschen nach 1945 beschäftigen, wobei vereinzelt auch die Legitimität der Vertreibung als solche in Frage gestellt wird.

Am schwierigsten erweist sich die Analyse und Bewertung der Epoche seit 1981 wegen der zeitlichen Nähe und Befangenheit der Akteure und Beobachter. Aber auch hier findet eine intensive und leidenschaftliche Diskussion unter Historikern, Politikwissenschaftlern, Politikern und Publizisten statt, in deren Mittelpunkt Jaruzelski steht. An den Antipoden Jaruzelski und Kukliński (polnischer Oberst, der die Kriegsrechtsvorbereitungen nach seinem Überlaufen an die USA „verriet") entbrennt in unregelmäßigen Abständen eine leidenschaftliche öffentliche Diskussion über das „kleinere Übel" (Kriegsrecht) und Verrat bzw. Patriotismus. Hier ist die Überschneidung von historisch-politischer, moralischer Bewertung und juristischen Aspekten der Vergangenheitsaufarbeitung am deutlichsten sichtbar (War Jaruzelski ein sowjetischer Vasall, dann war seine Handlung Hochverrat; war die Kriegsrechtsausrufung eine patriotische Tat, dann ist Kukliński der Hochverräter).

Im Zusammenhang mit der Anhörung von Professor Manfred Wilke, Mitglied der Enquete-Kommission des Deutschen Bundestags „Aufarbeitung der Geschichte und der Folgen der SED-Diktatur", vor der Sejm-Kommission für verfassungsrechtliche Verantwortung im April 1995 wurde ungeachtet der innerpolnisch offenen Vergangenheitsdiskussion deutlich, daß das Echo auf den „Offenen Brief" von Politikwissenschaftlern und Historikern der Polnischen Akademie der Wissenschaften mit dem Vorschlag zur Gründung eines gemeinsamen Ausschusses von Historikern aus Deutschland, Polen, Tschechien und Ungarn, der sich mit Gemeinsamkeiten und Unterschieden in der Funktionsweise der kommunistischen Systeme in den jeweiligen Ländern beschäftigen sollte, in der polnischen Öffentlichkeit zurückhaltend war. Es darf auch spekuliert werden, daß die polnischen Behörden ihrerseits diskreten Druck ausübten, um polnischen Historikern den Zugang zu den „polnischen" Akten in Berlin zu verwehren. Der Sejm reagierte nicht auf den Vorschlag von Wilke und den polnischen Kollegen, sich für die gemeinsame Nutzung polnischer Archivalien bei der historischen, politischen und moralischen Bewertung der kommunistischen Diktatur und ihrer Folgen einzusetzen. Offensichtlich erfuhr die Sejm-Kommission auch erst durch Wilke im April 1995, daß Bundestagspräsidentin Rita Süssmuth dem Sejm bereits im Jahre 1992 schriftlich Zusammenarbeit mit dem Untersuchungsausschuß des Bundestages angeboten hatte: „Auf dieses Angebot gab es nie eine Reaktion." Andererseits gibt es in Polen eine – vornehmlich kritisch-zurückhaltende – publizistische Diskussion über die Gauck-Behörde und die Unterschiede des deutschen und polnischen Umgangs mit der Vergangenheit sowie gemeinsame deutsch-polnische Konferenzen über den Umgang mit SB- und Stasi-Akten. Konkrete Erfahrungen mit interpretationsfähigen Dokumenten der Gauck-Behörde, die ehemalige Solidarność-Mitglieder offensichtlich grundlos in Mißkredit brachten (z.B. die Journalistin E. Milewicz), nähren das Mißtrauen über den Aussagewert einzelner Dokumente erheblich.

In der deutsch-polnischen Debatte über Vergangenheitsaufarbeitung wird von polnischen Teilnehmern immer wieder auf die unvergleichbare Ausgangslage in Deutschland und Polen hingewiesen. Polen nach 1989 hatte keine „Bundesrepublik" und entsprechende Alternativeliten, die, wie in den östlichen Bundesländern, führende Positionen übernehmen konnten oder sollten. Zudem wird von polnischer Seite – nicht selten die Herrschaft des Kommunismus in Polen verharmlosend – ins Feld geführt, wie unterschiedlich die Herrschaftspraxis deutscher und polnischer Kommunisten gewesen sei. Man weist schließlich mit einigem Recht auf die Politik der friedlichen und stufenweisen Herrschaftsabgabe der polnischen Nomenklatura Ende der 80er Jahre hin.

Freilich erhält die Frage der Zusammenarbeit zwischen polnischen und deutschen Stellen bei der „Bewältigung" der kommunistischen

Vergangenheit dadurch Aktualität, daß neue Einzelheiten über die Kooperation zwischen dem Ministerium für Staatssicherheit der DDR (MfS) und dem Warschauer Innenministerium seit 1974 und über Abmachungen zwischen Innenminister Kiszczak und seinem DDR-Kollegen über die gegenseitige Anwerbung von Agenten aus dem Jahre 1982 bekannt wurden. Schon 1981 hatte der Stasi durch Agenten in der Solidarność Einfluß zu nehmen versucht.

Im Herbst 1996 sorgten von der Gauck-Behörde freigegebene Akten in Polen für Aufregung, die Interna aus der vatikanischen Kurie enthalten und den Verdacht erhärten, daß dort über Jahrzehnte IM des polnischen Geheimdienstes gewirkt haben. Die Spitzelberichte geben darüber hinaus dem in Polen bisher nur hinter vorgehaltener Hand geäußerten Verdacht Nahrung, daß es auch im polnischen Klerus eine größere Anzahl von Informanten des SB gab. Die zurückhaltende polnische Rezeption der deutschen Berichterstattung über die neuesten Erkenntnisse der Gauck-Behörde läßt erahnen, daß sich nicht nur die katholische Hierarchie in Polen, sondern ein großer Teil der Öffentlichkeit nur unwillig auf die „drohende" ernsthafte und notwendige Diskussion über die Rolle der katholischen Kirche im kommunistischen Polen zwischen Widerstand und Anpassung und auf die Tatsache einläßt, daß gerade diese Kirche wegen ihrer systemfremden Funktion bevorzugtes Objekt der Beobachtung sein *mußte*. Gleiches gilt übrigens auch für die Solidarność in den Jahren 1980–1990. Nicht zu Unrecht befürchtet man in grundsätzlich kirchenfreundlichen, nicht automatisch kirchennahen oder klerikalen Kreisen (resp. in Post-Solidarność-Kreisen) eine vordergründige politische Instrumentalisierung dieses Komplexes durch die postkommunistischen Kreise und ein Ablenkungsmanöver angesichts des Unwillens der Sozialdemokratie, sich offen mit der Vergangenheit der kommunistischen Bewegung in Polen auseinanderzusetzen, frei nach dem Motto: „Wir sitzen doch alle in einem Boot".

Bemerkenswert ist, daß es einen regelrechten „polnischen Historikerstreit" über die Volksrepublik, über den Charakter des Systems, gibt. (War Polen ein okkupiertes Land? War es ein unabhängiger Staat im üblichen Sinne? Wenn die 3. Republik mit dem Amtsantritt Wałęsas

1990 begann, die 2. Republik 1939 in Polen endete und bis 1990 vom Londoner Exil repräsentiert wurde, welche Folgen hat das für die historisch-politische und juristische Charakterisierung der Volksrepublik?) Um nur wenige Beispiele zu nennen: Der „Streit über die VRP" wurde 1994/95 in sehr zivilisierter Form und auf intellektuell hohem Niveau in einer Artikelserie mit herausragenden Historikern, Philosophen, Schriftstellern und Künstlern in der katholischen Wochenzeitung „Tygodnik Powszechny", 1995/96 in der angesehenen Tageszeitung „Rzeczpospolita" und 1996 in der auflagenstärksten Tageszeitung „Gazeta Wyborcza" geführt. Die differenzierte Diskussion der einzelnen VRP-Ären (1944-1948, 1949-1956, 1957-1970, 1971–1980, 1980–1981, 1982–1989) ist auf der Höhe der Wissenschaft und der intellektuell-moralischen Reflexion. In Polen ist in diesem Zusammenhang Ende 1994 eine lesenswerte Studie über den „Stand der Forschung über die VRP" erschienen, die einen guten Überblick über Inhalte und Niveau der Diskussion bietet.

Die angesichts der historischen Nähe unvermeidbare Verquickung von historisch-politischem und moralischem Urteil, von Möglichkeiten und Grenzen juristischer Aufarbeitung der kommunistischen Vergangenheit wurde in der „Sache Oleksy" fokussiert, die Polen im Dezember 1995/Januar 1996 erschütterte. In der damit losgetretenen Affäre wurde die Bedeutung der freien Presse in Polen als „vierte Macht" demonstriert, die allerdings manchmal der Versuchung eines auflagentreibenden und mangelhaft recherchierenden Enthüllungsjournalismus erlag. Im Fall Oleksy wurde deutlich, daß es keine politischen Tabus gibt, aber auch keinen Schutz vor tagespolitischer Instrumentalisierung von komplizierten historisch-politischen Vorgängen, bei deren Bewertung Augenmaß vonnöten ist.

Ungeachtet aller Instrumentalisierungsprobleme hatte die „Sache Oleksy" grundsätzliche Probleme der kommunistischen Vergangenheitsaufarbeitung in Polen ans Tageslicht befördert. Bei dem „Weißbuch zum Fall Oleksy" mußte der Justizminister als Herausgeber im Oktober 1996 zugeben, daß wichtige Dokumente und Zeugenaussagen nicht veröffentlicht worden sind, weil sie nach seinen Worten Staatsgeheimnisse enthielten. Oleksy war am 24.1.1996 unter Beteuerung seiner Unschuld als Premier zurückgetreten. Zuvor hatte die zuständige Militärstaatsanwaltschaft gegen ihn ein Verfahren wegen Landesverrats eröffnet. Oleksy hatte lediglich zugegeben, sich für einen Spitzenpolitiker äußerst fahrlässig verhalten zu haben und mit einem KGB-Offizier jahrelang ein „freundschaftliches Verhältnis" gepflegt und auch noch nach seiner Wahl zum Sejm-Marschall 1993 fortgeführt zu haben. Das allein hätte in den Augen der Oppositionsparteien bereits als Rücktrittsgrund gereicht. Das Untersuchungsverfahren endete am 22.4.1996 mit der Entlastung Oleksys, dem Spionage nicht nachgewiesen werden konnte, und der Einstellung des Untersuchungsverfahrens. Ein zeitgleich mit dem „Weißbuch" herausgegebenes „Graubuch" versuchte den Verdacht zu belegen, daß Regierung, Parlamentsmehrheit und Militärstaatsanwaltschaft sich alle Mühe gaben, eine eingehende Untersuchung zu blockieren. Jedenfalls blieb der Fall juristisch ungeklärt. Was allerdings ungeachtet des verschleierten juristischen Aspekts übrigbleibt, ist das Unverständnis in der neuen Elite Polens darüber, daß Oleksy nicht bemerkt hatte, daß nach dem Systemwechsel von 1989 alte Loyalitäten und ein „freundschaftliches Verhältnis" zu einem KGB-Agenten aufzugeben waren. Dies ist dann eher eine entscheidende Frage zum Stand der politischen Kultur der SLD/SdRP-Elite als eine Frage des Strafrechts.

Nicht zuletzt an der Rezeption der Lustrationsproblematik läßt sich das diffuse Verhältnis der *Bevölkerung* zur Auseinandersetzung mit der Vergangenheit feststellen. Für die Mehrheit spielt das Thema eine so untergeordnete Rolle, daß sie sich in ihrem Abstimmungsverhalten durch die Position der Parteien in dieser Frage nicht leiten läßt. Die durchaus vorhandene antikommunistische Stimmung im Sinne von „nie wieder" hat sich nicht zu einem bestimmenden politischen Willen verdichtet, zumal keine ernstzunehmende politische Gruppierung eine Rückkehr zur kommunistischen oder auch nur sozialistischen Ordnung anbietet. Nicht einmal die Polarisierung des „post-kommunistischen" und des „patriotischen" Lagers vor den Parlamentswahlen 1997 erfolgte in erster Linie aufgrund eines unterschiedlichen Umgangs mit der Vergangenheit, obwohl die Protagonisten der Fundamentalopposition (ROP u.a.) vorzugsweise mit dem Gespenst der fortschreitenden

Machterschleichung der Postkommunisten in Politik, Verwaltung und Wirtschaft/Finanzen argumentieren.

Die dilatorische Behandlung der Lustrationsfrage läßt sich aus der jüngsten Geschichte Polens heraus erklären. Der Übergang zur Demokratie war in Polen das Ergebnis eines längeren, im wesentlichen gewaltlosen Transformationsprozesses, bei dem neben der um die Solidarność und die katholische Kirche gesammelten Opposition auch die Reformkräfte der PZPR und der Blockparteien mitwirkten. Die Bevölkerung war nicht rachsüchtig, und die neuen Eliten waren durch das Abkommen am „Runden Tisch" gebunden. Es kam zu einer Art Nichtangriffspakt: Machtübergang gegen Verzicht auf Vergeltung.

Die sozialen und wirtschaftlichen Erschütterungen im Kontext des insgesamt sehr erfolgreich verlaufenden makroökonomischen Systemwechsels haben bei Millionen Menschen in Polen zu einer Umwertung der kommunistischen Periode, insbesondere der Gierek-Ära mit ihrer sog. „kleinen Stabilisierung", beigetragen. Andererseits nimmt die VRP-Nostalgie in der Bevölkerung von Jahr zu Jahr weiter ab (von 40 % im Oktober 1994 auf 27 % im Februar 1997). Dieser Vorgang *muß* Konsequenzen für die Einstellung gegenüber ehemaligen Funktionsträgern haben. Kollektive Zurückweisung unterschiedslos aller früheren Funktionäre ist weitgehend absent. Maßstab ist vielmehr die zugeschriebene Qualifikation, womit sich auch der Wahlerfolg der postkommunistischen Sozialdemokraten erklären läßt – und deren Unlust, sich mit der eigenen Vergangenheit ehrlich auseinanderzusetzen – und der Erfolg der Nomenklatura-Privatisierung. Auch von Kritikern der moralischen Indifferenz wird zugegeben, daß gerade das persönliche Interesse der Nomenklatura-Unternehmer zur Fortsetzung der wirtschaftlichen Reformen (Privatisierung) beiträgt.

Die Tendenz zu vergessen wird außerdem dadurch genährt, daß einzelne Galionsfiguren des demokratischen Umbruchs sich an die Spitze der Bewegung des Vergebens stellen. Der einflußreiche Intellektuelle Adam Michnik ist mit seiner Versöhnungsattitüde, ob nun gegenüber seinem ehemaligen „Kerkermeister" und jetzigen Duzfreund Jaruzelski oder gegenüber dem Pressemogul und ehemaligen Pressesprecher des Kriegsrechtsregimes, Jerzy Urban, in der Konsequenz des Verzeihens eine Ausnahme, wobei er gleichzeitig den Zynismus und die Prinzipienlosigkeit der Partei seiner ehemaligen Peiniger beklagt. Auch forderte er gemeinsam mit dem damaligen Premier Cimoszewicz in einem Aufruf („Über Wahrheit und Versöhnung“) in seiner Tageszeitung „Gazeta Wyborcza“ im September 1995 zu einer *gemeinsamen* Vergangenheitsbewältigung von Kommunisten und Oppositionellen auf. Die allgemeine Reaktion im „Lager“ der ehemaligen demokratischen Systemopposition waren allerdings Unverständnis und Ablehnung.

Aussichten

Unabhängig von der vordergründigen Wahl der Themen für Auseinandersetzungen wird in der gesellschaftspolitischen Wirklichkeit Polens der Riß zwischen „Modernisten“ und „Traditionalisten“ immer deutlicher. Er spaltet die Regierungs- und die Oppositionsparteien. Der Streit um Wirtschaftsprotektionismus und den traditionellen Zentralismus des Staats- und Verwaltungsapparats dreht sich zwar vordergründig um eine Hinterlassenschaft des Kommunismus, es geht aber eigentlich um einen „traditionalistischen“ Etatismus, der die Erben der kommunistischen „Linken“ wie die Rechtspopulisten (ROP, Teile der Wahlaktion Solidarność) in ein Boot bringt, während die „Modernisten“ (UW, Teile der SdRP) der Dezentralisierung, Selbstverwaltung und Subsidiarität das Wort reden. Da die großen polnischen Parteien bisher keine gangbare Alternative für die stufenweise Integration Polens in die Europäische Union entwickelt haben, im Gegenteil der Konsens gerade in Grundfragen der Außenpolitik recht groß ist, haben sich die politischen „Lager“ in Polen selbst Grenzen für innenpolitische Ausschläge in die „traditionalistische“ Richtung gesteckt.

V. Gesellschaft

1. Demographie

Innerhalb der Grenzen des polnischen Staatsgebiets (388 634 qkm) lebten vor dem Zweiten Weltkrieg 35 Mio. Menschen. Von ihnen waren nach der amtlichen Sprachenstatistik von 1931 nur 69 % Polen, rd. 14 % der Bevölkerung waren Ukrainer, 8,6 % Juden, 3,1 % Weißrussen, 2,3 % Deutsche. Nach den dramatischen Veränderungen in der ethnischen Zusammensetzung Polens durch die Ereignisse während des Krieges und unmittelbar danach, namentlich die fast vollständige Ermordung der jüdischen Bevölkerung durch die nationalsozialistische Besatzung, die Grenzverschiebung nach Westen und die durch Flucht und Vertreibung verursachten Bevölkerungsverschiebungen hatte Polen in den heutigen Grenzen 23,9 Mio. Einwohner (1946). Millionen Deutsche in den bisherigen deutschen Ostprovinzen mußten ihre angestammte Heimat verlassen. Ein Teil der im Südosten lebenden Ukrainer wurde bei Kriegsende in die Sowjetukraine ausgesiedelt. Polen wurde zu einem ethnisch weitgehend homogenen Staat mit nur 2 bis 3 % Angehörigen nationaler Minderheiten.

Die Bevölkerung Polens zählte nach dem Zweiten Weltkrieg zu den mobilsten Europas. Das lag an den Außen- und Binnenwanderungen im Zuge der Westverschiebung einerseits und der Industrialisierung und Verstädterung andererseits. In der Zeit von 1945 bis 1964 wechselten beispielsweise im Zusammenhang mit dem Industrieaufbau über 3 Mio. Beschäftigte vom Land in die Städte. Wie sich die bäuerliche Bevölkerung in den neuen städtischen Verhältnissen zurechtfand und einlebte, gehört zu den bemerkenswertesten Kapiteln neuerer polnischer Bevölkerungsentwicklung. Jedenfalls hat – rein statistisch gesehen – jeder Einwohner Polens nach 1945 etwa dreimal seinen Wohnsitz gewechselt.

Vor allem seit Mitte der 60er Jahre war ein vergleichsweise hoher natürlicher Bevölkerungszuwachs zu verzeichnen. Im Vergleich zu Deutschland ist die polnische Bevölkerung deutlich jünger. Seit Mitte der 80er Jahre sind jedoch fast kontinuierlich sinkende Geburtenquoten feststellbar (1980: 19,5 Geburten pro 1 000 Einwohner; 1985: 18,2;

1990: 14,3; 1995: 11,2). In Deutschland lag die Zahl der Geburten 1994 bei 9,5 pro 1 000 Einwohner.

Mehr als die Anzahl der Einwohner in absoluten Zahlen gibt die Bevölkerungsdichte über das demographische Bild Polens Aufschluß. Die Räume größerer oder geringerer Bevölkerungskonzentration sind sowohl das Ergebnis natürlicher Voraussetzungen (Bodenschätze, Agrarstruktur, Verkehrsverhältnisse u.a.) als auch Folge historischer und politischer Entwicklungen, die in den zentralpolnischen Gebieten bis in die Zeit der Teilungen zurückreichen und in den West- und Nordgebieten auf die großen Bevölkerungsbewegungen nach 1945 zurückzuführen sind. Beide Räume wurden nach 1945 von den gleichen gesellschaftspolitischen Umwälzungen überformt. Diese zeigten sich in einer nachholenden Industrialisierung, die eine Verstädterung zur Folge hatte.

Die Bevölkerungsdichte Polens weist einen statistischen Durchschnittswert von 123 Einwohnern pro Quadratkilometer auf (Deutschland: 228 Ew.). Industriell-städtischen Ballungen stehen Räume gegenüber, in denen die Bevölkerungsdichte zum Teil erheblich unter dem Landesdurchschnitt liegt. Hier handelt es sich vor allem um Waldgebiete sowie um Agrargebiete, in denen bis zum Systemwechsel am Anfang der 90er Jahre der Anteil an landwirtschaftlichen Großbetrieben hoch war (insbesondere in den ehemaligen deutschen Ostprovinzen). Am dichtesten (über 500 Ew./qkm) ist die Umgebung von Lodz, Warschau und Kattowitz, am schwächsten (um 50 Ew./qkm) die nordostpolnische Region um Suwałki und Łomża besiedelt.

Nach der Entvölkerung und Wiederbesiedlung der vormals deutschen Gebiete sowie dem starken Anstieg der Geburtenziffer nach dem Krieg bei gleichzeitig sinkender Säuglingssterblichkeit und erhöhter Lebenserwartung kommt der Industrialisierung und gleichlaufenden Verstädterung als drittem Element bevölkerungspolitischer Wandlung hohe Bedeutung zu. Da sich die industrielle Produktion fast ganz in den Städten konzentriert, ist es auch der Industrie zuzuschreiben, daß der Anteil der städtischen Bevölkerung stetig gestiegen ist, und zwar von 31,8 % im Jahr 1946 auf 61,6 % im Jahre 1995. Das Verhältnis zwischen Stadt- und Landbevölkerung hat sich also von Kriegsende bis heute von etwa 1 : 2 in das Verhältnis 2 : 1 verändert. Die Zahl der Industriebeschäftigten stieg zwischen 1950 und 1980 von 20,7 % auf 30,3 % der Beschäftigten. Dabei ist noch das Wachstum der Beschäftigtenzahl insgesamt von 10 auf 17 Mio. in diesem Zeitraum zu berücksichtigen. Die Mehrzahl der in die Industrie strömenden Erwerbstätigen kam aus der Land- und Forstwirtschaft, deren Anteil an den Beschäftigtenzahlen von rund 60 % bei Kriegsende bis 1980 auf 30 % absank.

Bis etwa 1980 stieg die Zahl der Erwerbstätigen kontinuierlich an. Danach verminderte sie sich ebenso kontinuierlich. Dies war zunächst auf den Zusammenbruch von Teilen der Industrie aufgrund der Ende der 70er Jahre verschärften Wirtschaftskrise zurückzuführen, die sich in den 80er Jahren fortsetzte. Nach der Privatisierung großer Teile der Wirtschaft Anfang der 90er Jahre beschleunigte sich diese Entwicklung in geradezu dramatischer Weise. 1995 waren nur noch 19,4 % der Erwerbstätigen in der Industrie beschäftigt. Das im kommunistischen Polen unbekannte Phänomen der offiziellen Arbeitslosigkeit trat 1990 erstmals auf. Hierbei ist zu berücksichtigen, daß eine Reihe von Großbetrieben im Staatssektor defizitär ist und aus wirtschaftlichen Gründen eigentlich geschlossen werden müßte, aber aus beschäftigungs- und sozialpolitischen Gründen weiterhin subventioniert wird.

Die Beschäftigtenzahl in der Landwirtschaft hat sich entsprechend der 1980 einsetzenden Trendwende in der Industrie stabilisiert und ist Mitte der 90er Jahre sogar wieder angestiegen. Zahlreiche Arbeitslose kehrten zunächst in die Landwirtschaft zurück. Teilweise handelte es sich nur um den Betrieb einer Subsistenzwirtschaft, also nicht um Produktion für den Markt, sondern nur für den Eigenbedarf. Somit bildet der Agrarsektor vorübergehend ein soziales Auffangbecken. Andererseits wird deutlich, welch gewaltige Veränderungen in der Bevölkerungs- und Sozialstruktur auf dem Lande noch bevorstehen.

2. Nationale Minderheiten

Schon vor 1989 waren die nationalen und ethnischen Minderheiten außer der deutschen offiziell anerkannt und hatten eigene Gesellschaften. Sie unterlagen jedoch strengster Staatsüberwachung. Seither bemühen sich sowohl der Gesetzgeber als auch die staatlichen Instanzen vor Ort um die Wahrung der Rechte der nationalen und ethnischen Minderheiten. Unter ihnen stellen die Deutschen den größten Anteil. Danach folgen die Ukrainer und Weißrussen. Für die meisten kleineren Minderheiten sind Angaben über ihre zahlenmäßige Stärke kaum möglich, da es keine offizielle Minderheitenstatistik gibt und nur das Selbstbekenntnis bzw. der Organisationsgrad Anhaltspunkte für die Stärke der betreffenden Minderheit Auskunft liefern kann. Kleinere Minderheitengruppen bilden die Lemken (organisiert ca. 27 000), Litauer (organisiert 2 000), Slowaken (organisiert 3 450), Tschechen, Juden, Roma (organisiert 2 000), Griechen (organisiert 756), Tataren (organisiert 5 000), Russen und die Armenier (organisiert 56). Die ethnisch-sprachliche Gruppe der Kaschuben hat eine eigene selbstbewußt auftretende Interessenvertretung im Kaschubisch-Pommerschen Verband mit Sitz in Danzig (6 500 Mitglieder). Es gibt eine Masurische Gesellschaft mit 1 218 Mitgliedern, und im Juni 1997 wurde in Kattowitz ein Verband der Bevölkerung Schlesischer Nationalität mit 109 Gründungsmitgliedern registriert. Die Registrierung wurde allerdings vom Kattowitzer Appellationsgericht am 24. September 1997 aufgehoben.

Die Deutschen

Bis zum Systemwechsel war von offiziellen Stellen die Existenz einer nennenswerten deutschen Minderheit in Polen geleugnet worden. Mit dem Zerfall des kommunistischen Herrschaftssystems und der Verwirklichung von Rechtsstaatlichkeit und Demokratie geriet auch die Politik gegenüber den Deutschen in Polen unter neuen Legitimierungszwang. Die Minderheitenartikel im deutsch-polnischen Vertrag von 1991 werden zwar gemeinhin als Ausgangspunkt einer neuen polnischen Politik gegenüber der deutschen Minderheit zitiert. Die erste Ursache liegt jedoch in der politischen und gesellschaftlich-kulturellen Entwicklung des sich liberalisierenden Polen in den 80er Jahren.

Bei der deutschen Minderheit in Polen handelt es sich nach der *deutschen* Gesetzgebung und Rechtsprechung überwiegend um deutsche Staatsbürger bzw. deren Nachkommen, die durch die Westverschiebung Polens im Jahr 1945 zu einer Minderheit in Polen wurden.

Nach der nationalsozialistischen Besatzungspolitik in Polen und Osteuropa kam es in den östlichen Territorien des historischen deutschen Siedlungs- und Staatsgebietes zu der dramatischsten Bevölkerungsverschiebung in der modernen Geschichte. Bereits vor der Unterzeichnung des Potsdamer Protokolls waren ca. 400 000 Deutsche aus ihren Siedlungsgebieten in den Grenzen Deutschlands von 1937 „wild vertrieben" worden. Mit den Menschen, die auf Befehl der deutschen Behörden, der Wehrmacht oder aus eigenem Entschluß vor der Roten Armee geflohen waren, belief sich am Ende die Zahl der Flüchtlinge und Vertriebenen aus Pommern, Ostpreußen, Ostbrandenburg und Schlesien auf knapp sieben Millionen Personen. Hinzu kamen 1,3 Millionen Volksdeutsche aus Polen in den Grenzen von 1939. Etwa 1,1 Millionen deutsche Staatsbürger blieben nach 1950 in den nunmehrigen polnischen Westgebieten. Nach Auffassung der polnischen Behörden handelte es sich dabei allerdings mehrheitlich um Angehörige der polnischen Minderheit im Deutschen Reich, deren Polentum durch „Verifizierung" festgestellt werden sollte. Den „ethnischen Deutschen" verweigerten die polnischen Behörden seit Ende der 50er Jahre die Gewährung von Minderheitenrechten. Sie waren an der möglichst vollständigen Aussiedlung der „ethnischen Deutschen" und der vollständigen Assimilierung der „Autochthonen" interessiert.

Bei der deutschen Minderheit in Polen handelt es sich demnach nicht um eine homogene Gruppe. In der neueren deutschen Literatur, die sich mit der Minderheit befaßt, werden bis zu vier Gruppen unterschieden. Bei der ersten Gruppe handelt es sich um die in den ehemaligen deutschen Ostprovinzen verbliebenen Angehörigen der angestammten deutschen Wohnbevölkerung und ihre Nachkommen. Die zweite Gruppe umfaßt die nicht vertriebenen Deutschen aus dem Gebiet Vorkriegspolens. Die dritte Gruppe stellt das sogenannte „schwebende Volkstum", also Personen mit nicht ausgeprägtem Nationalgefühl, besonders in Oberschlesien beiderseits der deutsch-polnischen Grenze der Zwischenkriegszeit, aber auch in Pommerellen und zu einem geringeren Teil in Masuren und dem Ermland. Die vierte Gruppe bilden deutsche Staatsangehörige, die während des Zweiten Weltkriegs in die sogenannte „Deutsche Volksliste“ der Gruppen III und IV aufgenommen wurden. Es handelte sich dabei um polonisierte Deutsche und um Polen, die von den Nazibehörden als „eindeutschungsfähig“ angesehen wurden.

Gerade die dritte und vierte Gruppe machen paradoxerweise heute das Gros der deutschen Minderheit in Polen aus. Zwar ist die oberschlesische Perspektive nicht repräsentativ für die Gesamtheit der deutschen Minderheit in Polen. Aber sie prägt rein zahlenmäßig die Problematik.

Bei der oberschlesischen Bevölkerung gab es vor 1945 neben Bevölkerungsteilen mit ausgeprägtem deutschem oder polnischem Nationalbewußtsein eine Landbevölkerung ohne ausgeprägtes nationales Selbstverständnis. Ein großer Teil der deutsch orientierten Oberschlesier, vor allem die Angehörigen der Mittel- und Oberschicht, war nach 1945 vertrieben worden, während die Angehörigen der polnisch geprägten Oberschlesier, ebenso die „schwebenden“ Bevölkerungsteile und sogar ein Teil der als Arbeitskräfte benötigten deutschen Oberschlesier von der Aussiedlung ausgenommen wurden.

Aufgrund der kulturellen Verflechtungen im deutsch-polnischen Grenzland Oberschlesien hatte die einheimische Bevölkerung nach 1945 potentiell deutsche und polnische Optionen, wobei die repressive Politik der von Warschau gesteuerten polnischen Behörden in Oberschlesien gegenüber oberschlesischen Besonderheiten nicht nur das vordem deutsch orientierte schwebende Volkstum abschreckte, sondern auch bis dahin polnisch votierende Autochthone in Distanz zum polnischen Staat brachte. Als Ergebnis ist heute ein überwiegender Teil der einheimischen Bevölkerung im Oppelner Schlesien teilweise entgegen der Familientradition ausdrücklich deutsch orientiert oder betont einen Regionalismus in bewußter Abgrenzung vom übrigen Polen. Es ist ein Paradoxon der Geschichte, daß sich gerade in den Kreisen der Wojewodschaft Oppeln ein hoher Prozentsatz zu der deutschen Minderheit bekennt, die nach der Volkszählung 1910 im Regierungsbezirk Oppeln mehrheitlich als polnischsprachig gegolten hatte.

Dem Minderheitenschutz sind in dem „Vertrag über gute Nachbarschaft und freundschaftliche Zusammenarbeit“ vom 17.6.1991 die Artikel 20 bis 22 gewidmet. Interessenvertretung der deutschen Minderheit sind vornehmlich die Deutschen Sozial-Kulturellen Gesellschaften in 21 Wojewodschaften mit 285 000 Gesamtmitgliedern. Ihre Koordination erfolgt seit Herbst 1990 durch den Verband der Deutschen Sozial-Kulturellen Gesellschaften in Polen. Die drei größten Gesellschaften befinden sich in den bisherigen Wojewodschaften Oppeln und Kattowitz sowie in der bisherigen Wojewodschaft Tschenstochau, der nach der Verwaltungsreform von 1975 oberschlesische Kreise zugeschlagen worden waren. Daneben gibt es noch Organisationen, die Sonderinteressen vertreten, wie z.B. den Verein der Schlesischen Bauern, den Bund der Jugend der deutschen Minderheit, Raiffeisen-Gesellschaft, Verband der Frauen, Stiftung für die Entwicklung Schlesiens. Allein in Nordpolen wurden 46 Vereine der deutschen Minderheit registriert. Die geschätzte Gesamtzahl der Deutschen in Polen wird von den Minderheitsvertretern mit 570 000 angegeben.

Da die deutsche Minderheit sich im Oppelner Schlesien in der glücklichen Lage befindet, daß sie geschlossen siedelt und im östlichen Teil der Wojewodschaft Oppeln und in einigen westlichen Bezirken der ehem. Wojewodschaft Tschenstochau auf dem flachen Land die Bevölkerungsmehrheit darstellt, hat sie die Möglichkeit, die Instrumente der lokalen Selbstverwaltung für eigene Zwecke zu nutzen. Bei den Kommunalwahlen vom 19.6.1994 konnten die Vertreter der deutschen Minderheit ihre Position gegenüber den Kommunalwahlen vom Mai 1990 noch leicht verbessern. 1994 errangen die Kandidaten der Deutschen allein in der Wojewodschaft Oppeln in 36 Gemeinden die absolute Mehrheit der Sitze (1990: 25), hier gewannen sie etwa 35% aller Mandate. Dabei wurde in 22 Gemeinden ein Stimmenanteil von über 80 % erzielt. Bei den Kommunalwahlen 1998 wiederholte sich der Erfolg. Auf der Ebene der Kommunalverwaltung stellt der ehemalige deutsche Senator aus Oppeln, Gerhard Bartodziej, auch ein hohes Maß an Integration von Minderheit und Mehrheit, Pragmatismus der Minderheit und Konfliktlosigkeit fest. Sowohl die Wahlordnung vom 28.6.1991 als auch das Wahlgesetz vom 28.5.1993 sah für die Minderheiten Privilegien vor. Das Wahlgesetz von 1993 befreite die Wahlkomitees der nationalen Minderheiten auf Wunsch von der 5 %-Sperrklausel.

Nach dem großen Erfolg bei den nationalen Wahlen am 27.10.1991, bei denen die deutsche Minderheit sechs Mandate in den Wahlkreisen und ein Mandat von der Landesliste gewonnen hatte, konnte sie das Ergebnis bei den Wahlen am 19.9.1993 nicht wiederholen. Da die Wahlbeteiligung der Deutschen auf durchschnittlich 35% zurückging, während ungefähr 50% der Polen von ihrem Wahlrecht Gebrauch machten, entsandten die Deutschen nur noch vier Angeordnete in den Sejm; nach den Parlamentswahlen 1997 waren es zwei Abgeordnete. Den Senatssitz, den die Minderheit 1991 errang, konnte sie 1993 verteidigen, verlor ihn aber 1997.

Obwohl das Minderheitenschulwesen in dem Nachbarschaftsvertrag nicht abgesichert ist, sind hier große Fortschritte festzustellen. Minderheitenschulwesen ist für die Deutschen in Oberschlesien ein Novum, da es in der Vergangenheit im Oppelner Schlesien ein informelles Verbot der Unterrichtung der deutschen Sprache gab. Nach der Wende standen in diesem Gebiet dann kaum Germanisten zur Verfügung. Die ersten Schulen mit muttersprachlichem Zusatzunterricht der deutschen Sprache konnten erst im Schuljahr 1992/93 eingerichtet werden.

Bestimmte Reibungen im Verhältnis zwischen Polen und Deutschen resultieren nicht nur aus dem unvermeidlichen Spannungsverhältnis zwischen Förderung der nationalen Identität auf der einen und dem Wunsch nach Öffnung auf der anderen Seite. Hinzu kommt, daß die Deutschen in Polen nach Artikel 116, 1 des Grundgesetzes das Anrecht auf die Zuerkennung der deutschen Staatsangehörigkeit haben. Das betrifft wegen der geographischen Verbreitung der Minderheit in erster Linie die Oppelner und Kattowitzer Oberschlesier. Zwischen 1991 und 1994 haben 170 000 Personen aus Polen ihre deutsche Staatsangehörigkeit feststellen lassen. Gegebenenfalls mit einem polnischen und einem deutschen Paß versehen, stellt die Arbeitserlaubnis für sie kein rechtliches Problem dar – ganz im Gegensatz zu den anderen polnischen Staatsbürgern –, sie dürfen an Bundestagswahlen teilnehmen, erhalten zum Teil Sozialhilfe und werden bei Renten- und Krankenversicherungsleistungen berücksichtigt. Die weder von Deutschland noch von Polen anerkannte Doppelstaatsangehörigkeit wird von beiden Seiten stillschweigend geduldet. Denn auch Hunderttausende deutsche Staatsangehörige, aus Polen nach Deutschland eingewandert/übergesiedelt, besitzen weiterhin einen polnischen Paß, der ihnen auf Verlangen verlängert wird. Weder Bonn noch Warschau machen daraus ein Politikum.

Der deutsch-polnische Nachbarschaftsvertrag hat der deutschen Minderheit in Polen, die größtenteils in Oberschlesien siedelt (ebenso den polnischen Gruppen in Deutschland), in dem rein deklarativen Artikel 2 die Funktion einer „natürlichen Brücke“ zwischen Deutschen und Polen zugesprochen. Brücke könnte die deutsche Minderheit dann werden, wenn sie sich selbst zu einer selbstbewußten Gruppe mit einer kulturellen und gesellschaftlichen Elite entwickelt und wenn Polen und Deutsche sie als Bereicherung für das Zusammenleben in einem historischen Raum deutsch-polnischen Zusammenlebens verstehen.

Die Ukrainer

Die Zahl der Ukrainer in Polen wird auf zwischen 160000 und 300000 geschätzt. Die Parlamentswahlergebnisse von September 1993 belegten, daß die Assimilation dieser Gruppe sehr weit fortgeschritten ist und die Zahl der sich bekennenden Minderheitsmitglieder bei etwa 60000 liegt. Die Ukrainer wohnten früher im Südosten des heutigen Polen in geschlossenen Siedlungen. Sie wurden aber infolge der Aussiedlung (Aktion „Weichsel“) im Jahre 1947 zerstreut und leben insbesondere in den ehemals deutschen Gebieten im Norden und Westen. Zur ukrainischen Nationalität bekennt sich auch ein Teil der Lemken, die heute in Südwestpolen ihr Zuhause haben. In dieser Gruppe kommt es noch immer zu harten Diskussionen in bezug auf die Zugehörigkeit zur ukrainischen Nation. Die größte ukrainische Organisation ist der Verein der Ukrainer mit ca. 7000 Mitgliedern (1994). Die Mehrheit der Ukrainer (80%) gehört der ukrainischen katholischen Kirche (griechisch-katholisch) und der polnischen autokephalen orthodoxen Kirche an. Die Kinder lernen Ukrainisch in 47 Grundschulen, drei Gymnasien haben Ukrainisch als Unterrichtssprache. Alle diese Schulen leiden unter großen materiellen Sorgen. Die unfreundliche Einstellung einiger Vertreter der polnischen Behörden gegenüber den Ukrainern kann diese Lage noch zusätzlich erschweren. Bei den Parlamentswahlen seit 1991 hatte die zerstreute ukrainische Minderheit keine Erfolgschance, über eine Minderheitenliste in den Sejm gewählt zu werden.

Eine große Belastung für das Verhältnis zwischen Polen und Ukrainern bildet das historische Erbe. Die Minderheit ist der Ansicht, daß die polnischen Behörden die Umsiedlung der Ukrainer nach dem Zweiten Weltkrieg nicht scharf genug verurteilen. Sie verlangt auch materielle Entschädigung für die Opfer und Sonderrechte für die ehemaligen Häftlinge des Gefangenenlagers Jaworzno (Oberschlesien). Die polnische Seite betrachtet die Forderungen als zu weitgehend und erinnert an die Verbrechen gegen die polnische Bevölkerung von seiten der Ukrainischen Aufstandsarmee. Diese Haltung wird mit ukrainischen Anklagen beantwortet, daß die polnische Seite absichtlich ukrainische Denkmäler schändet oder zerstört.

Es liegt aber im Interesse der polnischen wie der ukrainischen Regierung, die ukrainische Minderheit in Polen ebenso wie die polnische Minderheit in der Ukraine nicht zu Stolpersteinen bei der Entwicklung demonstrativ gutnachbarschaftlicher Beziehungen werden zu lassen. Im Gegenteil geben die guten polnisch-ukrainischen Beziehungen auf der politischen Ebene und das Konzept der guten Nachbarschaft heute die Möglichkeit, eine ruhigere Diskussion über all diese Fragen zu führen. Am 18.5.1992 wurde der „Vertrag zwischen der Republik Polen und der Ukraine über gute Nachbarschaft, freundschaftliche Beziehungen und Zusammenarbeit“ unterzeichnet, dessen Artikel 11 die Rechte der ukrainischen Minderheit in Polen und der polnischen Minderheit in der Ukraine beschreibt.

Die Weißrussen

In Polen wohnen 200–250 000 Weißrussen, die größtenteils der polnischen autokephalen orthodoxen Kirche angehören und in Gebieten in der Nähe von Białystok in Ostpolen geschlossene Siedlungen bewohnen. In Białystok machen sie nur 20 % aus, in zwei anderen größeren Städten, Hajnówka und Bielsk Podlaski, bilden sie fast 50 % der Bevölkerung. In ländlichen Gemeinden stellen sie eine Mehrheit von 80 bis

90 %. Die Sozial-Kulturelle Gesellschaft der Weißrussen besteht seit 1956 und hat rd. 5 200 Mitglieder (1995). Es gibt auch eine weißrussische Partei, die „Weißrussische Demokratische Vereinigung", die sich darum bemüht, die Migration der Weißrussen vom Land aufzuhalten, weil diese eine schnelle Assimilierung in der polnischen Mehrheit in den größeren Städten bedeutet. Diese Aufgabe ist kaum zu erfüllen, wenn sich die wirtschaftliche Lage in den von Weißrussen besiedelten ländlichen Gebieten nicht zum Besseren verändert.

In 48 Grundschulen wird Weißrussisch als zusätzliche Sprache unterrichtet, in zwei Gymnasien als Unterrichtssprache. Bis jetzt sinkt die Zahl der Kinder in weißrussischen Schulen, was auch mit der fehlenden Tradition der weißrussischen Staatlichkeit zusammenhängt. Nach der Gründung eines unabhängigen Belarus (Weißrußland) konnte sich hier einiges ändern. Belarus gibt den Kindern aus den weißrussischen Minderheitenschulen die Möglichkeit, in Minsk zu studieren. Außerdem sind ein Institut der Weißrussischen Kultur an der Universität in Białystok und ein Zentrum der Weißrussischen Kultur in Białystok geplant. Im „Vertrag zwischen der Republik Polen und der Republik Belarus über gute Nachbarschaft und freundschaftliche Zusammenarbeit" vom 23.6.1992 sind minderheitenspezifische Vereinbarungen in den Artikeln 13–17 festgeschrieben, die inhaltlich weitgehend den Bestimmungen im polnisch-ukrainischen bzw. polnisch-deutschen Vertrag entsprechen.

Die Litauer

Etwa 20–25 000 Litauer wohnen in drei Gemeinden in Nordostpolen (Punsk, Sejny, Szypliszki), davon gehören sie in nur einer zur Mehrheit (Punsk 85 %). Kleine Gruppen von Litauern wohnen in großen Städten in ganz Polen. Seit dem Jahre 1957 besteht die Litauische Sozial-Kulturelle Gesellschaft – mit 1560 Mitgliedern (1995) und der eigenen Zeitung „Ausra". Litauisch ist Unterrichtssprache in sechs Schulen, in einem Gymnasium (Punsk) und in einer Berufsschule. Lange Zeit war die Einführung der litauischen Sprache für die Kirche ein großes Problem. Neuerdings werden in Punsk wöchentlich vier Gottesdienste und in Sejny ein Gottesdienst in litauischer Sprache abgehalten.

Vor allem wegen der unterschiedlichen Bewertung der polnisch-litauischen Beziehungen zwischen 1920 und 1939 verzögerte sich die Unterzeichnung des „Vertrages zwischen der Republik Polen und der Republik Litauen über freundschaftliche Beziehungen und gutnachbarschaftliche Zusammenarbeit" bis zum 26.4.1994. Ebenso wie in den anderen polnischen Nachbarschaftsverträgen werden hier in den Artikeln 13–16 die Rechte der nationalen Minderheiten der Polen bzw. Litauer festgeschrieben.

Die Tschechen und Slowaken

Die Mehrheit der Slowaken wohnt in Südpolen, einige in Krakau, Kattowitz und Warschau, die Tschechen in der Nähe von Waldenburg, Lublin und Piotrków. Es sind ungefähr 20–25 000 Personen. Die Slowaken gehören größtenteils der römisch-katholischen Kirche, die Tschechen der evangelisch-reformierten Kirche an.

3. Religionsgemeinschaften

Heute gilt Polen als das mit Abstand katholischste Land Europas, mit dem nur die konfessionelle Situation in der Republik Irland vergleichbar ist. Aber obwohl sich über 95 % der Bevölkerung als Katholiken bezeichnen, ist diese zahlenmäßig exklusive Lage des Katholizismus in Polen erst durch den Zweiten Weltkrieg und seine Folgen geschaffen worden. Nach Verfassung und Recht sind alle Kirchen und Religionsgemeinschaften grundsätzlich gleichgestellt.

Zwar hatte schon in der Republik zwischen den beiden Weltkriegen und in der Adelsrepublik die römisch-katholische Kirche eine privilegierte Stellung inne. Aber nur 2/3 der Bevölkerung Polens waren damals katholisch. Aufgrund der nationalen Zusammensetzung gab es ein Nebeneinander zahlreicher Glaubensgemeinschaften.

Der polnisch-litauische Staat war eine Gemeinschaft verschiedener Nationen, Religionen und Konfessionen. Polen nahm verfolgte Armenier auf; die Reformation begann einen Siegeszug im polnischen Adel, der erst durch eine starke Gegenreformation aufgehalten werden konnte. Juden fanden Zuflucht vor Pogromen in anderen Teilen Europas (Deutschland, Rußland u.a.); Tataren konnten ihre moslemische Tradition pflegen. Insbesondere in der Zeit der Teilungen kristallisierte sich ungeachtet der Religionsvielfalt die gesellschaftlich herausgehobene Position der katholischen Kirche heraus, die als die Konfession der Polen (Pole = Katholik) den Konfessionen der Teilungsmächte Preußen (Protestantismus) und Rußland (Orthodoxie) entgegengestellt wurde. Heute ist die lebendige, aber nie konfliktfreie Vielfalt der Religionen nur noch Erinnerung. Im Bewußtsein der meisten Polen gilt der Katholizismus in den letzten zweihundert Jahren als das Bollwerk gegen äußere und innere Bedrohungen, zuletzt in Gestalt des Kommunismus.

Die römisch-katholische Kirche

Kirche im Sozialismus

Die erste Regierung unter Führung der Kommunisten (PPR) garantierte im „Lubliner Manifest“ vom 22.7.1944 die Gewissensfreiheit und die Achtung der Rechte der Kirche. Aber schon am 12.9.1945 kündigte die Regierung das Konkordat mit dem Heiligen Stuhl von 1925 auf. Damit wurden zwar einige anachronistische Privilegien der katholischen Kirche abgeschafft, andererseits war das Verhältnis Staat/Kirche nunmehr grundsätzlich ungeregelt. Die Staatsorgane beriefen sich freilich später auf die Verfassung von 1952, die von einer vollständigen Trennung zwischen Staat und Kirche ausging, gleichzeitig aber Glaubens- und Gewissensfreiheit garantierte.

In den Jahren 1946/47 begann mit der Verstaatlichung kirchlicher Druckereien und dem Verbot religiöser Bücher, Zeitschriften und Zeitungen in allen öffentlichen Bibliotheken die Beschränkung des kirchlichen Lebens. Die staatliche Kirchenpolitik wurde durch die Zensur, Auflösung der kirchlichen Jugendverbände und des Caritas-Verbandes, die Abschaffung kirchlicher Rundfunksendungen, die Verstaatlichung der Krankenhäuser und die Enteignung des größten Teils des kirchlichen Grundbesitzes verschärft.

Am 14.4.1950 wurde als Kompromiß ein Abkommen zwischen der Regierung und den polnischen Bischöfen abgeschlossen. Darin kamen diese dem Staat in finanziellen und politischen Fragen entgegen. Die Regierung respektierte ihrerseits die dogmatischen, liturgischen und katechetischen Forderungen der Kirche. Dieses erste Abkommen zwischen einem sozialistisch-atheistischen Staat und der katholischen Kirche konnte jedoch nicht den staatlichen Kirchenkampf aufhalten. Es gab Schauprozesse. Der Primas, Stefan Kardinal Wyszyński, wurde am 26.9.1953 verhaftet, amtsenthoben und interniert. Die katholischen Bischöfe sahen sich genötigt, am 17.12.1953 den vom Staat geforderten Treueeid abzulegen und die Kontrolle des staatlichen „Amts für Glaubensfragen" anzuerkennen. Priester- und Ordensseminare wurden aufgelöst; der Druck auf die einzige katholische Universität im kommunistischen Machtbereich in Lublin wuchs; die katholischen Universitätsfakultäten wurden zu Beginn des Wintersemesters 1954/55 aufgelöst; die Erteilung des Religionsunterrichts in den Volksschulen wurde im Januar 1955 verboten. Hinzu kam der Versuch, die Kirche von innen durch „patriotische Priester" und durch die 1945 mit sowjetischer Unterstützung von dem ehemaligen rechtsradikalen Politiker Bolesław Piasecki gegründete PAX-Bewegung zu spalten. Die „Bewegung progressiver Katholiken" suchte den historischen Ausgleich zwischen nationalistischem Katholizismus und stalinistischem Sozialismus.

Mit der Liberalisierung im Herbst 1956 veränderte sich auch die Lage der katholischen Kirche zum Besseren. Am 28.10.1956 kehrte Kardinal Wyszyński aus der Verbannung nach Warschau zurück. Die Vereinbarung zwischen Kirche und Staat vom 7.12.1956 hob das Unterwerfungsdekret von Februar 1953 auf und gab der katholischen Kirche das Recht unbeschränkter Seelsorge sowie des Religionsunterrichts in den Schulen zurück. Die inhaftierten Kleriker wurden freigelassen. Den katholischen Laien wurde ein gewisser innenpolitischer Einfluß, z.B. durch die im Sejm vertretene Abgeordnetengruppe ZNAK und eigene Publikationen, zugestanden.

Das Verhältnis zwischen Staat und Kirche verschärfte sich mit der Stabilisierung der Herrschaft der PZPR wieder, der Religionsunterricht in den Schulen wurde wieder abgeschafft (1961). Zu einer großen Herausforderung für die atheistische Staatsideologie entwickelte sich das von Primas Wyszyński durchgeführte Seelsorgeprogramm zur Vorbereitung des Milleniums der „Taufe Polens“ (1966). Da die offizielle Staatsgründung und die Christianisierung Polens im Jahre 966 zusammenfielen, war die von der PZPR gewünschte Trennung der beiden Ereignisse kaum realisierbar. Es entstand eine Konkurrenz zwischen der Partei und der katholischen Kirche darum, wer die Tausendjahrfeier mit dem Recht der historischen Legitimation ausrichtete. Im Jahr 1965 begannen die polnischen Massenmedien mit allen propagandistischen Mitteln mit dem Versuch, den polnischen Episkopat als national unzuverlässig, ja als Verräter an der polnischen Staatsräson zu diskreditieren. Das war angesichts des Einsatzes der katholischen Kirche für die gesellschaftliche und kirchenrechtliche Integration der ehemaligen deutschen Ostprovinzen ein widersinniger Vorwurf. Äußerer Anlaß für die Angriffe der Behörden war der Versöhnungsbrief der polnischen Bischöfe an die deutschen Amtsbrüder im November 1965. Darin hatten sie auf dem II. Vatikanischen Konzil u.a. den berühmten Ausspruch „Wir vergeben und bitten um Vergebung“ getan. Papst Paul VI. wurde ein Polenbesuch anläßlich der Milleniumsfeierlichkeiten versagt, danach blieben die Beziehungen zwischen Kirche und Staat gespannt.

Erst nach den Dezemberunruhen von 1970 suchte die neue Parteiführung unter Gierek die Unterstützung der katholischen Kirche bei ihrem Bemühen, die innen- und wirtschaftspolitischen Schwierigkeiten zu überwinden. Im Juli 1971 wurde der vom Staat beschlagnahmte ehemalige deutsche Kirchenbesitz von der katholischen Kirche übernommen. Unmittelbar nach der Ratifizierung des deutsch-polnischen Normalisierungsvertrags von 1970 wurden vom Vatikan am 28.6.1972 in den ehemaligen deutschen Ostgebieten selbständige polnische (Erz-)Bistümer errichtet.

Trotz dieser Regelungen kam es jedoch zu keiner „Normalisierung“ der Beziehungen zwischen Staat und katholischer Kirche. Der Kirchenbau, die geplante Einführung der Ganztagsschule, die unterschiedlichen Auffassungen über Geburtenkontrolle und Schwangerschaftsabbruch waren nur einige kontroverse Themen zwischen beiden Seiten. Im Gegensatz zu der seit der Gründung der Volksrepublik periodisch geschwächten und permanent um die Anerkennung der Nation ringenden PZPR konnte die katholische Kirche auf ihre unbestrittene Autorität in der Bevölkerung verweisen. Hier wurde sie als Verteidigerin der nationalen Tradition und des Selbstbehauptungswillens der Nation betrachtet. Sie widersetzte sich bestimmten Passagen im Entwurf für die veränderte Verfassung, so daß in der schließlich am 10.2.1976 ohne Gegenstimmen angenommenen Version (bei Enthaltung des ZNAK-Abgeordneten Stomma) Korrekturen von seiten der Kirche Rechnung getragen wurde. Im Sommer 1976 setzte sie sich für die Menschen- und Bürgerrechte ein, als nach den Unruhen vom Juni Arbeiter verhaftet, entlassen und diskriminiert wurden. Gleichzeitig wirkte die Kirche mäßigend auf die Arbeiterschaft ein – in Anknüpfung an ihre Haltung in den Jahren 1956 und 1970. Was die Partei unter allen Umständen verhindern wollte, war das direkte Zusammengehen von Kirche und Opposition. So unterstützte der Episkopat zwar das Verlangen des KOR nach Beendigung der staatlichen Repression gegen die streikenden Arbeiter nach dem Juli 1976, identifizierte sich aber nicht mit dessen politischen Vorstellungen.

Vor diesem Hintergrund suchten Partei und Staat den mehrmals angekündigten und nie konsequent durchgeführten Dialog mit der Hierarchie der katholischen Kirche zu verstärken. Im September 1976 rief Parteichef Gierek die Kirche zum „Zusammenwirken" auf. Am 29.10.1977 kam es zum ersten Treffen zwischen Kardinal Wyszyński und dem Ersten Parteisekretär, in dessen Verlauf der Primas Partei und Staat dort Hilfe in Aussicht stellte, wo es um das Wohl des polnischen Volkes und die Zukunft des Landes ginge.

Angesichts der für Partei und Staat aussichtslosen Situation in allen Bereichen des öffentlichen Lebens suchten die Behörden die Kirche zu einer pazifizierenden Haltung zu veranlassen. Sie wußten, daß die Kirche im Konfliktfall nicht zögern würde, sich für die Rechte der Bevölkerung einzusetzen.

Noch konfuser wurde die Situation für Partei und Staat nach dem 16.10.1978 mit der neu erwachsenen moralischen Autorität des von einem Polen geführten päpstlichen Amtes. Die Wahl Karol Wojtyłas zum Papst führte zu einer Explosion des nationalen und staatsbürgerlichen Selbstbewußtseins. Die Gleichung „Papież = Polak" (Papst = Pole) hatte eine faszinierende Ausstrahlung auch auf Schichten, die bisher der

Kirche distanziert gegenüberstanden. Der polnische Papst war für Polen mehr noch als ein religiöses ein nationales Ereignis.

Auf einer triumphalen Polenreise im Juni 1979 setzte der Papst auch neue Zeichen für die innere Entwicklung Polens. Er betonte den humanistischen Gehalt der christlich-katholischen Lehre. So wurde sie – da die Partei sich auch auf humanistische Werte berief – innenpolitisch noch weniger angreifbar. In den päpstlichen Botschaften kam ein Messianismus hinzu, der ganz Europa trotz Blockstrukturen zu vereinen strebte. Mit seinen Botschaften traf der Papst das Selbstbewußtsein der Polen, denen er einen neuen Selbstbehauptungswillen und neuen Mut einflößte, ohne die die Entstehung der Solidarność nicht zu verstehen wäre.

Papstwahl und Papstbesuch waren ein Markstein für die Beschleunigung auf dem Wege der Erosion der innenpolitischen Machtgrundlagen der PZPR, die den Kampf um die „Seele" der Polen verloren hatte. Die Zerstörung oder die Handlungsunfähigkeit der PZPR war jedoch für die katholische Kirche unter den gegebenen internationalen Bedingungen keine Alternative. Diese komplizierte Situation machte sie während der Auguststreiks 1980 und danach zu einem für die Partei kalkulierbaren Faktor.

In den Vereinbarungen vom 31.8.1980 konnten u.a. zwei Forderungen festgeschrieben werden, die der Kirche ganz besonders am Herzen lagen: der Zugang zu den staatlichen Massenmedien und die Beschränkung der Zensur. Seit dem September 1980 wurde allsonntäglich im Radio ein katholischer Gottesdienst übertragen. Das neue Zensurgesetz trat am 1.10.1981 in Kraft.

Wenn die Machtproben zwischen der neuen unabhängigen Gewerkschaft Solidarność und der Regierung im Winter und Frühjahr 1981 in einem Patt steckenzubleiben drohten oder einer der beiden Kontrahenten seine Machtmittel einzusetzen beabsichtigte, griff die katholische Kirche als von beiden Seiten angerufene dritte Kraft in dem neuen Machtdreieck Partei/Staat-Solidarność-Kirche vermittelnd ein.

Auch nach der Verhängung des Kriegsrechts war auf beiden Seiten die Bereitschaft deutlich, die Linie der Mäßigung fortzusetzen. Dabei hörte die Kirche nicht auf, klare Forderungen zu stellen. Die Bischofskonferenz verlangte im Frühjahr 1982 die Aufhebung des Kriegszustandes, eine Amnestie für die Internierten – und nach dem Muster des Gesellschaftsvertrages vom August 1980 – eine neue Übereinkunft, an der auch die zunächst nur suspendierte Gewerkschaft Solidarność zu beteiligen sei.

Von dem zweiten Besuch des Papstes in Polen im Juni 1983 erwartete die Regierung eine innenpolitische Beruhigung und außenpolitisch die Überwindung der Isolierung vom Westen, die Kirche erhoffte sich eine moralische Erneuerung der Nation.

Der Papst verweigerte dem Regime die moralische Legitimierung, mahnte aber zum Verzicht auf Haß und Widerstand. Vier Wochen nach dem Papstbesuch wurde das Kriegsrecht aufgehoben und durch Sondergesetze ersetzt. Neue Spannungen entstanden durch politisch-ideologische und wirtschaftliche Stabilisierungsversuche der PZPR im Herbst 1983. Die Behörden propagierten die Entfernung von religiösen Symbolen aus Schulen, Fabriken und Krankenhäusern, die dort in der Zeit der Solidarność wieder angebracht worden waren. Die polnischen Bischöfe verwahrten sich gegen die Interpretation des im „Kreuze-Krieg" von der Regierung verfochtenen Prinzips der Trennung von Kirche und Staat.

Nach dem Mord an dem oppositionellen Priester Popiełuszko nahm die Konfrontation zwischen Staat und Kirche wieder zu. Im ersten Halbjahr 1985 lieferten einige Artikel in der Partei- und Regierungspresse, die das Prinzip der Trennung von Staat und Kirche traditionell zugunsten des Monopolanspruchs des von der Partei gelenkten Staates über die Gesellschaft auslegten, die theoretische Begründung für eine Verschärfung des kirchenpolitischen Kurses. Es wurden die Rückkehr zur Kirchenpolitik Gomułkas mit dem Postulat der Selbstbeschränkung der Kirche auf ihre rein religiösen Aufgaben und der konkrete ideologische Kampf gegen den „militanten Klerikalismus" politisch tätiger Priester gefordert. Die Bischofskonferenz verteidigte im Juni unter Berufung auf das II. Vatikanische Konzil das Recht des Klerus, moralische Meinungen zu politischen Fragen zu äußern.

Nachdem im Vorfeld des zwischen Staat und Kirche verabredeten dritten Polenbesuches des Papstes General Jaruzelski am 13.1.1987 von Johannes Paul II. in feierlicher Privataudienz empfangen worden war, sprach das Kommuniqué der 220. Bischofskonferenz Anfang Mai 1987 die feste Überzeugung aus, daß es zu einer geregelten Entwicklung der Beziehungen zwischen Staat und Kirche käme, wodurch die Verwirklichung der Bürgerrechte in Polen ernsthaft gefördert und der Kirche ein neues Tätigkeitsfeld zum Wohl der Gesellschaft eröffnet würde.

Angesichts der im Lande weitverbreiteten Meinung, daß sich die Krise nicht mehr ohne die Beteiligung einer „authentischen" gesellschaftlichen Kraft lösen lasse, ergriffen bald nach dem Papstbesuch am 11.7.1987 Partei- und Regierungsvertreter – unter ihnen Politbüromitglied Czyrek – die Initiative zu einem ungewöhnlichen Zusammentreffen mit Mitgliedern der Klubs der katholischen Intelligenz, bei dem die Katholiken abermals forderten, daß die Behörden den Dialog mit allen gesellschaftlichen Kräften aufnehmen sollten.

Im September 1987 begann die neu eingerichtete Gemischte Kommission der Bischofskonferenz und des Hl. Stuhls mit Beratungen über die Voraussetzungen zur Aufnahme diplomatischer Beziehungen zwischen Polen und dem Hl. Stuhl. Gleichzeitig nahm die Gemeinsame Kommission des Episkopats und der Regierung die Verhandlungen über eine Regelung der Beziehungen zwischen Staat und Kirche wieder auf.

Zugleich vergrößerte sich der Handlungsspielraum von Partei und Regierung durch die Politik der „Perestrojka" in der Sowjetunion. Daher konnte die Bischofskonferenz Anfang Mai 1988 so deutlich wie lange nicht die Jaruzelski-Führung davor warnen, weiter untätig zu bleiben. Die Bischöfe empfahlen am 25.8.1988 die Suche nach Wegen, die zum Gewerkschaftspluralismus führen sollten.

Am 20.8.1988 ergriff KIK-Vorsitzender Stelmachowski die Initiative zu einem Gespräch mit Politbüromitglied Czyrek und verlangte – den Gedanken eines „Runden Tisches" aufgreifend, den Jaruzelski auf dem 7. Plenum der PZPR im Juni geäußert hatte –, daß die Staatsmacht endlich auch mit Wałęsa spreche.

Bei dem ersten Gespräch mit Kiszczak waren als Vertreter der Kirche Bischof Jerzy Dąbrowski und der Generalsekretär des PRON, Stanisław Ciosek, zugegen. Auch an dem zweiten und dritten Gespräch

Wałęsas und seiner Beratergruppe mit dem Innenminister am 15. und 16.9.1988 nahmen zwei Geistliche als Vertreter des Episkopats mit Beobachterstatus teil.

Durch Vermittlung des Sekretärs der Bischofskonferenz, Erzbischof Bronisław Dąbrowski, kamen zwei weitere Gespräche Wałęsas mit Kiszczak am 18. und 19.11.1988 zustande, die aber ergebnislos blieben, weil der Innenminister keine Vollmachten hatte, über die Wiederzulassung der Solidarność zu verhandeln.

Vom 6.2. bis 5.4.1989 verhandelten Regierung und Opposition in Ausschüssen, Unterausschüssen und Arbeitsgruppen des „Runden Tisches". Die katholische Kirche war daran nicht beteiligt, lediglich an der Eröffnungs- und Schlußsitzung nahmen zwei Beobachter des Episkopats teil.

Über ihre Angelegenheiten verhandelte die Kirche mit der Regierung im Rahmen der Gemeinsamen Kommission. Der von einem Redaktionskollegium ausgearbeitete Entwurf eines Gesetzes über das Verhältnis des Staates zur katholischen Kirche war bereits am 23.1.1989 fertiggestellt. Er wurde einen Tag vor dem Ende der Gespräche am „Runden Tisch", am 4.4., paraphiert und am 17.5. im Sejm verabschiedet. Am 17.7. folgte die Wiederaufnahme der diplomatischen Beziehungen zwischen dem Apostolischen Stuhl und der Volksrepublik Polen. Papst Johannes Paul II. ernannte am 26.8. den in der Diözese Tarnów geborenen, seit 1979 an der Kurie in Rom tätigen Józef Kowalczyk zum Nuntius in Polen.

Die erstmals in einem kommunistischen Staat anerkannte Religionsfreiheit bedeutete eine historische Wende. Durch das Gesetz vom 17.5.1989 erreichte die Kirche in Polen ein Höchstmaß an Rechtssicherheit und an Wirkungsmöglichkeit.

Kirche in der Demokratie

Seit der demokratischen Wende 1989 kämpft die katholische Kirche um ihren Platz in der polnischen Demokratie. Sie macht ihren politischen Einfluß in der Tagespolitik weiterhin geltend. Eine deutliche Mehrheit der Bevölkerung spricht sich jedoch gegen die Einflußnahme der katholischen Kirche in Politik und öffentlichem Leben aus und richtet sich oftmals nicht nach kirchlichen Empfehlungen.

Die katholische Kirche drängt unverändert auf die Verankerung ihrer Normen und Wertvorstellungen in Staat, Verfassung und Gesetzgebung. Die Auseinandersetzungen drehten sich seit 1990 insbesondere um Religionsunterricht, Geburtenregelung, christliche Werte in den Massenmedien, Konkordat und Verfassung, aber auch um steuerliche Privilegien und Eigentumsrückerstattungen.

Im Wahlkampf 1989 hatte sich die Kirche mit der damaligen Opposition solidarisiert. Die Solidarność-Kandidaten wurden gegen andere unabhängige Kandidaten noch weitgehend ungeachtet ihrer weltanschaulichen Herkunft und Kirchennähe bzw. -ferne unterstützt. Aber schon damals waren die Vorbehalte gegen Kandidaten, die nicht als konservativ-kirchenhörig galten, unüberhörbar.

Anläßlich der Präsidentschaftswahlen 1990 griffen die katholischen Bischöfe zwischen dem ersten und zweiten Wahlgang zum ersten Mal mit einer offiziellen Stellungnahme in den Wahlkampf ein. Angesichts eines nicht auszuschließenden Wahlsiegs von Stanisław Tymiński gaben sie eine Wahlempfehlung zugunsten Lech Wałęsas. Schon vorher hatte der Klerus in der Konfrontation zwischen Wałęsa und Mazowiecki mehrheitlich zugunsten Wałęsas Stellung bezogen. Er galt als der „echte" Pole. Mazowiecki war zwar auch gläubiger Katholik, aber Repräsentant eines „offenen" Katholizismus.

Vor den Parlamentswahlen 1991 enthielt sich die katholische Amtskirche anfangs einer offiziellen Stellungnahme zu den Parteien und rekurrierte auf die freie Gewissensentscheidung jedes Christen, bis sie kurz vor den Wahlen den Gläubigen fünf Parteien und Listenverbindungen zur Wahl empfahl. Damit forderte sie die Priester zu einem Verstoß gegen ihren früher veröffentlichten „Standpunkt" zur parteipolitischen Abstinenz auf. Wenn man die Stimmenanteile der fünf Parteien oder Listen zusammenzählt, die von der Amtskirche als wählbar bezeichnet wurden, kommt man auf gerade 25 %. Die Amtskirche hatte sich einem Autoritätstest unterzogen, den sie nicht bestand.

Bei den Parlamentswahlen 1993 und 1997 zog die katholische Kirche aus den Fehlern in den vorhergehenden Wahlkämpfen (Präsidentenwahlen 1990, Parlamentswahlen 1991) und in innenpolitischen Streitfragen (Wertediskussion in Verbindung mit „katholischen Parteien") die Konsequenzen und hielt sich demonstrativ zurück. Autorisierte Wahlempfehlungen gab es diesmal nicht. Da die katholische Kirche keiner politischen Partei öffentlich ihre Sympathie bekundet hatte, mußte sie sich nach dem Wahlsieg der postkommunistischen Parteien 1993 auch nicht unmittelbar als Mitverliererin fühlen.

Die Haltung der Amtskirche vor den Präsidentschaftswahlen 1995 wurde stark von der ablehnenden Haltung der SLD zur Ratifizierung des Konkordats und zur Stellung der Kirche im Verfassungsentwurf beeinflußt. Aus den Hirtenbriefen vom August und September 1995 konnte die eindeutige Ablehnung des SLD-Kandidaten Kwaśniewski herausgelesen werden, ohne daß die Bischöfe offiziell einen der traditionell katholischen Kandidaten (Wałęsa, Gronkiewicz-Waltz, Olszewski) empfahlen.

Der Papstbesuch im Juni 1997 blieb ungeachtet der bevorstehenden Parlamentswahlen weitgehend frei von parteipolitischer Instrumentalisierung.

Kirche, Werte und Gesetze

Im Mai 1990 forderten die katholischen Bischöfe die Wiedereinführung des Religionsunterrichts an den Schulen, die auf Druck des Episkopats im August 1990 per Dekret zum 1.9.1990 verfügt wurde. Premier Mazowiecki wollte einen offenen Konflikt mit den Bischöfen vermeiden, um seine Wahlchancen gegen Wałęsa in den Präsidentenwahlen zu wahren.

Die ersten Vorstöße der katholischen Kirche zu einer Reform bzw. völligen Umformulierung der Abtreibungsgesetzgebung liegen weiter zurück als die öffentliche Auseinandersetzung um den Religionsunterricht. Nach erbitterten Diskussionen verabschiedete der Sejm am 7.1.1993 ein „Gesetz über Familienplanung, den Schutz der menschlichen Leibesfrucht und die Zulässigkeit des Schwangerschaftsabbruchs", das weder den Wünschen der „Fundamentalisten" noch den Vorstellungen der „Liberalen" entsprach, wenn es auch ersteren weit entgegenkam. Mit der Ablehnung eines Referendums in der Sache und mit der Abtreibungsregelung selbst stand die Parlamentsmehrheit im Widerspruch zu einer breiten Mehrheit der Bevölkerung.

Ein neues Konkordat war noch von der Regierung Suchocka und dem Heiligen Stuhl unterschrieben worden, konnte aber wegen der Auflösung des Sejm vor den Wahlen 1993 nicht mehr ratifiziert werden. Dies geschah unmittelbar nach dem Antritt der Regierung Buzek im Januar 1998. Vor allem der SLD gingen bestimmte rechtliche Privilegien für die katholische Kirche zu weit. Formal wurde in der Diskussion darauf verwiesen, daß wegen der grundsätzlichen Regelung des Staat-Kirche-Verhältnisses die neue, noch nicht verabschiedete Verfassung nicht präjudiziert werden dürfe. Wegen der symbolischen Bedeutung wurde die Konkordatsfrage in den Präsidentschaftswahlkampf 1995 hineingezogen und sowohl von antiklerikalen Strömungen in der SLD als auch von der katholischen Kirche unter taktischen Polarisierungsgesichtspunkten behandelt. Parallel zu der Debatte über die Ratifikation des Konkordats verlief in Polen die Diskussion des Verhältnisses zwischen katholischer Kirche und demokratischem Staat im Zusammenhang mit der Vorbereitung der neuen demokratischen Verfassung. In beiden Fällen ging es um die Durchsetzung christlicher Werte in der staatlichen Gesetzgebung bzw. des liberalen Paradigmas von der „Trennung zwischen Staat und Kirche".

Die andauernde Säkularisierungsdebatte wird in Polen noch dadurch verschärft, daß die Dechristianisierungsprozesse und die liberaldemokratische Trennung von Kirche und Staat, Vorgänge, die in den west- und südeuropäischen Staaten über viele Jahrzehnte in demokratischen oder liberalen Systemen verliefen, die Kirche in Polen nach der raschen Demokratisierung schockartig in eine neue Situation versetzten. Der Konflikt um das liberale Paradigma von der Trennung zwischen Kirche und Staat wird hier von der Erfahrung mit deren marxistisch-leninistischer Variante überlagert. Eine Verzerrung der Diskussion bei den Hauptbeteiligten, den Atheisten und Laizisten einerseits und der Institution Kirche andererseits, scheint unausweichlich in einem Land, in dem die Kirche mehr als in allen west- und osteuropäischen Nachbarländern über Jahrzehnte gesellschaftlich unangefochten blieb, ja von Jahr zu Jahr mehr Bekenner um sich scharte und von der Staatsmacht – hier der kommunistischen – als national-patriotische Institution widerwillig respektiert und zuletzt hofiert worden war.

Die römisch-katholische Kirche ist nach der Reorganisation der polnischen Kirchenprovinz im Jahre 1992 in 14 Erzdiözesen und 25 Diözesen organisiert. Die Polnische Bischofskonferenz umfaßt 111 Bischöfe (1995; Deutschland: 102). Über 25000 Geistliche (D.: 21600) betreuen 35 Mio. Gläubige in über 9700 Pfarreien.

Die Unierten (Griechisch-katholische Kirche)

Nach der erzwungenen Auflösung der Union von 1596 auf der im März 1946 in Lemberg tagenden Synode der Ruthenischen Kirche und deren Anschluß an die Orthodoxe Moskauer Patriarchatskirche blieb auch der im polnischen Restgebiet gelegene griechisch-katholische Bischofssitz der Diözese Przemyśl verwaist. Ein großer Teil der Ukrainer griechisch-katholischen Bekenntnisses wurde 1947 vor allem in den ehemaligen deutschen Ostgebieten angesiedelt. Die Lage der Unierten wurde noch dadurch erschwert, daß die römisch-katholische Kirche zwar nicht offiziell, aber faktisch eine Katholisierung und Polonisierung der Unierten anstrebte. Papst Pius XII. bestellte 1949 Primas Wyszyński zum päpstlichen Legaten für die Gläubigen des griechisch-katholischen Ritus in Polen. Dieser setzte 1956 16 griechisch-katholische Priester für die Seelsorge der Gläubigen ein und ernannte einen Generalvikar. Zwei weitere Generalvikare wurden von Primas Glemp 1981 mit Sitz in Warschau und Liegnitz berufen. Erst 1989 erfolgte die Einsetzung eines Weihbischofs für die Unierten in Polen. Es dauerte zwei weitere Jahre, bis 1991 Iwan Martyniak als Diözesanbischof für die griechisch-katholische Kirche berufen und der seit 1946 vakante unierte Bischofssitz in Przemyśl wieder besetzt wurde. Die Auseinandersetzungen an der Basis zwischen römischen und griechischen Katholiken gehen jedoch insbesondere in Przemyśl weiter.

Die Zahl der unierten Gläubigen wird mit 110380 (1993) angegeben, die von 72 Geistlichen in 63 Pfarreien und 101 kirchlichen Gebäuden betreut werden. Im Zuge der Neustrukturierung der römisch-katholischen Kirche Anfang 1992 wurde das unierte Bistum Przemyśl dem römisch-katholischen Primas in Warschau unterstellt, was wiederum zahlreiche Proteste der Unierten hervorrief. Der Heilige Stuhl erklärte dazu, es handele sich um eine vorübergehende Maßnahme, die der Schaffung einer eigenen Kirchenprovinz für die Unierten vorausgehe.

Die Orthodoxen

Die autokephale orthodoxe Kirche ist nach der römisch-katholischen Kirche die zweitstärkste Glaubensgemeinschaft in Polen, obwohl sich durch die Westverschiebung des Staates und den Verlust der orthodoxen Bevölkerung weißrussischer und ukrainischer Nationalität die Anzahl der Gläubigen dieser Konfession stark verringert hat. Die Zahl der Gläubigen liegt nach Angaben des Statistischen Jahrbuchs (1997) bei 544 860. Sie verteilen sich, bedingt durch die Umsiedlung aus den verlorenen Ostgebieten Polens nach 1945, auf das ganze Land. Neben den nordöstlichen Wojewodschaften befinden sich größere orthodoxe Gemeinden in Stettin, Danzig, Elbing, Allenstein und Kattowitz. Der Sitz des Metropoliten der orthodoxen Kirche ist Warschau. Die polnische Kirchenprovinz ist in 6 Eparchien (Diözesen) eingeteilt. Die Gläubigen werden von ca. 273 Geistlichen in 307 Pfarreien seelsorglich betreut. 325 eigene Gebäude (Kirchen, Kapellen, Gebetshäuser) stehen der Kirche zur Verfügung. Erst mit dem Gesetz vom 4.7.1991 über die Beziehungen des Staates zur orthodoxen Kirche erhielt diese Kirche den Status einer rechtlichen Person, vergleichbar mit der römisch-katholischen Kirche.

Die evangelisch-augsburgische Kirche

Die Gedanken der Reformation erreichten Polen sehr früh. Das erste Bistum wurde 1565 in Großpolen gegründet. Im 16. Jh. trat die schlesische Bevölkerung in der Region von Teschen (Cieszyn) zum Protestantismus über. Bis heute leben in diesem Gebiet die meisten polnischen Protestanten. Von großer politischer Bedeutung war die Annahme der Lehre von Luther und Calvin durch den Adel. In kurzer Zeit erreichten die Evangelischen die Mehrheit der Abgeordneten im Sejm. Im Jahre

1573 verkündete die „Warschauer Konföderation“ eine Gleichberechtigung der Konfessionen. Die blieb zwar bis zum Ende der Adelsrepublik gültig, aber die mit der Gegenreformation einsetzenden Bedrückungen machten den sich ankündigenden Siegeszug der Reformation rückgängig. Den Protestanten wurde verboten, eigene Gotteshäuser zu errichten. Erst der letzte König Stanisław August Poniatowski erlaubte in der zweiten Hälfte des 18. Jhs. den Protestanten den Bau der Trinitatis-Kirche in Warschau.

In den letzten zwei Jahrhunderten erschwerte die Gleichsetzung des Protestantismus mit der deutschen Nationalität das Leben der Evangelischen in Polen. Zwar hatten die polnischen Protestanten oftmals deutsche Vorfahren, doch wollten sie das Polentum nicht aufgeben, betrieben unter Bischof Bursche (1862–1942) sogar eine strikte und umstrittene Polonisierung und wurden deshalb insbesondere auch von den Nazis verfolgt. Bischof Bursche und fast 20 % der protestantischen Pfarrer wurden von ihnen ermordet. Nach dem Zweiten Weltkrieg wurden deutsche protestantische Gemeinden in den West- und Nordgebieten (v.a. in Breslau und Stettin), die offiziell nicht der evangelisch-augsburgischen Kirche in Polen angehörten, von dieser geschnitten, und ihre Seelsorge wurde restriktiv gehandhabt. Die schwierige Situation der polnischen Protestanten als Angehöriger einer „nicht-polnischen Konfession“ und als Minderheitskirche gegenüber der hegemonialen und der Ökumene abgeneigten römisch-katholischen Kirche machte die evangelisch-augsburgische Kirche in der Zeit des Kommunismus anfällig für Avancen des Staates, der sich als Garant der Rechte der Protestanten aufspielte. Diese fühlten sich eingekeilt „zwischen rotem Bruder und schwarzer Schwester“ (Friedhelm Borggrefe).

Das Verhältnis zwischen dem Staat und der evangelisch-augsburgischen Kirche regelt ein am 13.5.1994 nach fünfjährigen Verhandlungen verabschiedetes Gesetz. Aufgrund dieses Gesetzes kann die Kirche jetzt ihr Eigentum wieder zurückerhalten.

Die evangelisch-augsburgische Kirche zählt 87 291 Mitglieder (1996) und gliedert sich in sechs Diözesen. Den 276 Gemeinden dienen 120 Geistliche als Seelsorger. Ihnen stehen 277 Gotteshäuser zur Verfügung.

Andere christliche Kirchen und Glaubensgemeinschaften

An fünfter Stelle der Konfessionsstatistik folgt nach Katholiken, Orthodoxen, Unierten und der evangelisch-augsburgischen Kirche die polnisch-katholische Kirche mit 23 969 Mitgliedern, von denen ein Fünftel in der Region Kattowitz lebt. In drei Diözesen wirken 99 Priester in 86 Pfarreien. Die altkatholische Kirche der Mariaviten, zu der sich 25 904 Gläubige bekennen, gliedert sich in drei Diözesen mit 36 Pfarreien, die von 32 Priestern betreut werden.

Eine weitaus geringere Zahl von Gläubigen bekennt sich zu den übrigen christlichen Glaubensgemeinschaften. Die evangelisch-reformierte Kirche (Calvinisten) hat 3 980 Mitglieder. Sie werden in 10 Pfarreien von 8 Geistlichen und über 30 Laienangestellten betreut. Die evangelisch-methodistische Kirche gliedert sich in drei Kreise, in denen 32 Geistliche und 40 Laien unter 4 349 Gläubigen in 48 Pfarreien wirken. Die Kirche der Christen-Baptisten hat 5 894 Mitglieder. 64 Geistliche betreuen sie in 109 Seelsorgestellen.

Die genannten nicht-römisch- und griechisch-katholischen Kirchen sind im Polnischen Ökumenischen Rat (PRE) vereinigt, der sich 1946 organisierte und 1957 nach siebenjähriger Unterbrechung seine Tätigkeit wiederaufnahm. Die Zusammenarbeit mit der römisch-katholischen Kirche begann Anfang 1974 mit der Einberufung der Gemischten Kommission des PRE und der Ökumene-Kommission der katholischen Bischofskonferenz. Die relativ geringe Bereitschaft der katholischen Kirche zu einem wirklich intensiven Dialog und zu Anerkennung der Rolle der nichtkatholischen christlichen Konfessionen in Polen ist durch die Randexistenz der meisten christlichen Kirchen angesichts des erdrückenden Übergewichts der Katholiken in Gesellschaft und Staat bedingt. Um so wichtiger war es, daß der aus Polen stammende Papst Johannes Paul II. 1995 während seines Polenbesuchs die evangelische Kirche in Skoczów besuchte und im Oktober 1995 der 350. Jahrestag des Colloquium Charitativum von Thorn (Toruń) mit einem interkonfessionellen Gespräch gefeiert wurde. Das Colloquium war 1645 von König Władysław IV. einberufen worden, um zur Versöhnung der im Königreich vertretenen Bekenntnisse beizutragen.

Die Juden

Im 12. und 13. Jahrhundert siedelten sich die ersten Juden in Polen an. Fürst Bolesław Pobożny (der Fromme, reg. 1239–1279) verlieh den in seinem Fürstentum Großpolen lebenden Juden Sonderprivilegien („Statut von Kalisz"). König Kazimierz III. (1333–1370) bestätigte sie und erweiterte ihre Geltungskraft auf das gesamte Staatsgebiet. Obwohl sich vor allem das städtische Bürgertum und der Klerus immer wieder aus wirtschaftlichen Konkurrenzgründen und aus religiösen Gründen gegen die Juden wandten, ging Polen im europäischen Vergleich gesehen mit den Juden relativ tolerant um. Das 16. Jh. brachte den polnischen Juden eine Blütezeit, ermöglicht vor allem durch die liberale Politik der Könige Zygmunt I (1506–1548) und Zygmunt II. August (1548–1572). Am Anfang des 16. Jhs. lebten ca. 150000 Juden in Polen; sie stellten damit 5–10% der Bevölkerung Polen-Litauens. 1582 trat erstmals eine jüdische „Vier-Länder-Synode" (Großpolen, Kleinpolen, Rotreußen, Wolhynien) zusammen. Litauen erhielt einen eigenen jüdischen Landtag.

Die Kosakenunruhen des Jahres 1648 und die darauffolgenden Kriegswirren markierten einen Einschnitt in der Geschichte der polnischen Juden. Die ursächlich gegen die polnisch-katholische Herrschaft gerichteten Aufstände entluden sich gegen die Juden, denen der Adel in den ukrainischen Gebieten Polens weite Teile von Handel und Verwaltung übertragen hatte und die deshalb als Unterdrücker der Bauern gesehen wurden. Bei dem Aufstand des Kosakenführers Bogdan Chmelnizki kamen über 100000 Juden auf grausame Weise ums Leben. Nach den Teilungen Polens kamen auch die rund 800000 polnischen Juden unter russische, habsburgische oder preußische Herrschaft. Die rund 52000 polnischen Juden im preußischen Staat und die im Habsburgerreich wurden 1812/1848 bzw. 1867 rechtlich gleichgestellt, während für die etwa 500000 Glaubensgenossen im Zarenreich eine Zeit von Unterdrückung und Verfolgung begann. Im russisch besetzten Kongreßpolen war die Judenpolitik etwas weniger restriktiv. Der militante Antisemitismus im Russischen Reich förderte die Hinwendung eines Teils der Juden zum Zionismus (politische Bewegung zur Schaffung einer jüdischen Heimstatt) und zum Sozialismus.

Nach der Wiedergeburt des polnischen Staates konnte sich das Judentum politisch relativ frei entfalten. Es hatte eigene politische Parteien, und Abgeordnete dieser Parteien (sozialistische, nationale, zionistische) waren in fast allen Parlamentsperioden im Sejm vertreten. Die Wirtschaftskrise seit Ende der 20er Jahre verschärfte den Antisemitismus, häufig geschürt von Dmowskis Nationaldemokraten. 1937 wurden „Getto-Bänke" für jüdische Studenten und unmittelbar danach der „Numerus clausus" eingeführt. Die Zeit der Zweiten Republik (1918-1939) hatte trotz der zunehmend antisemitischen Stimmung im Land dem polnischen Judentum eine letzte Duldungsphase vor der kommenden Vernichtung gebracht.

Die Tragödie der Juden in Europa unter der Herrschaft des Nationalsozialismus, das schwärzeste Kapitel in der deutschen Geschichte, spielte sich vorwiegend auf polnischem Boden ab, wo die Nazis seit 1941 ihre Vernichtungsmaschinerie aufgebaut hatten. Von den insgesamt 3,3 Mio. Juden, die 1939 auf polnischem Boden lebten, überlebten nur 10 % den Holocaust.

Unmittelbar nach dem Zweiten Weltkrieg gab es rund 250 000 Juden auf polnischem Staatsgebiet. 30 Gemeinden wurden gegründet. Nach Ausschreitungen an verschiedenen Orten (u.a. Pogrom von Kielce 1946), in deren Verlauf über 1 000 Juden getötet wurden, verließen Zehntausende von Juden Polen. 1947 lebten nur noch 100 000 Juden in Polen. Die „antizionistische" Politik des kommunistischen Regimes, zuletzt noch 1967/68 nach dem israelisch-arabischen Sechs-Tage-Krieg und Studentenunruhen in Polen (März 1968), führte dazu, daß der größte Teil der noch in Polen verbliebenen Juden das Land verließ.

Heute leben noch ca. 5 000 Juden in Polen, die im Schnitt weit über 70 Jahre als sind. Derzeit bestehen 15 jüdische Gemeinden, die zur „Kongregation mosaischen Glaubens" zusammengeschlossen sind und 1 222 Mitglieder haben. In der zweiten Hälfte der 80er Jahre begann eine Wiederentdeckung des jüdischen Erbes in Polen und eine verstärkte Pflege der jüdischen materiellen Kultur (Synagogen, Friedhöfe). Im akademischen Milieu führte in der jüngsten Zeit die Rückbesinnung von Polen der jüngeren Generation auf ihre jüdische Herkunft zu einer zarten Wiederbelebung jüdischer Kultur in Polen.

Die jüdische Sekte der Karäer (Karaimen) hat noch ungefähr 180 Mitglieder.

Andere nichtchristliche Religionsgemeinschaften

Im Religionsverband der Moslems waren 1995 5 123 Gläubige organisiert. Fünf Imame betreuen die Gläubigen in sechs Gemeinden, denen elf Gotteshäuser zur Verfügung stehen. Von den zahlreichen anderen Glaubensgemeinschaften und Sekten sind als die einzige größere noch die Zeugen Jehovas mit 122982 Verkündern zu erwähnen.

4. Gewerkschaften, gesellschaftliche Organisationen

Die Anerkennung der 1980 gegründeten „Unabhängigen Selbstverwalteten Gewerkschaft Solidarität" (NSZZ Solidarność) führte zur Auflösung der kommunistischen Staatsgewerkschaften unter dem Dach des Zentralrats der Gewerkschaften (CRZZ) am 31.12.1980. Während des Kriegsrechts (Dezember 1981 – Juli 1983) wurde die Solidarność verboten (Oktober 1982) und der kontrollierte Neuaufbau staatsabhängiger Gewerkschaften eingeleitet. Von den Betrieben aus wurden Branchengewerkschaften geschaffen, zu deren Koordinierung 1984 ein gesamtpolnischer Gewerkschaftsverband (OPZZ) als Dachorganisation der weitgehend autonomen Branchen- und Betriebsgewerkschaften eingerichtet wurde. Seit der Wende 1989 gibt es in Polen eine polarisierte Gewerkschaftsstruktur. Theoretisch folgt daraus, daß in den Gewerkschaften des OPZZ und in der Solidarność die „Mitgliedschaftslogik" bestimmend ist, die Mitgliederinteressen damit den wichtigsten Faktor der Formulierung von politischen Forderungen und der Einflußnahme darstellen. Gleichzeitig begrenzt dies die Fähigkeit dieser Gewerkschaften, strategische Kompromisse zu schließen, d.h. kurzfristige Interessenrealisierungen zurückzustellen, um langfristige Ziele zu erreichen.

Die Folgen des Gewerkschaftspluralismus und der Konkurrenz könnten abgeschwächt oder gar beseitigt werden, wenn OPZZ und Solidarność in der Lage wären, untereinander zu kooperieren. Dies gelang bisher nicht, weil der hauptsächliche Konfliktpunkt seit 1989, die Auseinandersetzung über das 1982 konfiszierte und den OPZZ-Gewerkschaften übertragene Vermögen, nicht gelöst werden konnte. Die Vermögensaufteilung ist eine äußerst komplexe Frage, da es sich dabei keineswegs nur um die Neuverteilung von Geld- und Sachvermögen handelt, sondern auch darum, daß die ehemaligen Staatsgewerkschaften beispielsweise zahlreiche Erholungseinrichtungen verwaltet haben.

Der OPZZ mit seinen 17 Industriegewerkschaften blieb nach der Wende der mitgliederstärkere Gewerkschaftsbund mit angeblich 4,5 Mio. Mitgliedern (darunter 500000 Rentner). Bei der Interessenvertretung der Industriearbeiter wurde der Gewerkschaftsverband seit der Regierungsübernahme durch die Linksallianz im Herbst 1993 von Loyalitätskonflikten geplagt. Einerseits stellte er das stärkste Kontingent in der Parlamentsfraktion der SLD, die als Regierungspartei ein marktwirtschaftliches Programm durchzusetzen suchte. Andererseits sah sich der OPZZ verpflichtet, zugunsten kurzfristiger Arbeiterinteressen zu intervenieren. Die Überlegung, aus der SLD auszutreten, realisierte der OPZZ jedoch nicht und erwies sich als grundsätzlich regierungsloyale Organisation. Nicht nur darin unterscheidet sich der OPZZ von der Solidarność, die 1993 die „eigene" Regierung stürzte und so den Solidarność-Nachfolgeparteien den Weg in die Opposition bereitete.

Die Solidarność, die im Herbst 1981 einen Mitgliederbestand von 10 Mio. hatte, hat nach ihrer erneuten Legalisierung im April 1989 nicht ihre ursprüngliche Bedeutung und Mitgliederzahl (heute ca. 1,7 Mio.) wiedergewonnen. Ihr Vorsitzender seit 1991, Marian Krzaklewski, wurde im September 1998 in seinem Amt bestätigt. Nachdem viele herausragende Persönlichkeiten der ersten Jahre in die Politik übergewechselt sind, wird die Gewerkschaft heute von einer jungen, kompromißlosen Arbeitergeneration aus den großen Staatsbetrieben getragen. Viele von ihnen fühlen sich betrogen, weil sie für einen Systemwechsel gekämpft haben, von dem jetzt andere profitieren. Viele Solidarność-Funktionäre mißtrauen eher den Regeln der modernen Marktwirtschaft. So unterstützten sie die Danziger Werftarbeiter, als diese gegen private Banken vorgingen, die nicht bereit waren, der maroden Werft mit weiteren Krediten unter die Arme zu greifen. Und sie bestärkten die protestierenden Arbeiter in ihrem Bewußtsein, der Staat müsse durch finanzielle Zuwendungen jene Unternehmen retten, die in der Marktwirtschaft keine Chancen haben zu überleben. Geht es um Problembranchen wie beispielsweise den Bergbau, die Stahlhütten und die Mineralölwirtschaft, dann denkt die Solidarność vornehmlich an die Verteidigung der Arbeitsplätze und des Lohnniveaus der Beschäftigten und nicht so sehr an die marktwirtschaftlichen Perspektiven dieser Wirtschaftszweige. Die wirtschaftspolitischen Grundsätze der Gewerkschaft bleiben eher diffus, verweisen auf eine unrealistische Verabsolutierung der päpstlichen Sozialenzykliken. Privateigentum wird als allgemeine Eigentumszuteilung an die Gesellschaft verstanden.

Auffallend ist der bisher ungebremste Bedeutungsverlust der Gewerkschaften insgesamt in der wirtschaftlichen Umbauphase und der kontinuierliche Rückgang der Bereitschaft der Arbeiter, ihre Interessen durch Streiks (1996: 21; 1995: 42; 1994: 429; 1993: 7443; 1992: 6351; 1991: 305) durchzusetzen.

Wenn auch in den letzten Jahren zahlreiche gesellschaftliche Organisationen in Form von Stiftungen, Vereinen oder gesellschaftlichen Bewegungen (ca. 20000 Gesellschaften und Stiftungen) in Polen entstanden sind und ihre Zahl ständig zunimmt, so ist jedoch nicht zu übersehen, daß es generell noch am Verständnis für die Bedeutung dieser sogenannten „NGOs“ mangelt. Nicht-Regierungsorganisationen werden eher als Klienten und Konsumenten gesellschaftlicher Fonds oder als Lobbies betrachtet, die sich um finanzielle Unterstützung bemühen, und zu wenig als aktive Gestalter beim Aufbau einer Gesellschaft selbstbewußter, selbständiger und selbsttätiger Bürger. Generell ist selbst bei den NGOs noch die in vierzig Jahren anerzogene Konsumentenmentalität zu überwinden. Zu wenig entwickelt ist bis heute das Verständnis dafür, daß gesellschaftliche Organisationen und Interessengruppen einen höherwertigen „Ersatz“ für die Gängelung durch den sozialistischen Versorgungs- und Verteilungsstaat darstellen, der am Ende wegen der Überbeanspruchung der Staatskasse seine Aufgabe nicht mehr wahrnehmen konnte und am Ende der 80er Jahre zusammengebrochen war.

Gerade der Aufbau der lokalen Demokratie wäre nicht nur aus grundsätzlichen Erwägungen, sondern ganz praktisch angesichts der leeren Haushaltskassen auf NGOs angewiesen, die Aufgaben übernehmen könnten, die im sozialistischen System staatlich organisiert waren (Familie, Bildung und Erziehung, Sport u.a.) bzw. gänzlich negiert wurden (Selbsthilfe, Ökologie u.a.).

5. Medienlandschaft und Medienpolitik

Im März 1990 wurde das staatliche Pressemonopol aufgegeben und die mit der früheren Staatspartei PZPR verknüpfte allmächtige Verlagsgenossenschaft „Ruch" aufgelöst. Mit der Einführung marktwirtschaftlicher Prinzipien mußten bereits in den ersten vier Monaten 1990 allein über 90 Zeitschriften eingestellt werden. Im Oktober 1990 wurde die Presse privatisiert, über 100 Zeitungen wurden verkauft, zum großen Teil an ausländische Interessenten (u.a. Hersant, Maxwell). Ca. 70 Titel gingen an neugebildete Genossenschaften über, darunter die renommierte Warschauer Wochenzeitung „Polityka". Die Tageszeitung „Gazeta Wyborcza", 1989 als Sprachrohr der Solidarność-Bürgerkomitees gegründet, entwickelte sich mit einer Auflage von ca. 560 000 Exemplaren zur größten und einflußreichsten polnischen Tageszeitung. 1995 gab es in Polen 63 Tageszeitungen (1992: 72) und 4 340 Zeitschriften (1992: 2 950).

Nach einer repräsentativen Stichprobe vom Frühjahr 1997 waren die am meisten gelesenen *überregionalen* polnischen Tageszeitungen (in % der Nennungen): „Gazeta Wyborcza" (UW-nahe) (14,9), „Super Express" (Boulevardzeitung) (10,7), „Rzeczpospolita (überparteilich „staatstragend") (5,0), „Życie" (konservativ) (2,5), „Express Wieczorny" (überparteiliche Abendzeitung) (2,1), „Życie Warszawy" (liberal-konservativ) (1,2). Ein interessantes Phänomen auf dem polnischen Zeitungsmarkt ist die starke Position von regionalen Tageszeitungen. Die größten von ihnen, „Dziennik Zachodni", „Trybuna Śląska", „Gazeta Pomorska", „Nowiny" u.a., nehmen in der gesamtpolnischen Statistik der meistgelesenen Tageszeitungen die Plätze vier bis zehn ein.

Die am meisten gelesenen – im landläufigen Sinne meinungsbildenden – polnischen Wochenzeitungen waren nach dieser Stichprobe: „Polityka“ (linksliberal) (5,4), „Wprost“ (konservativ-liberal) (5,4), „Nie“ (links-sensationalistisch, pornographisch) (5,0), „Angora“ (3,5), „Niedziela“ (katholisch) (2,6), „Przekrój“ (1,0). Diese Statistik sähe aber ganz anders aus, wenn man zu den Wochenzeitungen *alle* Periodika mit wöchentlicher Erscheinungsweise zählen würde. Dann würden die Plätze eins bis sieben von den polnischen Ausgaben deutscher Frauenzeitschriften, der Fernsehzeitschrift „Tele Tydzień“ und der altbeliebten „Przyjaciółka“ belegt: „Pani Domu“ (16,4), „Przyjaciółka“ (12,9), „Tele Tydzień (12,2), „Życie na Gorąco“ (10,4), „Naj“ (9,5), „Tina“ (8,8), „Chwila dla Ciebie“ (8,0). Was die Zahl der Leser anbetrifft, rangieren die renommierte katholisch-liberale Wochenzeitung „Tygodnik Powszechny“ (0,40) und die Wochenzeitung der Gewerkschaft Solidarność „Tygodnik Solidarność“ (0,09) abgeschlagen auf den hintersten Rängen (37 bzw. 71).

Die Bemühungen um Erweiterung politischer und wirtschaftlicher Einflüsse auf die Medien gehen mit unterschiedlichen Erfolgen weiter. Nach dem Regierungswechsel im August 1989 war das Staatliche Radio- und Fernsehkomitee dem Einfluß der PZPR entzogen worden. Seit 1990 verfestigten sich im Komitee parteipolitische Lager durch Querelen zwischen dem Mazowiecki-Flügel und dem Wałęsa-Flügel. Nach der Aufhebung des staatlichen Rundfunk- und Fernsehmonopols im Oktober 1992 und der Überführung des Staatsfernsehens in ein nach Art einer AG als „Einpersonengesellschaft“ des Fiskus organisiertes öffentliches Polnisches Fernsehen (TVP) im Februar 1993 ging der Kampf um den politischen Einfluß dort weiter.

Auf dem polnischen TV-Markt dominiert weiterhin das öffentliche Fernsehen gegenüber privaten Anbietern (wie Pol-Sat und Polonia I). Dagegen haben im Rundfunksektor private Stationen mit landesweiter (RMF, Radio „Z“ u.a.), regionaler und lokaler Ausstrahlung gegenüber den öffentlichen Sendern zumindest gleichgezogen. Eine umstrittene Rolle spielt die katholische Radiostation „Maryja“ mit ihrer Mischung aus beschaulichen religiösen Sendungen, praktischer Lebenshilfe und radikal-intoleranten, xenophoben und rassistischen Beiträgen, die das polnische Episkopat zur Distanzierung von diesem Sender veranlaßte, der von einem Redemptoristen-Pater geleitet wird.

Dem neunköpfigen Landesrundfunkrat (KRRiTV) obliegt die Aufsicht über Radio und Fernsehen und die Vergabe von Sendelizenzen an private und kirchliche Betreiber. Aber seine Mitglieder werden von den politischen Parteien in Sejm und Senat und dem Präsidenten entsendet. Die Zusammensetzung des Gremiums spiegelt also ungefähr die politischen Mehrheitsverhältnisse wider.

Im Unterschied zu den Problemen direkter politischer Kontrolle beim Fernsehen erstreckt sich die Diskussion über die boomende Presselandschaft in Polen mehr auf die Probleme wirtschaftlicher Macht und Konzentration (Regionalpresse, Yellow Press) im Zeitungswesen im Zusammenhang mit dem hohen Anteil ausländischer Kapitals an landesweiten (56 %) und regionalen (50 %) Zeitungen (hier besonders deutsches Kapital).

Es muß aber im Zusammenhang mit dieser emotionalisierbaren Diskussion betont werden, daß sich die ausländischen Anteilseigner bzw. Besitzer polnischer Zeitungen in die Redaktionspolitik der Zeitungen in der Regel nicht einmischen, also die Frage der inneren Pressefreiheit in Polen durch formalen Besitzerwechsel nicht berührt wird. Unabhängig von dieser Debatte ließ sich auch in der jüngsten Zeit die Wahrnehmung der herausragenden Rolle einer unabhängigen und kritischen Presse als „vierte Gewalt" voll bestätigen. Im Zusammenhang mit der „Sache Oleksy" konnte sogar ein bedenklich extensives Selbstverständnis des investigativen Journalismus beobachtet werden, das die Frage der Berufspflichten erneut aufwarf.

Private Rundfunkstationen bewährten sich im Gegensatz zu den parteipolitisch genutzten öffentlich-rechtlichen Anstalten bei der Katastrophenhilfe während der Überschwemmungen in Schlesien im Sommer 1997 angesichts des Zusammenbruchs der übrigen Kommunikationssysteme (v.a. Radio Dolny Śląsk [Niederschlesien], Radio Vanessa).

Der Gewährleistung der Einhaltung eines im März 1995 erarbeiteten Ethikkodex seitens der Journalisten sollte ein im Juni 1996 konstituierter siebenköpfiger Ethik-Medienrat dienen.

6. Bildung und Erziehung

Es besteht allgemeine Schulpflicht vom 7. bis zum 15. Lebensjahr bei kostenlosem Unterricht. 87,4 % der Jugend (15–18 Jahre) gingen im Schuljahr 1996/97 anschließend nicht direkt in den Beruf, sondern besuchten Sekundarschulen, insbesondere die technischen und Berufsschulen (53,8 %). Die allgemeinbildenden Sekundarschulen (Lyzeen), die nach vier Jahren zur Reifeprüfung führen, wurden von 27 % aller Sekundarschüler besucht. Seit September 1989 gibt es private und kirchliche Gymnasien.

Die Kindergärten werden von rund 50 % der Kinder zwischen drei und sechs Jahren besucht, die Vorschuleinrichtungen von 99,5 % der Sechsjährigen (1996/97). Für körperlich und geistig behinderte Kinder bestehen zahlreiche Spezialschulen. Religionsunterricht wird an den Schulen gegeben. Für nationale Minderheiten gibt es Schulen mit muttersprachlichem Unterricht.

Neben 11 staatlichen Universitäten (Warschau, Danzig, Kattowitz, Krakau, Lublin, Lodz, Oppeln, Posen, Stettin, Thorn, Breslau) gibt es die Katholische Universität Lublin (gegr. 1918) und (1996/97) 201 weitere Hochschulen und Akademien (1990/91: 101). Zwischen 1991 und 1997 hat sich die Zahl der Studierenden an Universitäten und Fachhochschulen in Polen von 403 800 auf 927 500 erhöht. Zugleich sank der prozentuale Anteil für Bildung und Erziehung am Budget von 11,6 auf 4,9 %. Stipendien erhielten nicht mehr 67 % aller Studierenden, sondern nur noch 34,6 % (1996/97).

Seit 1990 sind private Hochschulen, zumeist Wirtschaftshochschulen, wie Pilze aus dem Boden geschossen. Schon heute sind drei von zehn führenden Wirtschaftsfakultäten oder Hochschulen in privaten Händen. Dabei sind die Studiengebühren hoch, pro Monat fallen im Schnitt 150 bis 200 Dollar an. Die staatlichen Universitäten haben den supermodern ausgestatteten Privathochschulen kaum etwas entgegenzusetzen.

Andererseits warnen Bildungspolitiker und Wissenschaftler vor einer drohenden Bildungskatastrophe angesichts der mangelhaften Lehrerausbildung, der veralteten Lehrinhalte, der verkrusteten Struktur der

Bildungsinstitutionen und Bildungsabschlüsse. Gegenwärtig werden vier große Reformprogramme umgesetzt. Das erste ist die Reform des Hochschulwesens, das zweite betrifft die Tätigkeit der Bildungsverwaltung, das dritte erfaßt die Umgestaltung des Berufsschulwesens und das vierte, als das problematischste bezeichnete, die grundlegende Durchforstung der allgemeinen Bildungsinhalte.

VI. Wirtschaft, Landwirtschaft

Seit Beginn der 50er Jahre entwickelte sich Polen zu einem Industrie-Agrar-Staat. Im Rahmen des Aufbaus des Sozialismus fand eine forcierte Industrialisierung statt, mit der eine tiefgreifende Veränderung der Wirtschafts- und Sozialstruktur einherging. Die nach sowjetischem Vorbild etablierte staatliche Planwirtschaft führte Polen trotz der großen Aufbauleistungen in eine schwere wirtschaftliche Krise. Die rasche Ausweitung der Produktionskapazitäten im Rahmen von Parteichef Giereks ehrgeizigem Modernisierungsprogramm in der ersten Hälfte der 70er Jahre erforderte eine hohe Kreditaufnahme und verursachte eine starke Auslandsverschuldung und hohe Inflation. Die mangelhafte Versorgung der Bevölkerung führte 1980–1981 zu sozialen Unruhen und zur ernsthaften Bedrohung des Machtmonopols der Kommunisten (Solidarność-Bewegung). Die Anfang der 80er Jahre unternommenen Reformversuche, die eine weitgehende Autonomie selbstverwalteter, finanziell eigenständiger Unternehmen bei einer beschränkten staatlichen Planung vorsahen und somit marktwirtschaftliche Elemente in das dirigistische Wirtschaftssystem einbauten, blieben für eine Verbesserung der wirtschaftlichen Lage wirkungslos. Der außerhalb der Landwirtschaft existierende private Sektor (Handwerk u.a.) blieb unbedeutend und umfaßte Ende der 80er Jahre nur 6,1 % der Erwerbstätigen.

Als Polen 1990 den Weg in die Marktwirtschaft beschritt, glich seine Ausgangssituation weitgehend der seiner ehemaligen „Ostblock“-Partner, wies aber in einigen Bereichen besonders schwierige Startbedingungen auf. Es teilte mit seinen Nachbarn:

– den dominierenden Anteil des Staatssektors,
– eine hoch konzentrierte Industrie,
– eine durch massive staatliche Kontrollen und Subventionen verzerrte Preisstruktur,
– eine nicht konvertible Währung,
– einen vor jeder Auslandskonkurrenz wirksam abgeschotteten Binnenmarkt.

Dazu kam in Polen noch eine extreme Auslandsverschuldung, eine hohe Inflation und ein beträchtliches Defizit des Staatshaushalts.

Vor diesem Hintergrund wurde am 1.1.1990 in Polen als erstem Land des bisherigen „Ostblocks" die Marktwirtschaft nach dem Konzept des Finanzministers Leszek Balcerowicz mittels der sog. „Schocktherapie" eingeführt. Die „Schocktherapie", die in ihrem Kern der neoliberalen Wirtschaftspolitik zuzuordnen ist, hatte eine schockartig schnelle Schaffung freier, vom Staat unabhängiger Märkte für Waren, Arbeit und Kapital, die Währungsstabilisierung, die rasche Privatisierung sowie die Konsolidierung des Staatshaushalts (Abbau von Sub-

Finanzminister Leszek Balcerowicz

ventionen und Sozialausgaben) zum Ziel. Mit diesem Programm sollten in möglichst kurzer Zeit die für die Wirtschaftsmisere verantwortlichen Strukturen der Zentralverwaltungswirtschaft beseitigt und zugleich die Voraussetzungen für den Wiederaufbau der Wirtschaft mit marktwirtschaftlichen Mechanismen geschaffen werden. Dies bedeutete den schrittweisen Abbau zahlreicher bisheriger Subventionen, etwa bei den Mietpreisen, bei den kommunalen Diensten wie Elektrizität, Wasser, Müllbeseitigung, aber auch im Bergbau, in der Werftindustrie, restriktive Geldpolitik, die Verhinderung übermäßiger Lohnsteigerungen, eine kräftige Abwertung des Złoty sowie die Liberalisierung des Außenhandels.

Daraufhin schnellte 1990 die Inflationsrate bei Konsumgüterpreisen und Dienstleistungen auf 658,4 %, so daß trotz einer Steigerung der Nominallöhne um 498 % das durchschnittliche Realeinkommen, d.h. der Lebensstandard der großen Mehrheit der Bevölkerung, drastisch sank. Das Bruttosozialprodukt sank gegenüber 1989 um rund 15 %. Der Einbruch fand früher als in allen anderen exkommunistischen Transformationsstaaten statt. Polen verzeichnete jedoch auch als erstes Land wieder schwarze Zahlen bei der Entwicklung des Bruttosozialprodukts. Der Einbruch der Wirtschaft und die damit verbundenen sozialen Folgen müssen allerdings relativiert werden, da der Anteil des „grauen" und „schwarzen" Marktes am Bruttosozialprodukt nach 1990 zeitweise auf 20 % geschätzt wurde und so für Millionen Privathaushalte zusätzliche Einkommen schuf.

Die Wirtschaftsentwicklung erfuhr seit 1992 einen beachtlichen Aufschwung. Die positiven Veränderungen auch in der Wirtschafts- und Finanzpolitik veranlaßten den „Londoner" und den „Pariser Klub" (die Vereinigung der privaten bzw. der öffentlichen Gläubiger) im Herbst 1994, Polen einen erheblichen Teil seiner Auslandsschulden zu erlassen. Der Privatsektor erwirtschaftete Ende 1997 bereits über 65 % des Bruttosozialprodukts. Allerdings verlangsamte sich seit der Regierungsübernahme durch die SLD/PSL-Koalition 1993 zeitweise das Tempo der Privatisierung. Nur wenig war bis 1997 auch die Restrukturierung von Problemsektoren wie Stahlproduktion, Kohlebergbau, Banken und Versicherungen vorangekommen.

Völlig verändert hat sich seit 1990 die Hauptrichtung des polnischen Außenhandels. Mehr als die Hälfte seines Außenhandels hatte Polen bis dahin mit den Ländern des „Rates für Gegenseitige Wirtschaftshilfe" (RGW) abgewickelt. Seit 1990 hat Deutschland als wichtigster Handelspartner die Sowjetunion abgelöst und nimmt damit wieder denselben Platz wie in den 20er Jahren (1929: Import 27,3 %, Export 31,2 %) ein. 66 % der polnischen Exporte gingen 1996 in die EU-Länder, beim Import waren es 64 %, die aus der EU stammten.

Aktuelle Entwicklungen

1998 hatten Polen das sechste Jahr eines Wirtschaftsaufschwungs hinter sich, der sich auf eine zunehmend breitere Basis stützt und mit beeindruckenden Erfolgen aufwarten kann. Dabei hat sich die gesamtwirtschaftliche Wachstumsrate seit 1992 nicht nur laufend erhöht, seit 1994 belegt Polen mit realen Wachstumsraten des BIP von 5,2 % (1994), 7,0 % (1995), 6,0 % (1996) und 6,9 % (1997) sogar den Spitzenplatz unter den ostmitteleuropäischen Ländern. Nachdem Polen bereits 1992 als erster Reformstaat die Anpassungsrezession überwunden hatte und 1996 als erstes Transformationsland das BIP-Niveau des Jahres 1989 wieder übertraf, ist das Land jetzt in die Phase eingetreten, in der auch die Bevölkerungsmehrheit den Aufschwung materiell deutlich spürt und der private Konsum durch eine nennenswerte Steigerung der Masseneinkommen überdurchschnittlich zunimmt. Weiterhin legen aber weitaus stärker die Investitionen zu. Diese dynamische Entwicklung wird vor allem von den privaten Wirtschaftseinheiten getragen.

Der private Verbrauch wuchs 1997 real um 7 % (1995: 4,5 %). Die deutlich steigenden Reallöhne (+ 6,8 %), die höhere Beschäftigung und eine optimistischere Zukunftseinschätzung in breiten Bevölkerungskreisen trugen zu dem überdurchschnittlichen Zuwachs bei. Belege für den Konsumaufschwung sind der rasch gestiegene PKW-Absatz sowie die schon bedenkliche Zunahme der Konsumentenkredite um über 100 %.

Ungeachtet dieser beeindruckenden Zahlen bleibt das BIP pro Kopf bisher noch deutlich hinter dem einiger ostmitteleuropäischer Nachbarn zurück und erreicht nur ein Drittel des durchschnittlichen BIP der EU. Aus diesem Grunde würden aus dem Beitritt Polens zur EU erhebliche finanzielle Probleme resultieren, wenn die gegenwärtig geltenden EU-Regelungen angewendet würden, die bis weit ins nächste Jahrtausend einen Anspruch auf die Höchstförderung aus den EU-Strukturfonds begründeten.

Pro-Kopf-Einkommen im internationalen Vergleich
(BIP je Einwohner in US-$; umgerechnet nach offiziellen Wechselkursen

	1992	1995	1997
Westdeutschland	27769	32345	28065
Deutschland	24436	29615	25819
Ostdeutschland	10690	17956	16135
Spanien	14747	14269	13458
Griechenland	7666	10888	11140
Slowenien	6186	9454	8558
Portugal	7917	9693	9519
Tschechien	2536	4567	4725
Ungarn	3441	4330	4521
Polen	**2196**	**3055**	**3503**
Slowakei	2015	3234	3607
Rußland	659	2530	2983
Rumänien	852	1560	1662
Bulgarien	1062	1511	1003

Quelle: F.A.Z. Informationsdienste

In den Jahren 1991 bis 1993 gingen die Impulse für das gesamtwirtschaftliche Wachstum in erster Linie vom privaten Verbrauch und vom Staatsverbrauch aus. Seitdem sind es vor allem die **Investitionen,** die als Wachstumsmotor fungieren. Die Wachstumsrate lag hier 1995 real bei 17%, 1996 und 1997 sogar bei 22%. Da der Auf- und Ausbau moderner Produktionskapazitäten in Polen ebenso wie die Modernisierung der Infrastruktur immer noch in der Anfangsphase steckt, bleibt der Investitionsbedarf auch in den kommenden Jahren außerordentlich hoch. Der positive Investitionstrend wird vorwiegend von den Ausrüstungsinvestitionen gestützt, die seit 1994 mit jährlichen Zunahmeraten zwischen 15 % und 30 % aufwarten und für die Modernisierung der veralteten polnischen Produktionskapazitäten sorgen. Seit 1994 steigen jedoch auch die Investitionen in Gebäude und Anlagen real an. 1998 sollte sich der Anstieg der Investitionen fortsetzen, begünstigt durch die 1997 gesenkten Körperschaftssteuer- und Einkommenssteuersätze. Weitere Steuersenkungen sollten 1998 und in den darauffolgenden Jahren vorgenommen werden.

Die höhere **Arbeitsproduktivität** (1997: +12 %) und der zunehmende Inlands- und Auslandsabsatz verbessern die **Rentabilität** und finanzielle Situation des Unternehmenssektors und sind für den Investitionsboom verantwortlich. Die abgeschwächte Gewinnsituation im Jahr 1996 war Folge der gesunkenen Rentabilität im öffentlichen Sektor, in dem sich die Nettogewinne gemessen am Umsatz auf die Hälfte reduzierten. Der negative Trend in der Rentabilitätsentwicklung der Staatsbetriebe setzte sich 1997 fort. Dagegen konnten die Privatunternehmen ihre Nettorendite weiter verbessern. Die Zahl der Betriebe, die Nettogewinne realisieren, hat sich von Jahr zu Jahr erhöht (1993: rund 50 %, 1996: rund 66 %.

Die **Industrieproduktion** erholte sich zeitgleich mit dem gesamtwirtschaftlichen Wachstum. Sie stieg 1997 um real 10,8 % an und konnte seit 1992 um mehr als 50 % gesteigert werden. Mit jährlichen Zuwachsraten, die den Anstieg des BIP deutlich übertrafen, wurde 1996 das Produktionsniveau vom Ende der 80er Jahre erstmals wieder übertroffen. Die Bedeutung der Industrie für Beschäftigung und Bruttowertschöpfung ist durch den Transformationsprozeß jedoch deutlich auf 33 % (1989: 44 %) zurückgegangen und nähert sich dem Niveau in westlichen Ländern. Gleichzeitig erlangt der Dienstleistungssektor auch in Polen immer größeres Gewicht und trug bereits 1995 mehr als die Hälfte zur Bruttowertschöpfung des Landes bei.

Der hohe Anteil der Konsumgüter am polnischen Import der letzten Jahre, der zu dem hohen Defizit des Gesamthandels beitrug, wird auf eine teilweise schwache Wettbewerbsfähigkeit des polnischen Sorti-

Ausgewählte gesamtwirtschaftliche Konnzahlen (Reale Veränderung gegenüber Vorjahr in %)			
Indikator	1996	1997	1998 (S)
Bruttoinlandsprodukt (real)	6,1	6,9	6,5
Industrieproduktion (verkaufte)	8,3	10,8	9,0
Bauwirtschaft	4,6	16,0	18,5
Landwirtschaft	0,7	–0,1	3,5
Inlandsnachfrage	12,8	10,5	8,0
Privatverbrauch	8,7	7,0	6,5
Bruttoinvestitionen	20,6	21,9	18,0
Inflationsrate	19,9	14,9	12,5
Durchschnittslöhne (netto)	5,7	6,8	6,0
Arbeitslosenquote (%)	13,2	10,5	9,5
Monatslöhne in Złoty	957	1.162	1.395
Monatslöhne in DM	535	615	697

Quelle: F.A.Z. Informationsdienste. Länderanalysen Polen, Juni 1998

ments (Preis, Verpackung, Qualität) in diesem Bereich zurückgeführt. Als beunruhigend wird vor allem angesehen, daß sich der Import relativ einfacher, auch in Polen produzierbarer Güter innerhalb von zwei Jahren nahezu verdoppelt hat.

Im öffentlichen Sektor wurden 1996 die Bruttomonatslöhne ungeachtet der gesunkenen Rentabilität deutlich stärker angehoben (+28 %) als im Privatsektor (+17 %), wodurch das durchschnittliche Lohnniveau in den Staatsunternehmen um rund 20 % höher liegt. Dies belastet Effizienz und Wettbewerbsfähigkeit der Unternehmen und belegt gleichzeitig die Notwendigkeit einer beschleunigten Privatisierung.

Trotz des Umfangs der ausstehenden Steuereinnahmen und der noch vielfach praktizierten Steuerumgehung konnte Polen sein **Budgetdefizit** nach dem Höchststand 1992 in den folgenden Jahren permanent unter 3 % des BIP halten. Mit diesen Werten blieb das Land nicht nur unter den Vorgaben des IMF, es hätte damit auch das Konvergenzkriterium Nettoneuverschuldung des Maastrichtvertrags erfüllt. Gleichzeitig verlagert sich auch in Polen die Steuerlast – wie in Marktwirtschaften die Regel – von direkten auf indirekte Steuern. 1996 erbrachten die indirekten Steuern 47 % der Staatseinnahmen, während der Anteil der Einnahmen aus Einkommens- und Körperschaftssteuer 37 % betrug. Trotz Senkung der Einkommens- und Körperschaftssteuer, des Wegfalls des Importzuschlags, der Umwidmung eines Teils der Privatisierungserlöse zu Startkapital für die Sozialversicherungsreform sowie einiger Sonderbelastungen im Zusammenhang mit dem Jahrhunderthochwasser betrug das Haushaltsdefizit 1997 nur 1,3 % des BIP.

Waren es vor 1990 vor allem die Subventionen, die einen beträchtlichen Teil der Budgeteinnahmen verschlangen, so sind es jetzt in erster Linie die umfangreichen Transfers an die Sozialfonds, die einen großen Teil der Budgetmittel binden, den finanzpolitischen Spielraum der Regierung einschränken und für andere Zwecke fehlen.

Begünstigt durch den Wirtschaftsaufschwung und den Schuldenerlaß der ausländischen Gläubiger, hat sich die relative **Schuldenlast** des Landes gegenüber den ersten Reformjahren spürbar verringert. Ende 1997 betrugen die polnischen Verbindlichkeiten gegenüber In- und Ausländern unter 50 % des BIP, während die Quote 1993 noch bei 86 % gelegen hatte. Mit 40 Mrd. US-$ haben sich vor allem die Auslandsverbindlichkeiten für Polen auf ein überschaubares Maß reduziert. Die Schuldenlastquote dieser Verbindlichkeiten soll bis Ende 1999 auf 22,5 % zurückgehen.

Die offiziellen polnischen Währungsreserven, die im Jahresverlauf 1995 nach IMF-Angaben sprunghaft von 5,8 Mrd. US-$ auf 14,8 Mrd. US-$ geklettert waren, betrugen zum Jahresende 1997 20,4 Mrd. US-$. Das hohe Niveau der Währungsreserven ist ein Faktor, der das Vertrauen internationaler Investoren in den polnischen Markt stützt.

Inzwischen partizipiert die Mehrheit der Bevölkerung durch Einkommens- und **Reallohnsteigerungen** am Wirtschaftsaufschwung. Nachdem sich die Nettolöhne 1994 real erstmals leicht verbessert hatten (+0,5 %), fiel der Reallohnzuwachs 1996 und 1997 mit 5,7 % bzw. 6,8 % deutlich höher als 1995 (3,0 %) aus. Trotzdem konnte der Kaufkraftrückgang aus den vorangegangenen Reformjahren bisher nur teilweise ausgeglichen werden und beträgt gegenüber dem Niveau von 1989 noch ca. 15 %. Die durchschnittlichen Lohnanhebungen in Polen gingen bisher in keinem Jahr über das gesamtwirtschaftliche Wachstum hinaus.

Als eine der Maßnahmen, die zur Eindämmung der expansiven und das Budget belastenden Sozialkosten beitragen sollen, hat die polnische Regierung die Indexierung der **Renten** geändert. Diese waren 1996 nicht mehr an die Entwicklung der Löhne, sondern der Inflation gekoppelt: Dadurch verlangsamte sich der Anstieg der monatlichen Durchschnittsrente (real 2,5 %) im Vergleich zum Vorjahr (3,3 %) erstmals. 1997 stiegen die Renten um 6,2 %. Damit verringerte sich auch die Relation der Bruttomonatsrente zum durchschnittlichen Bruttomonatslohn von 63,5 % 1995 auf 61,2 % 1996. Allerdings gilt auch dieser Prozentsatz als noch hoch.

Die realen Einkommens- und Reallohnsteigerungen und der Rückgang der Arbeitslosigkeit schlugen sich in einem überdurchschnittlichen Anstieg des privaten Verbrauchs und der Einzelhandelsumsätze nieder, die 1996 Zunahmeraten von 8,2 (1997: 7,0) bzw. 4,4 % erreichten. Dabei griffen die Konsumenten auch verstärkt auf Kredite zurück.

Gleichzeitig heizte die boomende Binnennachfrage 1996 den **Import** an, der, begünstigt durch sinkende Einfuhrzölle, eine niedrigere Importsonderabgabe sowie die reale Aufwertung des Złoty nach 1995 (34,7 %) ein weiteres Mal kräftig expandierte (+27,8 %). Dagegen konnte Polen den **Export**erfolg des Vorjahres (+32,8 %) nicht wiederholen und den Auslandsabsatz seiner Produkte, die zu zwei Dritteln in die EU (1995: 70 %) und hier in erster Linie nach Deutschland flossen (1995: 38 %), 1996 nur um 6,7 % steigern. Die Exportschwäche hielt 1997 weiter an. Die Importe stiegen um 18,2 % auf 38,5 Mrd. US-$, während die Exporte um 11,5 % auf 27,2 Mrd. US-$ zulegten.
Während sich der polnische Außenhandel mit den CEFTA-Staaten (Tschechien, Ungarn, Slowakei, Slowenien) durchschnittlich entwickelte, stiegen die polnischen Ostexporte sehr kräftig. So erhöhten sich die polnischen Lieferungen nach Rußland 1996 auf nominaler US-$-Basis um 40,6 % gegenüber dem entsprechenden Vorjahreszeitraum, die Lieferungen in die Ukraine stiegen im gleichen Zeitraum um 36,6 % (Importanteil 1995: 1,0 %, Exportanteil 1995: 3,2 %).

Polens Exportstruktur (Anteil der Abnehmerländer bzw. -regionen in %)				
Rang (1996)	Land	1996	1995	1994
1	Deutschland	34,4	38,3	35,7
2	Rußland	6,8	5,6	5,4
3	Italien	5,3	4,9	5,0
4	Niederlande	4,8	5,6	5,9
5	Frankreich	4,4	3,6	4,0
6	Ukraine	4,0	3,2	1,6
7	Großbritannien	3,9	4,0	4,5
8	Tschechien	3,5	3,1	2,7
	EU*	66,3	70,0	62,7
	Ostmittel- und Osteuropa (einschl. Rußland u.a.)	20,5	17,3	14,5

Polens Importstruktur (Anteil der Lieferländer bzw. -regionen in %)				
Rang	Land	1996	1995	1994
1	Deutschland	24,7	26,6	27,4
2	Italien	9,9	8,5	8,4
3	Rußland	6,8	6,7	6,8
4	Großbritannien	5,9	5,2	5,3
5	Frankreich	5,5	4,9	4,5
6	USA	4,4	3,9	3,9
7	Niederlande	3,8	4,5	4,6
8	Tschechien	3,1	3,1	2,3
	EU*	63,9	64,7	57,5
	Ostmittel- und Osteuropa (einschl. Rußland u.a.)	15,6	15,9	14,2

* 1994 EU-12, ab 1995 EU-15, d.h. einschließlich der Neumitglieder Finnland, Österreich und Schweden. Auf Basis der EU-15 hätten die EU-Anteile beim polnischen Export 69,2 % und beim Import 65,3 % betragen.

Quelle: Zentralamt für Statistik (GUS)

Da das Exportwachstum mit den Importen nicht Schritt halten konnte, vergrößerte sich das **Handelsbilanz**defizit 1996 erheblich und erreichte 8,2 Mrd. US-$. 1997 erhöhte es sich weiter auf knapp 11,3 Mrd. US-$. Das Defizit der Handelsbilanz bereitet zunehmend Sorgen, da dessen Abbau nicht absehbar ist. Es ist inzwischen auch erheblich höher als die nicht registrierten Nettoausfuhren im Grenzhandel, deren Umfang die Nationalbank für 1996 mit 7,1 Mrd. US-$ angab. So wies die Leistungsbilanz, die seit 1995 auch den nicht registrierten Handel umfaßt, 1996 ein Defizit von 1,3 Mrd. US-$ auf, während im Jahr zuvor noch ein Überschuß von 5,5 Mrd. US-$ erreicht worden war. 1997 betrug das Defizit bereits 4,3 Mrd. US-$. Da die Einfuhren, begünstigt durch weitere Zollsenkungen und als Folge der ausländischen Direktinvestitionen, weiter überproportional ansteigen dürften, rechnete man für 1998 mit einem noch höheren Importüberhang (6,2 Mrd. US-$ bzw. 4,1 % des BIP).

Das Leistungsbilanzdefizit wurde 1996 und 1997 durch Zufluß ausländischen Kapitals mehr als ausgeglichen, so daß die Währungsreserven der polnischen Nationalbank wieder kräftig stiegen. Hält, wie geschätzt, das ausländische Engagement in Polen an, dürfte es kaum schwerfallen, auftauchende Handelsbilanzdefizite durch ausländische Direkt- und Portfolioinvestitionen auszugleichen.

Polen wickelte 1996 etwa zwei Drittel seines Außenhandels mit der EU ab, die an den Importen einen Anteil von 63,9 % und an den Exporten von 66,3 % hatte. Weiterhin ist Deutschland der größte Handelspartner (1997), mit dem sich der Austausch aber – gemessen am Gesamttrend – weniger dynamisch entwickelte. Ein Viertel der polnischen Einfuhren (24,1 %) stammten von dort, und 32,9 % der registrierten Ausfuhren gingen in das westliche Nachbarland.

Das starke Importwachstum ist auch, wie bereits erwähnt, die Folge und der Preis für die Modernisierung der polnischen Wirtschaft durch kräftig steigende **ausländische Direktinvestitionen.** Diese haben sich seit 1994 vervielfacht und hatten Ende 1997 eine Höhe von insgesamt 17,7 Mrd. US-$ erreicht. Weitere 10,8 Mrd. US-$ sind von den großen Investoren zusätzlich zugesagt worden. Damit hat Polen Ungarn (17 Mrd. US-$) überholt und weist erstmals höhere kumulierte Auslandsinvestitionen als alle anderen ostmitteleuropäischen Staaten auf. Bezogen auf die Bevölkerung bleibt das Engagement der Auslandsinvestoren in Polen mit 534 US-$ je Kopf allerdings noch erheblich hinter den Vergleichszahlen in Ungarn und Tschechien (1666 bzw. 796 US-$) zurück. Die Investitionen sind über die Branchen breit gestreut und haben jährlich die Gründung von rund 5000 Gesellschaften mit ausländischer Beteiligung zur Folge. Ende 1997 waren in Polen 32889 Unternehmen mit ausländischem Kapitalanteil registriert. Größter Investor sind gemessen an der Investitionssumme die USA (vor Deutschland), gemessen an der Zahl der Unternehmen ist es Deutschland (gefolgt von den USA).

Während Auslandsinvestoren in den ersten Jahren des Transformationsprozesses wenig Interesse an Polen zeigten und sich vornehmlich in Ungarn und Tschechien engagierten, entwickelt sich das Land inzwischen immer mehr zum bevorzugten Investitionsstandort in Mitteleuropa. Der Vorteil Polens besteht vor allem darin, daß es mit knapp 40 Mill. Verbrauchern den mit Abstand größten Absatzmarkt der Region darstellt, dessen Attraktivität durch die Option der EU-Mitgliedschaft noch erhöht wird. Hinzu kommt, daß mit den anhaltend günstigen Wachstumsperspektiven und der Aufnahme Polens in die OECD das Vertrauen der Investoren gewachsen ist. Der Boom soll in den nächsten Jahren anhalten. So schätzt die Economist Intelligence Unit (EIU), daß Polen zwischen 1996 und dem Jahr 2000 etwa 22 Mrd. US-$ Auslandsinvestitionen anziehen und nach Rußland den zweiten Platz als Investitionsstandort unter den ehemals kommunistischen Staaten Europas einnehmen könnte.

Bisher sind die ausländischen Direktinvestitionen sehr ungleichmäßig über das Land verteilt und konzentrieren sich westlich der Weichsel und dort in den städtisch-industriellen Ballungsgebieten. Durch diese Verteilung drohen die bereits existierenden **Unterschiede im regionalen Entwicklungsstand** noch vertieft zu werden.

Berücksichtigt man die verschiedenen Variablen, wie Einkommen der Haushalte, Industrieproduktion, Investitionen, Einzelhandelsumsatz und Zahl der Rentenempfänger, so schälen sich als gegenwärtig größte Problemgebiete die Makroregionen Mitte-Ost, Nordost und Südost heraus, in denen rund 27 % der polnischen Bevölkerung leben.

Diese Gebiete sind durch einen überproportional hohen Anteil ländlicher Bevölkerung, Erwerbstätiger in der Landwirtschaft sowie von Rentnern gekennzeichnet, während der Anteil Beschäftigter in der Industrie, die Industrieproduktion und die Investitionen je Einwohner erheblich hinter dem Landesdurchschnitt zurückbleiben.

Durch einen unterdurchschnittlichen Anteil Erwerbstätiger im Privatsektor sind andererseits die Gebiete klar erkennbar, in denen der Rückstand in der Privatisierung besonders hoch ist und in denen sich rund 30 % der polnischen Erwerbstätigen und 43 % der polnischen Industrieproduktion konzentrieren. Das sind die Regionen Nord, Süd und Südwest mit ihren monostrukturierten Schwerindustrien, in denen noch erhebliche Umstrukturierungen anstehen.

Seit der umfangreichen Preisliberalisierung von 1989/90 ist die **Inflations**rate (abgesehen von zeitweiligen saisonalen Abweichungen) aufgrund der stabilitätsorientierten Geld- und Zinspolitik der polnischen Nationalbank von Jahr zu Jahr (1990: 585,8 %, 1991: 70,3 %, 1993: 35,3 %, 1995: 27,8 %, 1996: 19,9 %, 1997: 14,9 %) gefallen. Der Anstieg der Verbraucherpreise fiel 1996 erstmals trotz wachsender Geldmenge, steigender Reallöhne und boomender Binnennachfrage unter die 20 %-Grenze, aber mit 14,9 % war die Geldentwertung in Polen auch 1997 noch weit vom EU-Durchschnitt (2,3 %) entfernt. Das Ziel der Regierung, die Inflation zum Jahresende 1998 auf 9,5 % zu drosseln, konnte erreicht werden.

Neben der Inflation ist die **Arbeitslosigkeit** ein weiteres wesentliches Problem der polnischen Volkswirtschaft, das aufgrund der noch ausstehenden Privatisierung und Restrukturierung der Wirtschaftssektoren mittelfristig kaum zu lösen sein wird. Seit dem Höchststand im Juli 1994 (2,982 Mill.) hat sich die Zahl der registrierten Arbeitslosen allerdings fortlaufend verringert. Im Sommer 1998 lag sie mit unter 10 % der zivilen Erwerbstätigkeit sogar vergleichsweise niedrig, wobei ein großer Teil der Arbeitslosen Jugendliche zwischen 15 und 24 Jahre sind.

Die Massenarbeitslosigkeit wird noch für einige Jahre eines der schwerstwiegenden gesamtwirtschaftlichen Probleme in Polen bleiben. Denn diverse strukturelle Faktoren erschweren den Abbau der hohen Arbeitslosigkeit: die außerordentlich hohe Zahl von jungen Polen, die bis in das nächste Jahrtausend hinein das erwerbsfähige Alter erreichen, die regionale Verteilung der Arbeitslosigkeit, die fehlende Mobilität der Arbeitssuchenden, die mangelnde oder nicht marktgerechte Ausbildung.

Treibende Kraft hinter der kontinuierlichen wirtschaftlichen Wiederbelebung in Polen ist der **Privatsektor.** 1997 erwirtschaftete er 65 % der Bruttowertschöpfung, stellte 67 % der Erwerbstätigen, tätigte 52 % aller Investitionen und ist inzwischen (1997) mit rund 63,5 % an der Industrieproduktion und 74 bzw. 82 % an den Exporten und Importen des Landes beteiligt.

Polen hat bereits das siebte Jahr seiner Privatisierungspolitik hinter sich. Aber trotz vielfältiger Privatisierungsmethoden ist der Stand der Eigentumsumwandlung nach wie vor unbefriedigend. Bis Jahresmitte 1997 waren erst 4052 Staatsbetriebe, d.h. etwa 56 % der staatlichen Unternehmen von Mitte 1990 (ohne landwirtschaftliche Staatsgüter), in den Privatisierungsprozeß eingebracht worden, und bei nicht einmal 25 % der ehemaligen Staatsbetriebe dürfte die Privatisierung inzwischen abgeschlossen sein. 1995 betrug der Produktionsanteil des öffentlichen Sektors an der verarbeitenden Industrie 47,1%, am Bergbau 97,1 %, an der Energie-, Wasser- und Gasversorgung 98,0 %, am Bau 17,4 % und am Dienstleistungssektor 36,9 %.

Seit der ersten Jahreshälfte 1997 hat die Privatisierung durch die Einleitung mehrerer größerer Privatisierungsprojekte und den Börsengang der 15 Nationalen Investmentfonds (NFI), die im Rahmen der Massenprivatisierung 512 Staatsbetriebe zur Umstrukturierung und Modernisierung übernommen haben, wieder etwas an Fahrt gewonnen. Nach dem Regierungswechsel 1997 wurde die Beschleunigung des Privatisierungsprozesses angekündigt. Das Ministerium für den Staatsschatz legte ein „Privatisierungsprogramm bis zum Jahr 2001“ vor. Dieses sieht einen über die Branchen breit gestreuten Entstaatlichungsprozeß vor. Schatzminister Wąsacz stellte im August 1998 den Verkauf von 70 staatlichen Großunternehmen für das Jahr 1999 in Aussicht (Fluggesellschaft LOT, Versicherung PZU u.a.).

Nach dem bisher schleppend verlaufenden Privatisierungsprozeß ist 1997 Bewegung in den **Banken**sektor gekommen. Mit den 1997 und

Wertpapierbörse in Warschau

1998 eingeleiteten Privatisierungen von vier Großbanken wurde der staatliche Einfluß in diesem Bereich weiter zurückgedrängt. Ein weiteres Positivum im Bankenbereich ist ein starkes ausländisches Investitionsengagement, durch das die Präsenz ausländischer Banken laufend zunimmt. Ende 1996 gehörten 14 % der Gesamtaktiva und 22 % aller Eigenmittel des polnischen Bankensystems den direkt von ausländischen Investoren kontrollierten Banken.

Im August 1997 verabschiedete der Sejm ein neues Bankengesetz und ein neues Nationalbankgesetz, die das Bankenrecht den einschlägigen Vorschriften der EU anpassen. Die Bankenaufsicht bleibt demzufolge entgegen den ursprünglichen Plänen der damaligen Regierungsparteien wie bisher im Aufgabenbereich der Nationalbank (NBP). Sie wird aber künftig von einer Bankenaufsichtskommission überwacht, die unter anderen von Vertretern der Nationalbank, des Finanzministeriums und des Staatspräsidenten bestückt wird. Das neue Nationalbankgesetz verteidigt im wesentlichen die Unabhängigkeit der Nationalbank. Außerdem sind Maßnahmen vorgesehen, um Versuche der Geldwäsche unter Nutzung des Bankensektors zu vereiteln. Künftig sollen die sich um eine Lizenz bemühenden Geldinstitute Nachweise über die Herkunft ihres Gründungskapitals erbringen. Neu geschaffen wurde ein „Rat für Geldpolitik", der sich mit der Festlegung von Zinssätzen, Wechselkursen oder Mindestreservevorschriften befassen soll. Bis dahin lagen Entscheidungen über die Geldpolitik allein beim Präsidenten der Nationalbank bzw. deren Management.

Ob das Aufblühen der polnischen Wirtschaft in ein langfristig konsolidiertes Wirtschaftswachstum übergeleitet werden kann, wird davon abhängen, ob Polen seine drängenden Strukturprobleme löst – die Reform des **Sozialversicherungssystems** und die Umstrukturierung der Landwirtschaft.

Bisher ist es nicht gelungen, den Ausgabendruck, der von den beträchtlichen Sozialausgaben ausgeht, in den Griff zu bekommen. Die Sozialleistungsquote ist in Polen deutlich höher als in den meisten Ländern mit vergleichbarem Nationaleinkommen.

Bisher bestanden in Polen zwei staatliche Sozialversicherungssysteme: eine allgemeine Sozialversicherung (ZUS) und eine eigenständige Sozialversicherung für die Bauern, die außer den Altersrenten jeweils auch Transferzahlungen wie Invaliden- und Hinterbliebenenrenten, Krankengeld und Familienbeihilfen leisteten. Als dritte Säule der sozialen Absicherung bestand eine Arbeitskasse, aus der die Arbeitslosenunterstützung gezahlt und Arbeitsmarktmaßnahmen getragen wurden. Alle drei Fonds funktionierten nach dem Umlageverfahren, d.h., Auszahlungen wurden durch die laufenden Beiträge finanziert. Die Beiträge beliefen sich auf insgesamt 48,2 % des Bruttoarbeitsentgelts und wurden bisher allein von dem Arbeitgeber getragen.

Weil durch Anhebung der Mindestrente, großzügige Vorruhestands- und Invaliditätsregelungen und Indexbindung an die Löhne der Umfang der Leistungen stark ausgeweitet wurde, hatte sich bei den Sozialfonds eine immer größere Deckungslücke aufgetan. Kamen 1989 auf einen Rentner noch 2,6 Beschäftigte, so lag dieses Verhältnis 1996 nur noch bei 1,6. Gleichzeitig führten die Maßnahmen dazu, daß das durchschnittliche Rentenalter mit 55 Jahren bei Frauen und 59 Jahren bei Männern deutlich unter dem gesetzlichen Pensionsalter liegt und Polen im OECD-Vergleich überdurchschnittlich junge Rentner hat, was mit langfristigen Belastungen der Rentenkasse verbunden ist.

Bisher wurde das Defizit der Sozialfonds durch jährliche Transfers aus dem Staatshaushalt ausgeglichen. Dies band einen beachtlichen Teil der Budgetmittel.

Nach einer langen Vorbereitungszeit sind 1997 wichtige Schritte für eine Neuorientierung des **Sozialversicherungssystems** unternommen worden. Ein Gesetz zur allgemeinen obligatorischen Krankenversicherung wurde bereits verabschiedet und trat am 1.1.1999 in Kraft. Es sieht u.a. die Gründung von regionalen und branchenbezogenen Krankenkassen sowie eines Landesverbandes vor. Die einzelnen Kassen werden in einem vom Staat stark regulierten Wettbewerb zueinander stehen. Die Versicherten sollen 10% ihres sozialversicherungspflichtigen Einkommens (gleichzeitig mit dem Steuerabzug) an die Kassen abführen. Die Gesetzesprojekte zur **Rentenreform** traten ebenfalls am 1.1.1999 in Kraft. Um die weitgehende Selbstfinanzierung des Sozialversicherungssystems zu erreichen, soll die bisherige Altersvorsorge durch ein Drei-Säulen-System ersetzt werden. Die erste Säule wird wie bisher aus einer staatlichen Rente bestehen, die weiterhin durch ein Umlageverfahren finanziert wird, aber nur noch eine Teilversorgung sicherstellt, wobei der Anstieg an die Entwicklung der Lebenshaltungskosten gebunden wird. Als Ergänzung der staatlichen Vorsorge kommen als zweite obligatorische Säule vom Staat überwachte und miteinander konkurrierende Pensionsfonds hinzu, die nach dem Kapitaldeckungsverfahren arbeiten, d.h., jeder Versicherte spart – eventuell unter Hinzunahme von Arbeitgeberbeiträgen – seine künftige Zusatzrente selbst an. Die dritte Säule bilden freiwillige Zusatzversicherungen auf privater Basis, für die möglicherweise steuerliche Vergünstigungen gelten werden. Zur Abdeckung des finanziellen Engpasses in der Übergangsphase wird ein Teil der Privatisierungserlöse aus den anstehenden Privatisierungsprojekten als Startkapital zur Verfügung gestellt.

Knapp 4,3 Mio. Polen sind in der Landwirtschaft tätig. Das entspricht fast 28 % der arbeitenden Bevölkerung (BIP-Anteil: 6,5 %). Davon sind allerdings nur ca. 50 % Vollerwerbslandwirte. Seit 1988 verbesserte sich zwar die Ausstattung der Agrarbetriebe mit Traktoren und Maschinen, und auch bei der Infrastruktur wurden Fortschritte erzielt, aber die polnische Agrarwirtschaft ist immer noch archaisch und die Infrastruktur mangelhaft. Die privaten Bauernhöfe umfaßten 1995 rund 13,8 Mio. ha der 18,7 Mio. ha landwirtschaftlich genutzten Fläche, 476 000 ha entfielen auf landwirtschaftliche Genossenschaften und 3,7 Mio. ha auf Staatsgüter einschließlich des Landes, das die „Agentur des Fiskus für Landwirtschaftliches Eigentum" von ehemaligen Staatsgütern (PGR) mit dem Ziel des Verkaufs, der Verpachtung und Auflösung übernommen hat. Die Agentur verkaufte von der übernommenen Fläche bisher nur ca. 11 %. Die wichtigste neue Bewirtschaftungsform für die ehemaligen Staatsgüter ist daher die Pacht.

Die Zahl der landwirtschaftlichen Betriebe ging von 1988 bis 1996 von 2,168 Mio. auf 2,042 Mio. zurück, wobei sich die Durchschnittsgröße von 7,05 ha auf 7,51 ha vergrößerte, ohne daß hinter diesen marginalen Veränderungen eine landwirtschaftliche Strukturpolitik stünde. Am günstigsten ist die Größe der privaten Betriebe in den nordöstlichen und südwestlichen Wojewodschaften, wo auf einen Hof etwa zehn Hektar entfallen und Familienbetriebe von 40 ha keine Seltenheit sind. In den zentralpolnischen Wojewodschaften liegt der Schnitt bei 5–7 ha und im Süden und Südosten (Galizien) bei nur 3 ha.

Die Saatfläche verringerte sich in den 90er Jahren um 2,062 Mio. ha auf 12,297 Mio. ha. Der Anteil der Getreideanbaufläche erhöhte sich, während der von Kartoffeln, Gemüse und Futterpflanzen zurückging. Große Unterschiede bestehen zwischen den einzelnen Agrarbetrieben bezüglich Erzeugung und Einkommen, Lagerung und Verarbeitung der Produkte (Nahrungsmittelindustrie); die Märkte für Agrarerzeugnise und Produktionsmittel sind noch nicht ausreichend organisiert.

Unter den Bedingungen des gemeinsamen Marktes der EU wird sich nur das obere Drittel der polnischen Höfe behaupten. Die brisante

Frage, was aus dem Rest werden soll, läßt sich nur mit einer Mischung von Struktur- und Sozialpolitik für den ländlichen Raum beantworten. Zum einen bleibt der Bezug der nicht aus landwirtschaftlicher Betätigung stammenden „Transfereinkommen" – das sind vor allem Renten und Frührenten – als Beitrag zur Existenzsicherung erhalten. Zum anderen ist das Heer der Kleinproduzenten entweder nur schwach oder gar nicht an den Markt gebunden. Einem „Subsistenzbauern", der nur für den Eigenbedarf produziert und darüber hinaus von einer Rente lebt, werden verschärfte Konkurrenzbedingungen auf dem Markt nicht weiter schaden. Von dem gefürchteten Strukturwandel im Agrarsektor dürften große Gruppen von Landwirten deshalb nur mittelbar betroffen sein.

Für Nebenerwerbsbauern, die mit ihren landwirtschaftlichen Produkten womöglich vom Markt verdrängt werden, wird von entscheidender Bedeutung sein, daß sie nicht auch noch ihren Arbeitsplatz in der Industrie verlieren. Um das zu verhindern oder auszugleichen und zugleich die hohe registrierte oder versteckte Arbeitslosigkeit im ländlichen Raum abzubauen, ist deshalb eine Infrastrukturpolitik notwendig, die über traditionelle Agrarpolitik hinausgeht. Brüsseler Agrarstrategen und der polnische Landwirtschaftsminister, der jüngst einen Reformplan vorlegte, sehen das ähnlich. Die vielseitige Entwicklung des ländlichen Raums wird als notwendig angesehen, die außer einer modernen Veredelungsindustrie für Agrarprodukte die Ansiedlung zukunftsgerichteter Gewerbe vorsieht.

VII. Ökologie

Die Umweltbelastung in Polen ist insgesamt hoch, und in vielen Industrieregionen werden die staatlich gesetzten Standards und Normen vielfach verletzt. Das bezieht sich auf alle natürlichen Ressourcen wie Luft, Wasser, Boden und Wald. Besonders betroffen von der Umweltbelastung sind die Industriezentren und die großen Agglomerationen. In den ausgewiesenen „Gebieten der ökologischen Bedrohung", die 11 % der Gesamtfläche Polens ausmachen, lebt ein Drittel der Bevölkerung. Darunter befinden sich vier sog. Katastrophengebiete: das oberschlesische Industrierevier, Krakau, das Kupferbecken Liegnitz-Glogau und die Danziger Bucht. Teilweise stehen die Gebiete vor dem ökologischen Kollaps, auch wenn in den 90er Jahren die Schadstoffemission wegen der Schließung von Betrieben oder Umrüstung zurückgegangen ist.

Erhebliche Probleme hat die Wasserwirtschaft in Polen sowohl mit der Quantität des zur Verfügung stehenden Wassers als auch mit seiner Qualität. In vielen Regionen tritt periodischer Mangel in der Wasserversorgung auf. Besonders schwierig sieht die Situation in Ober- und Niederschlesien sowie in einzelnen Städten aus. Über Jahrzehnte war der Umgang mit Wasser in der polnischen Industrie ineffizient, was auf wasserintensive Technologien und einen Mangel an geschlossenen Wasserkreisläufen zurückzuführen ist. Geringe Wasser- und Abwasserpreise sowie leichte Kostenüberwälzungsmöglichkeiten spielten hier eine entscheidende Rolle. Die Qualitätsprobleme der Wasserwirtschaft sind vor allem durch den hohen Anteil der ungeklärten Abwässer verursacht, wobei Verunreinigungen durch Schwermetalle und Stickstoffverbindungen eine wichtige Rolle spielen. Die unzureichende Abwasserreinigung ist für die sehr hohe Verschmutzung der polnischen Flüsse verantwortlich.

Das Waldsterben in vielen Regionen Polens ist eine unmittelbare Konsequenz der hohen Luftbelastung. Die natürlichen Regenerationsfunktionen des Ökosystems Wald werden durch anhaltendes Waldsterben beeinträchtigt. Die Bedrohung des Waldes konzentriert sich stark in den Gebirgsregionen. Das Ausmaß und die Geschwindigkeit des

Hochwassers in Schlesien und in Kleinpolen im Juli 1997 wurde nicht zuletzt durch die Bodenerosion in den Sudeten (Riesengebirge u.a.) und in den Beskiden infolge des Waldsterbens verursacht.

Die zunehmende Bedeutung des Umweltproblems wurde erstmals Anfang der 70er Jahre diskutiert. Die Umweltpolitik der 70er Jahre hatte vor allem eine plakative, propagandistische Bedeutung, auch wenn es in Einzelbereichen Fortschritte gab. Besonders die zweite Hälfte der 80er Jahre war eine Zeit zunehmender Aktivierung sowohl der Politiker als auch der Gesellschaft. Ökologische Bewegungen entstanden schon vor der Wende 1989.

Die Lösungsmöglichkeiten des Umweltproblems in Polen haben sich durch die neuen politischen und wirtschaftlichen Rahmenbedingungen insofern verbessert, als die Zerstörung des Ökosystems zu einem Kostenfaktor wurde, der über die Entwicklung ganzer Regionen (Oberschlesien, Liegnitz-Glogau u.a.) und die langfristige Attraktivität des Wirtschaftsstandorts Polen in Europa entscheidet. Bisher ist aber auch in den 90er Jahren der staatliche Mitteleinsatz für Umweltpolitik bescheiden geblieben. Auch wenn ein vergleichsweise hoher Anteil des BIP in Umweltinvestitionen gesteckt wird (über 1 %), so sind die Aufwendungen, die zu tätigen sind, derart hoch, daß selbst die über 1 Mrd. US-$, die mittlerweile pro Jahr in den Umweltschutz investiert werden, nicht ausreichen. Polen bleibt auf diesem Gebiet auf internationale Unterstützung angewiesen. Das wichtigste externe Programm ist das sog. PHARE-Programm der EU. Im Rahmen des PHARE-Unterprogramms CBC (Cross Border Cooperation) stehen für Projekte in Polen bis zum Jahr 1999 jährlich ca. 55 Mio. ECU zur Verfügung. 25 % der Mittel sind dabei für den Umweltschutz vorgesehen.

Im Zuge einer Anfang 1992 in die Wege geleiteten Rettungsaktion erhielt Polen vom globalen Umweltschutzfonds, der von der Weltbank und der UNO gefördert wurde, 7 Mio. DM für den Erhalt seiner Wälder. Die Rettung der fast zerstörten Wälder in den Sudeten und im Białowieski-Nationalpark stand dabei im Vordergrund. Nach Berechnungen von Experten müßten in den nächsten 30 Jahren rund 160 Mrd. DM investiert werden, um eine langfristige Sanierung der Umwelt in Polen zu erreichen.

Im Rahmen des Umweltschutzes wurden die Arbeiten für die Ratifizierung von Umweltschutzkonventionen wie der Berner Konvention über den Schutz der wilden europäischen Pflanzen- und Tierwelt sowie ihrer Biotope fortgesetzt. Polen arbeitet intensiv mit der Europäischen Agentur für Umweltschutz sowie dem europäischen Netz zur Durchsetzung des Rechts auf Umweltschutz zusammen. Gegenwärtig entsteht ein integriertes Informationssystem „Umwelt", das Informationen über den Zustand der Umwelt in Polen sammelt. Eine Kommission für Umweltentwicklung wurde gegründet, deren Aufgabe die Harmonisierung der unterschiedlichen Investionen mit der Umweltpolitik sein soll.

VIII. Außenpolitik

Die polnischen Außenminister seit 1989

Krzysztof Skubiszewski	1989–1993
Andrzej Olechowski	1993–1995
Władysław Bartoszewski	1995–1996
Dariusz Rosati	1996–1997
Bronisław Geremek	1997–

Über Grundfragen der Außenpolitik herrscht in den politischen Eliten Polens ein breiter Konsens, der von den Parteien aus dem Solidarność-Lager bis zu den Vertretern der Nachfolgeparteien des alten Regimes (SLD/SdRP, PSL) reicht, die von 1993 bis 1997 das Land regierten. Wenn es ein Feld der polnischen Politik gibt, das nach 1989 durch den Begriff „Kontinuität“ zutreffend charakterisiert werden kann, dann ist es die Außenpolitik der III. Republik mit ihren sicherheitspolitischen Implikationen.

Es überrascht kaum, daß bis Herbst 1993 die aus der Solidarność hervorgegangenen Eliten der Republik Polen und seit der Regierungsübernahme auch die Nachfolger der alten Systemparteien die Sicherheitslage im Vergleich zu den Nachbarn in Mitteleuropa am schonungslosesten analysierten und am dringlichsten nach einer neuen Sicherheitsverankerung fragten. Polen stellt das größte, bevölkerungsreichste und wirtschaftlich interessanteste Land Ostmitteleuropas dar. Polen ist die geographische Brücke zwischen Rußland und Deutschland, damit geostrategisch und historisch-politisch von allen Staaten Ostmittel- und Südosteuropas am exponiertesten gelegen und als strategisches Schlüsselland von dem sicherheitspolitischen Vakuum nach dem Ende des Kalten Krieges am meisten betroffen. Die Zahl der Nachbarstaaten Polens wuchs von drei auf sieben, von denen keiner seine Identität bewahrte: statt der DDR das vereinigte Deutschland, statt der Tschechoslowakei zwei Nachfolgestaaten, statt der Sowjetunion vier Nachfolger, von denen drei in der GUS (Rußland/Kaliningrad, Belarus, Ukraine) vereinigt sind, der vierte die baltische Republik Litauen ist. Vor diesem Hintergrund wird das besonders hohe Bedürfnis Polens nach Sicherheit und Anbindung an die funktionierenden Stabilitätsstrukturen des Westens verständlich.

Polen und seine neuen Nachbarn

Polen sieht sich derzeit freilich von keinem Staat direkt bedroht. Die politische Führung betont, daß Polen keine natürlichen Feinde habe und daß es keine Existenzbedrohung gebe. Polen beobachtet aber aufmerksam die starke Konzentration russischer Streitkräfte im Gebiet Kaliningrad/Königsberg und das gemeinsame weißrussisch-russische Regime an der Grenze zu Polen, womit Rußland faktisch auch hier wieder zum direkten Nachbarn wurde.

In Deutschland sieht Polen einen Sicherheitspartner, wobei die Vorbehalte angesichts der vorhandenen politischen und wirtschaftlichen Asymmetrie einer überraschend offensiven Nutzung des deutschen Eigeninteresses an der Ausweitung der Stabilitätszone in der Mitte Europas gewichen sind. In Deutschland sehen die politischen Eliten von der Linken bis zur gemäßigten Rechten heute den wichtigsten Fürsprecher einer Heranführung Polens an die westlichen Bündnisse.

Im Verhältnis zu Litauen stellt die Lage der dortigen polnischen Minderheit (ca. 220000 = 7%) einen besonderen Aspekt der Sicherheitsperzeption dar. Ein vergleichbares Risikopotential besteht, verstärkt durch die konfessionelle Komponente, wegen der polnischen Minderheit in den Beziehungen zu Belarus (ca. 380000 = 4%). In beiden Fällen stellen die polnische Ethnie und die Angst der litauischen und weißrussischen Behörden vor einer polnischen kulturellen Infiltration ein bilaterales Konfliktpotential dar. Allerdings versucht die polnische Regierung, durch die jeweiligen Nachbarschaftsverträge und die darin enthaltenen reziproken Minderheitenregelungen die Verhältnisse zu den nordöstlichen Nachbarn zu entspannen.

Die Ukraine wurde in Polen unmittelbar nach ihrer Unabhängigkeit wegen ihrer ungeklärten Beziehungen zu Rußland und ihrer desolaten wirtschaftlichen Lage als potentiell destabilisierender Faktor an der Ostgrenze bewertet. Polen ist es aber seit Anfang der 90er Jahre gelungen, das historisch belastete Verhältnis zur Ukraine bilateral auf offizieller Ebene erstaunlich harmonisch zu gestalten, wobei der deutsch-polnische Ausgleich als Vorbild dient. In der Alltagspolitik schwelen die polnisch-ukrainischen Animositäten im galizischen Grenzraum allerdings weiter.

Die staatliche Teilung der ČFSR in Tschechische und Slowakische Republik stellte aus polnischer Sicht kein sicherheitspolitisches Risiko dar.

Integration im Westen

Die neue Ausrichtung der Außenpolitik war schon unmittelbar nach der Wende von dem ersten nichtkommunistischen Ministerpräsidenten Tadeusz Mazowiecki und seinem Außenminister, dem Posener Völkerrechtler Krzysztof Skubiszewski, formuliert worden. Da der Zusammenbruch des gesamten Ostpaktsystems und das Auseinanderbrechen der Sowjetunion in der atemberaubenden Zeit, wie schließlich geschehen, nicht abzusehen war, klangen die ersten außenpolitischen Erklärungen verständlicherweise noch vorsichtig tastend und absichernd. Zuallererst ging es „damals" (1989/90) um die Herstellung und allgemeine Respektierung der äußeren Souveränität des polnischen Staates nach über vierzig Jahren sowjetischer Dominanz.

Jeder innen- und außenpolitische Schritt, den die Regierung Mazowiecki 1989 tat, war nach jahrzehntelangen Erfahrungen der Ostblockrealität ein präzedenzloses Experiment unter der Beobachtung einer täglich neu herausgeforderten Blockvormacht (die gerade den schier unglaublichen Zerfall der DDR geschehen ließ). Aber bereits bei der Aushandlung der Freundschafts- und Partnerschaftsverträge mit Frankreich und mit Deutschland an der Jahreswende 1990/91 – die kommunistischen Systeme Ostmittel- und Südosteuropas waren zusammengebrochen, Deutschland unter westlichen Vorzeichen vereinigt – forderte die polnische Seite erfolgreich die Aufnahme eines Passus, in dem sich die beiden wichtigsten Mitgliedsländer der EG zur Förderung eines EG-Beitritts Polens verpflichteten. Der von den ersten demokratischen Regierungen Polens propagierte „Weg nach Europa" – als institutionelle Anbindung an europäische Integrationsstrukturen wie

EG/EU verstanden – entsprach im wesentlichen der Vorstellung, über einen längeren Anpassungszeitraum hinweg und über spätere Mitgliedschaft in der westeuropäischen Wohlstandsgemeinschaft, politische und wirtschaftliche Stabilität zu importieren.

In einer Erklärung vor dem Sejm im Mai 1992 – der Warschauer Pakt war aufgelöst, und die Sowjetunion war auseinandergefallen – legte Außenminister Skubiszewski die neuen außenpolitischen Prioritäten der Republik Polen dar: 1. Festigung der europäischen Orientierung Polens durch seine stufenweise Einbeziehung in die EG, WEU und NATO; 2. gemeinsamer Aufbau eines gesamteuropäischen Sicherheitssystems (KSZE, später OSZE); 3. die Entwicklung guter Beziehungen mit allen Nachbarn Polens; 4. die Schaffung und Vertiefung der Regionalverbindungen (Visegrád-Staaten, Ostseeraum, Mitteleuropäische Initiative); 5. die Entwicklung der bilateralen Zusammenarbeit auf allen Gebieten mit den Ländern Westeuropas sowie den Vereinigten Staaten von Amerika und Kanada.

Zu der vom Außenminister zitierten Entwicklung regionaler Zusammenarbeit ist hinzuzufügen, daß die Visegrád-Gruppe (Polen, Ungarn, Tschecho-Slowakei bzw. Tschechien und Slowakei, benannt nach dem ersten Dreier-Treffen in der ungarischen Stadt V.) kaum als Formation nach außen auftritt. Von Anfang an war die Staatengruppe nur ein lockeres Interessenbündnis ohne formale Strukturen. Schon vor der Spaltung der Tschecho-Slowakei hatte Ministerpräsident Václav Klaus seine Reserve gegenüber einer Vertiefung und Institutionalisierung der Zusammenarbeit in der Gruppe deutlich gemacht. Die am 22.12.1992 in Krakau ins Leben gerufene wirtschaftspolitische Ersatzkonstruktion CEFTA hat dagegen einige freihandelspolitische Erfolge aufzuweisen. Auch die „Mitteleuropäische Initiative", die aus der von dem damaligen italienischen Außenminister De Michelis als Gegengewicht gegen eine befürchtete Hegemonie Deutschlands in Ostmittel- und Südosteuropa stark forcierten „Pentagonale" (Italien, Österreich, Ungarn, Tschecho-Slowakei, Jugoslawien, später um Polen, Ukraine, Slowenien erweitert) entstand, wurde durch die Heterogenität der Staatengruppe und durch den Krieg auf dem Balkan gelähmt.

Präsident Kwaśniewski mit Präsident Clinton auf dem Warschauer Schloßplatz (10.7.1997)

Durch die Anknüpfung konkreter sicherheitspolitischer Beziehungen in alle Himmelsrichtungen war Polen zum einen bestrebt, der Mitgliedschaft in der NATO näher zu kommen. Zum anderen verfolgte es konsequent den Leitgedanken regionaler sicherheits- und verteidigungspolitischer Zusammenarbeit und Vertrauensbildung auch mit den Staaten, die einer erweiterten NATO nicht angehören werden. Das nordatlantische Bündnis, erweitert um die ostmitteleuropäischen Demokratien, gilt als Import von zusätzlicher Stabilität im umfassenden Sinne. Diese bliebe bei einer Beschränkung auf die Aufnahme in die politischen und wirtschaftlichen Integrationsinstitutionen (EU) nach Auffassung Warschaus unvollständig.

Die Präsenz amerikanischer Truppen in Europa hat aus polnischer Sicht auch weiterhin größte Bedeutung für die Stabilisierung der Lage in Europa. Die seit Anfang 1994 spürbare Wende in der amerikanischen

Ostmitteleuropapolitik zugunsten einer NATO-Osterweiterung wurde dementsprechend in Warschau mit Befriedigung aufgenommen. Durch den Beitritt zum NATO-Programm „Partnerschaft für den Frieden" (Februar 1994), die demonstrativ rasche Vorstellung eines Präsentationspapiers in Brüssel (April 1994) und die zahlreichen, seit Sommer 1994 veranstalteten multilateralen Übungen mit polnischer Beteiligung in Polen und in Westeuropa untermauerte Polen seinen Anspruch, in das westliche Bündnis aufgenommen zu werden. Da das Partnerschaftsprogramm für alle Länder Europas offen war und Rußland sich selbst daran beteiligte, gab es für Moskau keine Möglichkeit zu Mißfallenskundgebungen gegen eine intensive Zusammenarbeit Polens mit der NATO. Polen nutzte die Chance in vollem Umfang – auch im Hinblick auf die militärische Zusammenarbeit mit Litauen und der Ukraine. Zudem hat Warschau seit 1995 mehr als 30 000 Soldaten für Einsätze der Vereinten Nationen abgestellt. Das Zusammenwirken mit NATO-Truppen in den Friedenseinsätzen der UNO war für die zukünftige NATO-Mitgliedschaft Polens von Vorteil. Polens wichtigstes sicherheitspolitisches Ziel rückte in greifbare Nähe, als die NATO im Juli 1997 beschloß, Beitrittsgespräche mit drei ostmitteleuropäischen Ländern (Polen, Tschechien, Ungarn) aufzunehmen. Im März 1999 soll Polen als Vollmitglied in das nordatlantische Bündnis aufgenommen werden. Im Frühjahr 1999 wird das multinationale (deutsch-polnisch-dänische) Korps Nordost in Stettin eingerichtet sein, um dann als trinationaler Stab unterhalb der Ebene der NATO-Kommandosstruktur neue Aufgaben zu übernehmen.

Gleichzeitig verstärkte Polen seine Bemühungen um die Assoziierung an die Westeuropäische Union. Hier tat sich die polnische Diplomatie im Herbst 1993 durch besondere Initiative hervor, die angesichts des demonstrativen Zögerns der NATO, sich nach dem Protestbrief des russischen Präsidenten Boris Jelzin an die Westmächte gegen die NATO-Osterweiterung mit der Beitrittsperspektive der Ostmitteleuropäer zu befassen, als eine Entlastungsinitiative zu betrachten war, die die Westeuropäer politisch unter Handlungszwang setzen sollte. Die polnische Diplomatie war insofern erfolgreich, als daraufhin während des Treffens der „Weimarer Gruppe" (Frankreich, Deutschland, Polen) die Außenminister Juppé und Kinkel ihrem polnischen Kollegen Olechowski eine deutsch-französische Initiative für eine Assoziierung der Visegrád-Staaten an die WEU zusagten, die während des WEU-Treffens im November 1993 keinen kurzfristigen Erfolg zeigte, im Mai 1994 aber schließlich zur Aufnahme von neun ostmitteleuropäischen Staaten in die WEU als „assoziierte Partner" führte.

Gerade auf der trilateralen Ebene ließ sich seit 1993 eine Intensivierung des polnischen Bemühens erkennen, sich über zwischenzeitliche Abkommen und Vereinbarungen schrittweise in die westeuropäisch-nordatlantische Sicherheitsgemeinschaft „einzukaufen".

Schon Mitte Januar 1994 war angekündigt worden, daß Deutschland, Dänemark und Polen im September oder Oktober 1994 gemeinsame Seemanöver in der Ostsee und Landübungen in Dänemark und Deutschland durchführen würden. Landübungen auf polnischem Territorium wurden dabei nicht ausgeschlossen, wie der polnische Generalstabschef Tadeusz Wilecki berichtete. Bei einem Treffen des polnischen und deutschen Verteidigungsministers in Berlin am 28.1.1994 wurde über die bereits sehr intensive deutsch-polnische Militärkooperation hinaus eine Ausweitung deutsch-polnischer Sicherheitszusammenarbeit im Rahmen von PfP vereinbart. Das Programm nannte für das erste Jahr (1994) 77 gemeinsame Aktvitäten, darunter zwei größere Militärmanöver und einen Offiziersaustausch zu Trainingszwecken. 1996 umfaßte das Programm schon annähernd 100 gemeinsame Aktivitäten, 1998 waren es bereits 125 Vorhaben.

Polen und die EU

Präsident Kwaśniewski und die polnische Regierung haben wiederholt das Jahr 2002 als Ziel für den EU-Beitritt und das Jahr 2006 als Einstiegsjahr für die Währungsunion genannt. Zwischenstationen wären die Aufnahme der Beitrittsverhandlungen in den ersten Monaten des Jahres 1998 sowie der Abschluß der Beitrittsverhandlungen im Jahr 2000. Damit wurde das vorherige Ziel, den Beitritt bereits im Jahr 2000 zu vollziehen, revidiert. Nach verschiedenen Umfragen befürworten knapp 70 % der Bevölkerung einen EU-Beitritt des Landes. Es wird allerdings angenommen, daß dieser hohe Grad der Zustimmung sinken wird, wenn in konkreten Verhandlungen die mit der EU-Mitgliedschaft verbundenen Kosten und Verpflichtungen stärker in die öffentliche Diskussion geraten.

Der am 16.12.1991 abgeschlossene und am 1.2.1994 in Kraft getretene Assoziierungsvertrag bildet die Grundlage der Zusammenarbeit zwischen Polen und der EU. Bereits 1992 entstanden auf polnischer Regierungs- und Parlamentsebene viele Institutionen und Kommissionen, die sich vor allem mit den Vorbereitungen zur Einführung der Angleichungsmaßnahmen an die EU in den Bereichen Wirtschaft und Rechtssystem beschäftigten. Die wichtigsten Koordinationsstellen in Polen waren der Regierungsbeauftragte für die Europäische Integration und ausländische Hilfe sowie die Interministerielle Gruppe für das Europaabkommen. Das Büro des Regierungsbeauftragten wurde im Zuge der Reform des Regierungszentrums im Herbst 1996 in ein Komitee mit dem Ministerpräsidenten an der Spitze umgewandelt. Dadurch sollte der Entscheidungsprozeß in der Regierungsbürokratie an Kompetenz gewinnen und beschleunigt werden. Eine der wichtigsten EU-politischen Regierungsverordnungen wurde am 29.3.1994 beschlossen. Danach unterlagen alle Gesetzes- und Verordnungsentwürfe der Prüfungspflicht im Hinblick auf das Gemeinschaftsrecht. Im Rahmen des „strukturierten Dialogs" zwischen Polen und der EU wurden 1995/96 208 Gesetzgebungs- und Angleichungsmaßnahmen, darunter 84 Gesetze, durchgearbeitet und teilweise geändert. Am 8.4.1994 stellte die polnische Regierung den Antrag auf EU-Mitgliedschaft.

Seit 1990 hat Polen von der EU sowohl nichtrückzahlbare Hilfe im Rahmen des PHARE-Programms als auch Kredite der Europäischen Investitionsbank erhalten. Aus dem PHARE-Programm wurden Polen bis 1999 1,015 Mrd. ECU zur Realisierung umfangreicher Gemeinschaftsprogramme zur Verfügung gestellt (wie Entwicklung von rechtlichen Rahmenbedingungen und Angleichung der Rechtsvorschriften an die EU, Reform der öffentlichen Verwaltung, Umgestaltung des Sozialsystems, Reform der Agrarpolitik, Investitionsförderung, Co-Finanzierung von Infrastrukturvorhaben, grenzüberschreitende Zusammenarbeit, Modernisierung von Grenzübergängen, regionale Zusammenarbeit zwischen mehreren Ländern). Seit dem 1.1.1995 ist die gesamte industrielle Ausfuhr Polens in die EU mit Ausnahme von Textilien zollfrei. Für Kohle und Stahl wurden die Zölle am 1.1.1996 aufgehoben.

Auf polnischer Seite besteht der wesentliche Anpassungsbedarf zur Vorbereitung auf den EU-Beitritt in folgenden Punkten:

- weitere Harmonisierung des nationalen Wirtschaftsrechts mit den EU-Bestimmungen;
- Umstrukturierung, Privatisierung und Marktöffnung bestimmter sensitiver Branchen wie Chemie- und Mineralölindustrie, Energiesektor, Transportwesen, Finanzwesen;
- Erhöhung der Produktivität in der Landwirtschaft;
- Annäherung an die Konvergenzkriterien für die Wirtschafts- und Währungsunion (Inflation, Zinsen) bzw. deren Erfüllung.

Im Verlauf des Anpassungsprozesses, der seit Anfang der 90er Jahre läuft, treten immer wieder Interessenkonflikte und Meinungsverschiedenheiten in Einzelfragen auf. Stichwörter zu aktuellen Problemen waren bisher u.a.: Sicherheitszertifikate, Dumpingvorwürfe bzw. Anti-Dumping-Verfahren der EU gegen Polen, EU-Beschwerde gegen Gewährung von Zollvorteilen für den koreanischen Großinvestor Daewoo in Polen, EU-Vorbehalte gegenüber der Bildung von staatlichen Holdings im Mineralöl- und Chemiesektor sowie gegenüber den Restrukturierungsansätzen in der Stahlindustrie und im Bankwesen, Protektionismus der EU bei Handel mit Agrar- und Stahlprodukten sowie Behinderungen für polnische Bau- und Montageleistungen auf dem EU-Markt.

Von Zeit zu Zeit erregen diese Streitpunkte größere Aufmerksamkeit in der Öffentlichkeit. Bei derart komplexen Verhandlungen sind sie jedoch zwischen selbstbewußten Partnern normal und Teil eines Lernprozesses für beide Seiten.

In der „Agenda 2000", das sind die am 16.7.1997 vorgestellten Zusammenfassungen und Schlußfolgerungen zu den Beitrittsanträgen Polens und neun weiterer ostmitteleuropäischer Staaten zur Europäischen Union, kam die EU zu dem Ergebnis, daß:

- Polen über die Merkmale einer Demokratie mit stabilen Institutionen verfügt, die die rechtsstaatliche Ordnung, die Menschenrechte und die Achtung und den Schutz von Minderheiten gewährleisten.
- Polen als eine funktionierende Marktwirtschaft angesehen werden kann und in der Lage sein sollte, dem Wettbewerbsdruck und den Marktkräften innerhalb der Union mittelfristig standzuhalten.
- Polen in der Lage sein dürfte, mittelfristig am Binnenmarkt teilzunehmen, wenn es seine Anstrengungen zur Übernahme insbesondere des binnenmarktbezogenen *acquis* (Gemeinschaftsbestand) fortsetzt und verstärkt an seiner Umsetzung arbeitet. Polen sollte mittelfristig zur vollen Teilnahme am Binnenmarkt in der Lage sein. Besondere Anstrengungen, einschließlich Investitionen, werden erforderlich sein, um dem *acquis* auf Gebieten wie Landwirtschaft, Umwelt und Verkehr zu entsprechen. Weitere Verwaltungsreformen werden unerläßlich sein, wenn Polen die Strukturen zur wirksamen Anwendung und Durchsetzung des *acquis* erhalten soll.

In Anbetracht dieser Überlegungen empfahl die EU-Kommission im Juli 1997, mit fünf ostmitteleuropäischen Beitrittskandidaten, darunter Polen, im Jahre 1998 Beitrittsverhandlungen aufzunehmen. Damit war die Verwirklichung des europapolitischen Hauptziels der polnischen Außenpolitik in eine neue, entscheidende Phase getreten. Am 31.3.1998 begann die erste Phase der Beitrittsverhandlungen mit einem sogenannten „Screening“ (Durchleuchtung) des aktuellen Standes der Vorbereitungen Polens in allen integrationsrelevanten Bereichen.

Zusammenarbeit in der Region

Was die außen- und sicherheitspolitische Vernetzung mit den Staaten Ostmitteleuropas betrifft, so bestehen mittlerweile Abkommen mit Lettland, Litauen und mit Estland. Militärpolitisch arbeitet Polen auf der Grundlage bilateraler Abkommen mit der Tschechischen und der Slowakischen Republik sowie mit Ungarn im Gesamtrahmen der Visegrád-Gruppe zusammen.

Bei der Gestaltung der Beziehungen zu den direkten nordöstlichen und östlichen Nachbarstaaten müssen nicht nur aktuelle Probleme der

Schaffung einer Infrastruktur von Zusammenarbeit bewältigt, sondern auch schwere historische Hypotheken überwunden werden. Nach langwierigen polnisch-litauischen Verhandlungen konnten die Präsidenten Lech Wałęsa und Algirdas Brazauskas am 26.4.1994 einen „Vertrag über freundschaftliche Beziehungen und gutnachbarliche Zusammenarbeit zwischen der Republik Polen und der Republik Litauen“ abschließen, der auch eine einvernehmliche Regelung der Minderheitenproblematik vorsieht.

Die bilateralen und multilateralen Kontakte Polens in der Region wurden ständig ausgeweitet. Im Juni 1996 kam es zur Unterzeichnung eines polnisch-litauischen Freihandelsabkommens, der ersten derartigen Vereinbarung Litauens mit einem CEFTA-Staat. Die bilaterale und grenznahe Zusammenarbeit mit Tschechien (Euregio Mähren-Schlesien, Glatz) und mit der Slowakei macht langsame Fortschritte.

Im Juli 1996 wurde auf einem Treffen der Außenminister Polens, der Ukraine und von Belarus in Brest eine verstärkte regionale Zusammenarbeit vereinbart. Außenminister Rosati sprach in Anlehnung an das „Weimarer Dreieck“ vom „Brester Dreieck“. Zukünftig sollen in diesem Rahmen regelmäßige Außenministertreffen stattfinden. Polen und der Ukraine geht es kurzfristig um die Mitarbeit von Belarus in der vor kurzem ins Leben gerufenen Euroregion Bug. Ungeachtet unterschiedlicher Standpunkte bezüglich regionaler Sicherheitspolitik im allgemeinen (Minsker Vorschlag atomwaffenfreier Zone) und der NATO-Erweiterung im besonderen sollen die bi- und trilateralen Beziehungen stabilisiert werden.

Die Euroregion Karpaten (Polen, Ukraine, Slowakei, Ungarn) ist angesichts der Widerstände vor allem in der Slowakei und des Fehlens mentaler, organisatorischer und infrastruktureller Voraussetzungen über das Gründungsstadium nicht hinausgekommen. Die Zusammenarbeit in der polnisch-ukrainischen Grenzregion liegt vor allem im Gebiet Przemyśl/Lemberg nach wie vor im argen und wird insbesondere von lokalen polnischen Kräften torpediert. Die nördlichen polnischen Wojewodschaften intensivieren weiterhin die grenzüberschreitenden Kontakte mit dem russischen Gebiet Kaliningrad, die an einem institutionalisierten „Runden Tisch“ vorbereitet werden. Die intensivste regionale Zusammenarbeit Polens entwickelt sich mit Deutschland. Als vierte Euroregion nahm Ende 1995 die Euroregion Pomerania ihre Arbeit auf, womit die gesamte deutsch-polnische Grenzregion von der Ostsee bis zur gemeinsamen Grenze mit Tschechien in Euroregionen zusammengefaßt ist (Pomerania, Pro Europa Viadrina, Spree-Neiße-Bober, Neiße/mit Tschechien)

Partnerschaft mit den Nachfolgestaaten der Sowjetunion

Wenn man den bisherigen Verlauf, den Stand und die Perspektiven der Ostpolitik Polens der Sache angemessen einschätzen will, darf man nicht die Ausgangsbedingungen für diese Politik außer acht lassen. Sie stehen in nichts den Belastungen im deutsch-polnischen Verhältnis nach. Sie spielen in den 90er Jahren sogar eine unvergleichlich größere Rolle, als dies aktuell im polnisch-deutschen Verhältnis der Fall ist. Und noch ein Vergleich: Wie im deutsch-polnischen Verhältnis bildete im Verhältnis Polens zu seinen östlichen Nachbarn die endgültige Bestätigung der Grenzen und eine befriedigende Minderheitenregelung die notwendige Ausgangsbedingung für die weitere Entwicklung der bilateralen Beziehungen.

Außenminister Skubiszewski gab am 7.9.1990 im Senat eine Grundsatzerklärung ab, die die Politik der Zweigleisigkeit begründete, also einmal die Pflege der Beziehungen zu der Sowjetunion, zum anderen zu den sich emanzipierenden Republiken einschließlich Rußland, je nach dem Grad ihrer faktischen Unabhängigkeit. Bis heute vollzieht die polnische Osteuropapolitik unverändert einen Drahtseilakt, wobei die oberste Priorität der Politik gegenüber Moskau einerseits und Minsk und Kiew andererseits die Absicherung der eigenen Westintegrationspolitik ist.

Nach dem Ende der Sowjetunion (August-Dezember 1991) bedeutete Kontinuität der Ostpolitik bei Bestätigung des Grundprinzips guter Nachbarschaft mit Rußland als Rechtsnachfolger der Sowjetunion demonstratives Bemühen um die Stützung der direkt benachbarten, nunmehr unabhängigen Staaten Litauen, Belarus und Ukraine.

Außenminister Olechowski stellte die Prinzipien der polnischen Ostpolitik folgendermaßen vor: 1. Aufbau allseitig guter Beziehungen mit den Staaten, die von besonderer politischer, sicherheitspolitischer und wirtschaftlicher Bedeutung für Polen sind. Aufgrund der begrenzten polnischen Mittel konzentriert sich Polen auf Rußland, Ukraine, Belarus, die baltischen Staaten, Kasachstan und Moldova. Aus wirtschaftlichen und politisch-militärischen Gründen nehmen Rußland und Ukraine einen besonderen Platz ein. 2. Förderung der politischen und militärischen Stabilität in der Region. Polen möchte Exporteur von Stabilität in die Region sein. 3. Schaffung neuer Möglichkeiten zur Nutzung der wirtschaftlichen Chancen im GUS-Raum.

Politik gegenüber Rußland

Mit der Ende Oktober 1992 erfolgten Rückführung aller Kampftruppen der ehemals 60000 Mann umfassenden Nordgruppe sowie dem Abzug des restlichen Militärpersonals am 17.9.1993 (54. Jahrestag des sowjetischen Einmarschs in Ostpolen) ging die über fünfzigjährige Präsenz der ehemaligen sowjetischen Armee in Polen zu Ende.

Zur Absicherung ihrer Westpolitik setzt die polnische Regierung ihre Bemühungen um Stabilisierung einer neuen politischen Partnerschaft und Intensivierung der wirtschaftlichen Beziehungen mit Rußland fort und versucht, die russische Führung von ihrer Ablehnung des NATO-Beitritts Polens abzubringen, indem sie darauf hinweist, daß die NATO ein Baustein der neuen, Rußland einbeziehenden europäischen Sicherheitsarchitektur sei.

Mit dem Versuch einer Stabilisierung bilateraler sicherheitspolitischer Beziehungen zu den östlichen Nachbarn, insbesondere zu Rußland, bezweckte Polen neben einer Verbesserung seiner Sicherheitslage auch ein Signal an die NATO. Den neuen westlichen Verbündeten sollte damit bedeutet werden, daß Polen keine ungelösten Konflikte mit Rußland in das Bündnis einbringt und keine Isolierung Rußlands beabsichtigt. In diesem Sinne äußerte sich Präsident Kwaśniewski während seines Staatsbesuchs in Moskau im April 1996. Im wirtschaftlichen Bereich geht es Polen v.a. um Sicherheiten beim Export und bei der Finanzierung des Handels, langfristige Lieferungen russischer Rohstoffe und Energieträger, die grenzüberschreitende Zusammenarbeit sowie Zusammenarbeit mit weiter entfernten russischen Regionen.

Politik gegenüber Ukraine und Belarus

Seit der Unabhängigkeit der Ukraine (24.8.1991) und von Belarus (25.8.1991) lag den wechselnden polnischen Regierungen an der Stabilisierung des Unabhängigkeitskurses der beiden östlichen Nachbarn und der Durchführung demokratischer und marktwirtschaftlicher Reformen. Für Polen sind unabhängige, demokratische und sichere Staaten an der Ostgrenze ein wesentlicher Faktor für die eigene Unabhängigkeit, Demokratie und Sicherheit.

Mit Belarus schloß Warschau im Dezember 1992, mit der Ukraine im Februar 1993 ein Abkommen über militärisch-politische Zusammenarbeit. Im Fall von Belarus sind weitergehende Bemühungen um die Entwicklung intensiverer Beziehungen wegen des Fehlens der notwendigen Träger der Unabhängigkeit nach der Machtübernahme von Präsident Alexander Lukaschenko weitgehend fehlgeschlagen. In der letzten Zeit kam es wiederholt zu Mißstimmungen, da die kommunistische weißrussische Führung der polnischen Seite Unterstützung der oppositionellen demokratischen Kräfte vorwirft.

Mehr Erfolg ist der polnischen Politik der Einbindung der Ukraine in die mitteleuropäischen Regionalbeziehungen beschieden. Anläßlich des Besuchs von Präsident Leonid Kutschma in Polen im Juni 1996 und von Präsident Kwaśniewski in der Ukraine im Mai 1997 sprachen beide Seiten von einer „strategischen Partnerschaft" zwischen Polen und der Ukraine. Der polnisch-ukrainischen Partnerschaft wird eine vergleichbare historische Bedeutung wie der polnisch-deutschen Partnerschaft zugemessen. Für Polen gilt die Stabilisierung der Ukraine als Testfall sowohl für die russische wie für die westliche Europapolitik. Aus diesem Grunde lag Polen auch besonders daran, daß die NATO im Juli 1997 eine „Vereinbarung über besondere Beziehungen" mit der Ukraine abschloß.

In seiner Osteuropapolitik muß Polen weiterhin mit einigen Dilemmas leben: Polen benötigt möglichst störungsfreie Beziehungen zu

Rußland als Flankierung der eigenen Westpolitik, die auf vollständige Integration gerichtet ist. Polen braucht ein unabhängiges Belarus und mehr noch eine unabhängige und stabile Ukraine als Sicherheit *vor* Rußland und als Pfeiler einer europäischen Ordnung *mit* Rußland. Die Unabhängigkeit der Ukraine ist für Polen der Testfall für die Einschätzung der russischen Osteuropa- und Ostmitteleuropapolitik. Damit befindet sich Polen im natürlichen Interessengegensatz zu Rußland, das die Wiederherstellung seiner Hegemonie im gesamten GUS-Raum anstrebt. Die Dilemmas der polnischen Osteuropapolitik sind zugleich eine Widerspiegelung der Dilemmas der NATO-Staaten bei dem Versuch, eine neue stabile Friedensordnung in Europa mit der NATO aufzubauen, wobei Rußland bevorzugter Partner (NATO-Rußland-Partnerschaftsrat), aber nicht Mitglied werden soll.

IX. Polen und Deutschland

An der polnischen Deutschlandpolitik nach dem Ende des Ost-West-Konflikts läßt sich der grundsätzliche Wandel in der polnischen Politik exemplarisch darstellen. Die Berufung auf eine „polnisch-deutsche Interessengemeinschaft" in Europa von polnischer Seite, wie erstmals im Februar 1990 durch Außenminister Skubiszewski in Bonn geschehen, war ohne Vorbild in der polnisch-deutschen Beziehungsgeschichte. Nirgends wurde der sich ankündigende Wandel in den polnisch-deutschen Beziehungen sinnfälliger darstellbar als zwischen dem 9. und 14.11.1989. Das Zusammentreffen des offiziellen, außergewöhnlich langen Polenbesuchs von Bundeskanzler Kohl und der Versöhnungsgeste der Regierungschefs Mazowiecki und Kohl in Kreisau mit dem Fall der Mauer, die kurzfristig entschiedene Unterbrechung des Besuchsprogramms für einen Blitzbesuch in Berlin und die anschließende Unterzeichnung einer „Gemeinsamen Erklärung" mit 78 Punkten über das Verhältnis zwischen den beiden Staaten verdichteten die Anzeichen einer historischen Zeitenwende in der Mitte Europas.

Mit dem unmittelbar nach der deutschen Einheit am 14.11.1990 unterzeichneten Grenzvertrag sollte das Kapitel „Grenzfrage" zwischen Deutschen und Polen endgültig abgeschlossen sein. Das Hauptziel der polnischen Außenpolitik nach 1945, die allseitige Anerkennung der polnischen Westgrenze an Oder und Neiße, wurde gleichzeitig mit dem Fernziel der bundesdeutschen Außenpolitik seit 1949, der Wiedergewinnung der staatlichen „Einheit in Frieden und Freiheit", erreicht. Der große Entwurf zukünftiger polnisch-deutscher Beziehungen war dem „Vertrag über gute Nachbarschaft und freundschaftliche Zusammenarbeit" vom 17.6.1991 vorbehalten.

Der Vertragstext des Nachbarschaftsvertrags spiegelt die weit über das Bilaterale hinausgehende europäische Funktion der deutsch-polnischen Beziehungen wider, die beide Regierungen dem Vertragswerk zusprachen.

Der Vertrag vom 17.6.1991 ist das umfangreichste Vertragswerk mit den konkretesten Beschreibungen von Kooperationsfeldern in der Reihe der Freundschafts- und Nachbarschaftsverträge, die Polen seit dem

Ministerpräsident Bielecki und Bundeskanzler Kohl am 17.6.1991 bei der Unterzeichnung des deutsch-polnischen Partnerschaftsvertrags

Ende der kommunistischen Herrschaft in Europa mit einem Nachbarland abgeschlossen hat. Die befriedigende Regelung für die deutsche Minderheit in Polen auf der Grundlage größtmöglicher Reziprozität (Art. 20–22) und die deutsche Fürsprecherrolle für die europäische Integration Polens (Art. 8) wurden von den Vertragspartnern besonders pointiert.

Die bilateralen Beziehungen befinden sich sieben Jahre nach der Unterzeichnung des Partnerschaftsvertrages in einer Phase des dynamischen und umfassenden Auf- und Ausbaus. Trotzdem ist das Verhältnis noch störanfällig, manchmal nicht frei von Restmißtrauen. In einigen Teilbereichen sind auch noch keine Fortschritte zu verzeichnen.

Die uneingeschränkt positive Beurteilung der Beziehungen durch die ersten Regierungen der Post-Solidarność-Ära (1989–1993) wurde auch von den Nachfolgeregierungen und insbesondere von Präsident Kwaśniewski geteilt. Polen sieht derzeit in Deutschland seinen solidesten Partner. Zugleich hat sich die Bundesregierung verpflichtet, „Anwalt Polens“ in NATO/WEU/EU zu sein. Während seines Besuchs in Polen im Juli 1995 unterstrich Bundeskanzler Kohl diese deutsche Selbstverpflichtung aus Eigeninteresse nochmals sehr eindrücklich.

Auf die großen Verträge von 1990 und 1991 folgte eine größere Anzahl von Abkommen, darunter die zur Erleichterung der Grenzabfertigung (29.7.1992), zur Festlegung neuer Grenzübergänge (6.11.1993), zur Zusammenarbeit im militärischen Bereich (25.1.1993), zur Zusammenarbeit hinsichtlich der Auswirkung von Wanderungsbewegungen (7.5.1993) und zur Umweltkooperation (6.3.1994). Im Zusammenhang mit dem Nachbarschaftsvertrag wurde eine Regierungskommission für regionale und grenznahe Zusammenarbeit eingesetzt. Die Bauminister Klaus Töpfer und Barbara Blida unterzeichneten eine Absichtserklärung über eine engere Zusammenarbeit in der grenznahen Raumordnungspolitik beiderseits von Oder und Neiße (9.10.1995). Am 10.4.1997 unterzeichneten die Innenminister Kanther und Miller ein Abkommen über die gegenseitige Hilfeleistung bei Katastrophen oder schweren Unglücksfällen, das noch vor seinem offiziellen Inkrafttreten durch die Überschwemmungskatastrophe an der Oder auf seine Wirksamkeit überprüft werden mußte.

Wenn man die Frage stellt, wo angesichts des beeindruckend positiven Tableaus der deutsch-polnischen Beziehungen auf der Makroebene die Defizite im Alltag liegen, dann geht es hier nicht um eine möglichst lückenlose Aufzählung der noch zwischen Polen und Deutschland bestehenden Probleme. Anhand einiger Beispiele soll hier der Alltag der deutsch-polnischen Beziehungen umrissen werden. Die unterschiedlichen Kooperationsformen und die Art der Probleme, ihre Wahrnehmung und die Versuche ihrer Überwindung sind zugleich ein Barometer der Qualität deutsch-polnischer Beziehungen. Erst die große politische Wende von 1989/90 und die bis dahin unbekannte Vervielfachung der Kontakte auf allen Ebenen brachte es mit sich, daß sich Polen und Deutsche mit all dem beschäftigen, was heute teilweise auch für negative Schlagzeilen in den deutschen und polnischen Medien sorgt.

So bilden der Ausbau der Grenzübergänge und die gemeinsame Verbrechensbekämpfung einen Problemschwerpunkt in den deutsch-polnischen Regierungskontakten. Die Lage an den Grenzübergängen hat negative Breitenwirkung im transnationalen Verhältnis.

Wegen des stetig steigenden Personen- und Warenverkehrs wird eine wirksame Kontrolle an der 431 km langen deutsch-polnischen Grenze immer dringlicher. Besorgniserregende Steigerungsraten bei professionellem Schmuggel, Drogenhandel, KFZ-Verschiebung und illegalem Grenzübertritt erfordern gezielte Gegenmaßnahmen. Ein deutsch-polnisches Grenzabkommen unterzeichneten die Innenminister Kanther und Milczanowski am 5.4.1995 in Bonn. Kanther bezeichnete das Abkommen als weiteren Schritt in der gemeinsamen deutsch-polnischen Sicherheitspolitik. Der Vertrag habe eine Pilotfunktion, weil erstmals die polizeiliche Zusammenarbeit über die Außengrenze eines Schengen-Staats hinweg geregelt werde.

Wegen der unhaltbaren Situation an der Grenze setzten Bundeskanzler Kohl und Ministerpräsident Pawlak bei ihrem Treffen in Bonn am 14.4.1994 Sonderbeauftragte ein, die sich in einer „Gemeinsamen Erklärung" Anfang September 1994 auf die „zügige" Modernisierung der bestehenden und die Öffnung zusätzlicher Kontrollstellen einigten. Noch im Dezember 1994 vereinbarte die Expertenkommission die Erhöhung der Zahl der Übergänge auf 29. Für Erleichterungen sollten im Frühjahr 1995 erstmals Grenzübertrittsstellen im sogenannten „kleinen Grenzverkehr" sorgen. Die Verkehrsminister Wissmann und Liberadzki unterzeichneten am 20.3.1995 in Warschau drei Abkommen, die sich auf den Bau bzw. Umbau von Brücken an Grenzübergängen sowie die Gewährleistung eines technisch einwandfreien Zustands schon vorhandener Brücken beziehen.

Seit Frühjahr 1995 schien das Inkrafttreten des Schengener Abkommens über den Fall der Binnengrenzen von einigen EU-Staaten an der EU-Außengrenze gegenüber Polen zu einer erneuten Verschärfung der Situation an der deutsch-polnischen Grenze führen zu müssen. Es stellte eine Herausforderung an die deutsche Politik dar, nach einer praktikablen Lösung zu suchen, damit das Vertrauen in eine EU-Öffnung in Polen nicht verschwand und das Schlagwort von der „Festung Europa" nicht gerade an der deutsch-polnischen Grenze eine besonders drastische Bestätigung fand.

Neben bisher verschlafenen kleinen Ortschaften entlang der Oder und Neiße werden Städte wie Schwedt, Küstrin-Kietz, Frankfurt/Oder, Guben, Bad Muskau oder Forst tagtäglich von Zehntausenden deutschen Einkaufstouristen heimgesucht, die ihr Geld für Billigeinkäufe in den polnischen Nachbarstädten ausgeben. Erst seit kurzer Zeit wird auch auf der deutschen Seite vermehrt der Vorteil erkannt, den eine offene Grenze mit Polen und eine zunehmend konsumfreudige und kaufkräftige polnische Kundschaft für die deutsche Seite hat. Die Tageszeitung „Die Welt“ berichtete am 4.4.1997 über die Situation in Görlitz, wo das Kaufhaus Karstadt zwischen 1994 und 1997 einen rasanten Zuwachs an polnischer Kundschaft um 30 bis 50% registrierte und sein Sortiment entsprechend ausrichtet. In der Heimwerkerabteilung wurden 1996 50% des Umsatzes mit polnischen Kunden gemacht. Eine vergleichbare Tendenz stellen auch Einzelhandelsgeschäfte in Görlitz fest. In Frankfurt/Oder, der jungen Universitätsstadt, ist in den vergangenen zwei Jahren gleichfalls die Bereitschaft gewachsen, die Dienstleistungen auf polnische Kunden auszurichten. In einem Einkaufszentrum und in Einzelhandelsgeschäften in Frankfurt kann man seit 1997 mit Złoty bezahlen.

Andererseits läßt die grenzüberschreitende lokale und regionale Zusammenarbeit immer noch sehr zu wünschen übrig. Mentalitäts- und Bewußtseinsfragen, Geldmangel und inkompatible Verwaltungsstrukturen auf beiden Seiten von Oder und Neiße lassen die Realisierung der Idee der Euroregionen oft im Ansatz steckenbleiben: Denn es scheint schon schwierig zu sein, in Görlitz die alte Fußgängerbrücke über die Neiße wiederherzustellen, in Bad Muskau/Łęknica (Lugknitz) einen Übergang über die Neiße zu schaffen, einen Autoübergang auf der Insel Usedom einzurichten oder eine normgerechte Kläranlage für die Stadt Swinemünde mit deutscher Hilfe zu bauen (was zwischenzeitlich geschehen ist). Andererseits ist 1995 mit großer Unterstützung der beiden sehr kooperationswilligen Stadtverwaltungen von Guben/Gubin mit dem Bau der ersten von Deutschen und Polen gemeinsam betriebenen Kläranlage für die geteilte Grenzstadt begonnen worden. Sie wurde 1997 in Betrieb genommen. Die Schwierigkeiten bei der Informationsbeschaffung und Koordinierung auf beiden Seiten der Oder während der Überschwemmungskatastrophe im Juli 1997 machten Polen und Deutschen klar, daß eine intensivere Zusammenarbeit im Interesse beider Seiten liegt.

Erfreulich entwickelt sich die Zusammenarbeit im militärischen Bereich. Eine polnisch-deutsche „Vereinbarung über die Zusammenarbeit im militärischen Bereich" wurde am 25.1.1993 von den beiden Verteidigungsministern in Bonn unterzeichnet. Die Kooperationsmöglichkeiten werden seit 1991 in bestimmten Programmen zusammengefaßt, die Jahr für Jahr aufgestockt werden. Im August 1994 nahm der erste deutsche Stabsoffizier an der polnischen Generalstabsausbildung in Warschau teil. Eine Vielzahl von Begegnungen und Kontakten findet entlang der deutsch-polnischen Grenze zwischen den dort stationierten Truppenteilen statt. Am 13.9.1994 wurde die erste Patenschaftsübereinkunft zwischen dem Wehrbereichskommando VIII/Div in Neubrandenburg und der 12. Panzergrenadierdivision in Stettin im Beisein der beiden Verteidigungsminister unterzeichnet.

Ein Schlüssel für die langfristige Festigung der polnisch-deutschen Verständigung ist die Überwindung von Vorurteilen und gegenseitiger Unkenntnis in der jungen Generation der beiden Länder. Zu diesem Zweck wurde das Deutsch-Polnische Jugendwerk eingerichtet. Diese an sich löbliche Einrichtung, die nach dem Vorbild des Deutsch-Französischen Jugendwerks gegründet wurde, leidet aber darunter, daß sie über einen viel zu niedrigen Haushalt verfügt, als daß sie die große Nachfrage nach Unterstützung deutsch-polnischer Jugendmaßnahmen befriedigen könnte. Hier ist eine finanzielle Aufstockung dringend geboten, wenn die Betonung der Bedeutung dieser Zukunftsinvestition seitens der verantwortlichen Politiker glaubwürdig sein soll. Die polnische Seite war von Anfang an an der Konzeption einer Europa-Universität in Frankfurt/Oder beteiligt. Die „Viadrina" nahm im Wintersemester 1992/93 den Lehrbetrieb auf. Ungefähr ein Drittel der Studierenden in Frankfurt/Oder sind begabte Jungakademiker von polnischen Universitäten.

Die Beziehungen Polens zu seinem Nachbarn Deutschland waren in den vergangenen zweihundert Jahren niemals so gut wie heute ungeachtet zeitweilig auftretender Irritationen. Sie waren auch noch nie so intensiv wie in den ersten Jahren nach dem Systemwechsel 1989/90. Sowohl die politische Elite Polens als auch ein Jahr für Jahr steigender Prozentsatz von polnischen Bürgern sieht in Deutschland seinen wichtigsten wirtschaftlichen und politischen Partner.

Benutzte Literatur

Agenda 2000 – Zusammenfassungen und Schlußfolgerungen der Stellungnahmen der Kommission zu den Beitrittsanträgen zur Europäischen Union folgender Länder: Bulgarien, Estland, Ungarn, Lettland, Litauen, Polen, Tschechische Republik, Rumänien, Slowenien, Slowakei, Brüssel/Straßburg, den 15.7.1997, DOC/97/8.

Baczyński, Jerzy: Co się czyta (Was man liest), in: Polityka, Nr. 24, 14.6.1997.

Bingen, Dieter: Katholische Kirche und Demokratie in Polen 1990–1995, Köln 1996 (Berichte des Bundesinstituts für ostwissenschaftliche und internationale Studien = Berichte, 1/1996).

Bingen, Dieter: Die Aufarbeitung der kommunistischen Vergangenheit in Polen. Köln 1997 (Berichte, 27/1997).

Brockhaus Enzyklopädie. 24 Bde., 19., völlig neubearb. Aufl., Mannheim 1986–1994.

Brockhaus Enzyklopädie. Jahrbuch 1993, 1994, 1995, 1996, Leipzig-Mannheim 1994–1997.

Bundesstelle für Außenhandelsinformation, Länderreport Polen. Wirtschaftstrends zur Jahresmitte 1997.

Cziomer, Erhard: Polen auf dem Wege zur EU-Mitgliedschaft, in: Zeitschrift für Politikwissenschaft, 1/97, S. 21–32.

Diemer-Benedict, Tanja: Die neue Verfassung der Republik Polen, in: Osteuropa Recht, H. 2–3, Juni 1997, S. 223–264.

F.A.Z. Informationsdienste. Länderanalysen Polen, März 1997; Juni 1998.

Golczewski, Frank/Reschka, Willibald: Gegenwartsgesellschaften: Polen, Stuttgart 1982.

Herrnfeld, Hans-Holger: Recht europäisch. Rechtsreform und Rechtsangleichung in den Visegrád-Staaten, Gütersloh 1995.

Imhof, Michael/Schippers, Stefan/Gräfe, Karl-Heinz/Ziemer, Klaus: Nachbar Polen. Wochenschau, Nr. 5, Ausgabe Sek. II, Sept./Okt. 1996.

Korzycki, Włodzimierz: Republik Polen. Eine kleine politische Landeskunde, München-Landsberg 1992.

Landeszentrale für politische Bildung Baden-Württemberg (Hrsg.): Der Bürger im Staat. Ostmitteleuropa, 47 (1997), H.J.

Ludwig, Michael: Polens Soldaten müssen Ballast abwerfen, in: Frankfurter Allgemeine Zeitung (FAZ) 23.3.1995.

Ludwig, Michael: Bauernproteste und Bauernsorgen, in: FAZ, 7.8.1998.

Ludwig, Michael: Fast neunzig Prozent der Polen sind für einen Beitritt zur Allianz, in: FAZ, 9.7.1997.

Meyer, Enno: Grundzüge der Geschichte Polens, Darmstadt 1977.

Mohr, Elske: Polen, IFO (München) Schnelldienst 20/97.

Munzinger-Archiv/IH-Länder aktuell 18/95.

Reutter, Werner: Gewerkschaften und Politik in mittel- und osteuropäischen Ländern, in: Osteuropa, Nr. 11, 1995, S. 1048–1063.

Schmidt-Rösler, Andrea: Polen. Vom Mittelalter bis zur Gegenwart, Regensburg 1996.

Topolski, Jerzy: Die Geschichte Polens, Warszawa 1985.

Uschakow, Alexander (Hrsg.): Polen – Das Ende der Erneuerung? Gesellschaft, Wirtschaft und Kultur im Wandel, München 1982.

Viertel, Gerlinde: Evangelisch in Polen. Staat, Kirche und Diakonie 1945–1995, Erlangen 1997.

Weidenfeld, Werner (Hrsg.): Mittel- und Osteuropa auf dem Weg in die Europäische Union. Bericht zum Stand der Integrationsfähigkeit 1996, Gütersloh 1996.

Wöhlke, Wilhelm (Hrsg.): Länderbericht Polen, Bonn 1991.

Weiterführende Literatur

Bartoszewski, Władysław: Das Warschauer Ghetto – wie es wirklich war. Zeugenbericht eines Christen. Mit einem Vorwort von Stanisław Lem, Frankfurt/Main 1983.

Bingen, Dieter: Vorgeschichte und Phasen des Systemwechsels in Polen 1989, Köln 1990 (Berichte, 34/1990).

Bingen, Dieter: Bilanz nach zwölf Monaten Regierung Pawlak: Polen zwischen Reform und Restauration, Köln 1994 (Berichte, 63/1994).

Broszat, Martin: Nationalsozialistische Polenpolitik 1939–1945, Stuttgart 1961.

Broszat, Martin: Zweihundert Jahre deutsche Polenpolitik, Frankfurt/Main 1971.

Buchhofer, Ekkehard/Kortus, Bronisław (Hrsg.): Deutschland und Polen. Geographie einer Nachbarschaft im neuen Europa, Frankfurt/Main 1994.

Dedecius, Karl: Zur Literatur und Kultur Polens, Frankfurt/Main 1981.

Franzke, Jochen (Hrsg.): Polen. Staat und Gesellschaft im Wandel. Beiträge zur Debatte, Berlin 1998.

Haarland, Hans Peter/Niessen, Hans-Joachim: Der Systemtransformationsprozeß in Polen. Ergebnisse einer empirischen Untersuchung, Bonn 1994.

Hajnicz, Artur: Polens Wende und Deutschlands Vereinigung. Die Öffnung zur Normalität 1989–1992, Paderborn 1995.

Holzer, Jerzy: „Solidarität". Die Geschichte einer freien Gewerkschaft in Polen, hrsg. v. Hans-Henning Hahn, München 1985.

Jagusiak, Jan: Polacy – Niemcy. Polen – Deutsche. Kronika dobrych kontaktów. Eine Chronik der guten Kontakte, Wrocław 1996.

Jaruzelski, Wojciech: Mein Leben für Polen. Erinnerungen. Mit einem Gespräch zwischen Wojciech Jaruzelski und Adam Michnik, München 1993.

Jaruzelski, Wojciech: Hinter den Türen der Macht. Der Anfang vom Ende einer Herrschaft, Leipzig 1996.

Kobylińska, Ewa/Lawaty, Andreas/Stephan, Rüdiger (Hrsg.): Deutsche und Polen. 100 Schlüsselbegriffe, München-Zürich 1991.

Krzemiński, Adam: Polen im 20. Jahrhundert. Ein historischer Essay, 2., überarbeitete und erweiterte Aufl. München 1998.

Laeuen, Harald: Polen nach dem Sturz Gomulkas, Stuttgart-Degerloch 1972.

Luks, Leonid: Katholizismus und politische Macht im kommunistischen Polen 1945–1989. Die Anatomie einer Befreiung, Köln u.a. 1993.

Madajczyk, Czesław (Hrsg.): Vom Generalplan Ost zum Generalsiedlungsplan, München 1994.

Miłosz, Czesław: Verführtes Denken. Mit einem Vorwort von Karl Jaspers, Köln 1974.

Pradetto, August: Techno-bürokratischer Sozialismus. Polen in der Ära Gierek (1970–1980), Bern u.a. 1991.

Rakowski, Mieczysław F.: Ein schwieriger Dialog. Aufzeichnungen zu Ereignissen in Polen 1981–1984, Düsseldorf–Wien 1985.

Rakowski, Mieczysław F.: Es begann in Polen. Der Anfang vom Ende des Ostblocks, Hamburg 1995.

Rhode, Gotthold: Geschichte Polens. Ein Überblick, München 1980.

Roos, Hans: Geschichte der polnischen Nation 1918–1985, Stuttgart 1986.

Siedlarz, Jan: Kirche und Staat im kommunistischen Polen 1945–1989, Paderborn u.a. 1996.

Stehle, Hansjakob: Nachbar Polen, Neuausgabe, Frankfurt/Main 1968.

Tkaczyński, Jan Wiktor: Polen im Umbruch. Skizzen aus Geschichte, Wirtschaft und Politik, Berlin 1997.

Urban, Thomas: Deutsche in Polen. Geschichte und Gegenwart einer Minderheit, 3., aktualisierte Aufl., München 1994.

Urban, Thomas: Polen, München 1998.

Van der Meulen, Hans (Hrsg.): Anerkannt als Minderheit. Vergangenheit und Zukunft der Deutschen in Polen, Baden-Baden 1994.

Wałęsa, Lech: Ein Weg der Hoffnung. Autobiographie, Wien–Hamburg 1987.

Zagajewski, Adam: Polen. Staat im Schatten der Sowjetunion, Hamburg 1981.

Ziemer, Klaus: Polens Weg in die Krise. Eine politische Soziologie der „Ära Gierek", Frankfurt/Main 1987.

Abkürzungsverzeichnis

AWS	Akcja Wyborcza Solidarność (Wahlaktion Solidarität)
BIP	Bruttoinlandsprodukt
BBWR	Bezpartyjny Blok Współpracy z Rządem (Parteiloser Block der Zusammenarbeit mit der Regierung)
CEFTA	Central European Free Trade Association
CRZZ	Centralna Rada Związków Zawodowych (Zentralrat der Gewerkschaften)
ČSFR	Česko-Slovenská Federativna Republika (Tschecho-Slowakische Föderative Republik)
ČSSR	Československá Socialistická Republika (Tschechoslowakische Sozialistische Republik)
DDR	Deutsche Demokratische Republik
EG	Europäische Gemeinschaften
EIU	Economist Intelligence Unit
EU	Europäische Union
FJN	Front Jedności Narodu (Front der Nationalen Einheit)
GmbH	Gesellschaft mit beschränkter Haftung
Gr	Groszy
GUS	Główny Urząd Statystyczny (Statistisches Hauptamt)
GUS	Gemeinschaft Unabhängiger Staaten
ILO	International Labour Organization
IM	Informeller Mitarbeiter
IMF	International Monetary Fund
KdR	Koalicja dla Rzeczypospolitej (Koalition für die Republik)
KGB	Komitet Gosudarstwennoj Besopasnosti (Komitee für Staatssicherheit)
KIK	Klub Inteligencji Katolickiej (Klub der katholischen Intelligenz)
KKP	Krajowy Komitet Porozumiewawczy (Landesverständigungskomitee)
KKW	Katolicki Komitet Wyborczy (Katholisches Wahlkomitee)

KLD	Kongres Liberalno-Demokratyczny (Liberal-Demokratischer Kongreß)
KOR	Komitet Obrony Robotników (Komitee zur Verteidigung der Arbeiter)
KPdSU	Kommunistische Partei der Sowjetunion
KPN(-OP)	Konfederacja Polski Niepodległej (Konföderation des Unabhängigen Polen) – Obóz Patriotyczny (Patriotisches Lager)
KRN	Krajowa Rada Narodowa (Landesnationalrat)
KRRiTV	Krajowa Rada Radia i Telewizji (Landeskomitee für Radio und Fernsehen)
KSS	Komitet Samoobrony Społecznej (Komitee für Gesellschaftliche Selbstverteidigung)
KSZE	Konferenz für Sicherheit und Zusammenarbeit in Europa
MEZ	Mitteleuropäische Zeit
MfS	Ministerium für Staatssicherheit
MN	Mniejszość Niemiecka (Deutsche Minderheit)
NATO	North Atlantic Treaty Organization
NBP	Narodowy Bank Polski (Polnische Nationalbank)
NFI	Narodowy Fundusz Inwestycyjny (Nationaler Investitionsfonds)
NGO	Non-Governmental Organization
NIK	Najwyższa Izba Kontroli (Oberste Kontrollkammer)
NSZZ	Niezależne Samorządne Związki Zawodowe (Unabhängige Selbstverwaltete Gewerkschaften)
OECD	Organization for Economic Cooperation and Development
OPZZ	Ogólnopolskie Porozumienie Związków Zawodowych (Gesamtpolnische Allianz der Gewerkschaften)
OSZE	Organisation für Sicherheit und Zusammenarbeit in Europa
PC	Porozumienie Centrum (Zentrumsallianz)
PfP	Partnership for Peace
PGR	Państwowe Gospodarstwo Rolnicze (Landwirtschaftliches Staatsgut)

PKWN	Polski Komitet Wyzwolenia Narodowego (Polnisches Komitee der Nationalen Befreiung)
PL	Porozumienie Ludowe (Bauernallianz)
PPN	Polskie Porozumienie Niepodległościowe (Polnische Unabhängigkeitsallianz)
PPP	Powszechny Program Prywatyzacji (Allgemeines Privatisierungsprogramm)
PPPP	Polska Partia Przyjaciół Piwa (Polnische Partei der Bierfreunde)
PPR	Polska Partia Robotnicza (Polnische Arbeiterpartei)
PPS	Polska Partia Socjalistyczna (Polnische Sozialistische Partei)
PRE	Polska Rada Ekumeniczna (Polnischer Ökumenischer Rat)
PRON	Patriotyczny Ruch Odrodzenia Narodowego (Patriotische Bewegung der Nationalen Wiedergeburt)
PSL	Polskie Stronnictwo Ludowe (Polnische Bauernpartei)
PUS	Polska Unia Socjaldemokratyczna (Polnische Sozialdemokratische Union)
PZPR	Polska Zjednoczona Partia Robotnicza (Polnische Vereinigte Arbeiterpartei)
RI	Rolnicy Indywidualne (Individualbauern)
ROAD	Ruch Obywatelski Akcja Demokratyczna (Bürgerbewegung Demokratische Aktion)
ROP	Ruch Odbudowy Polski (Bewegung für den Wiederaufbau Polens)
ROPCiO	Ruch Obrony Praw Człowieka i Obywatela (Bewegung zur Verteidigung der Menschen- und Bürgerrechte)
RGW	Rat für Gegenseitige Wirtschaftshilfe
SB	Służba Bezpieczeństwa (Sicherheitsdienst)
SChL	Stronnictwo Chrzescijańsko-Ludowe (Christliche Volkspartei)
SD	Stronnictwo Demokratyczne (Demokratische Partei)
SdRP	Socjaldemokracja Rzeczypospolitej Polski (Sozialdemokratie der Republik Polen

SDKPiL	Socjaldemokracja Królestwa Polskiego i Litwy (Sozialdemokratie des Königreichs Polen und Litauen)
SKL	Stronnictwo Konserwatywno-Ludowe (Konservative Volkspartei)
SL	Stronnictwo Ludowe (Bauernpartei)
SLD	Sojusz Lewicy Demokratycznej (Demokratische Linksallianz)
TKN	Towarzystwo Kursów Naukowych (Gesellschaft für Wissenschaftliche Kurse)
TVP	Telewizja Polska (Polnisches Fernsehen)
UD	Unia Demokratyczna (Demokratische Union)
UNO	United Nations Organization
UP	Unia Pracy (Arbeitsunion)
UPR	Unia Polityki Realnej (Union für Realpolitik)/Unia Prawicy Rzeczypospolitej (Union der Rechten der Republik)
US	United States
UW	Unia Wolności (Freiheitsunion)
VRP	Volksrepublik Polen
WAK	Wyborcza Akcja Katolicka (Katholische Wahlaktion)
WEU	Westeuropäische Union
WRON	Wojskowa Rada Ocalenia Narodowego (Militärrat der Nationalen Errettung)
ZBoWiD	Związek Bojowników o Wolność i Demokrację (Verband der Kämpfer für Freiheit und Demokratie)
ZChN	Zjednoczenie Chrześcijańsko-Narodowe (Christlich-Nationale Vereinigung)
ZK	Zentralkomitee
Zł	Złoty
ZNP	Związek Nauczycielstwa Polskiego (Polnischer Lehrerverband)
ZSL	Zjednoczone Stronnictwo Ludowe (Vereinigte Bauernpartei)
ZUS	Zakład Ubezpieczeń Społecznych (Sozialversicherungsanstalt)

Personenregister